Schnelle
Gartenerfolge

Gay Search

Gartendesign Bonita Bulaitis · Fotos Helen Fickling

Schnelle Gartenerfolge

Ideen und Anleitungen

CHRISTIAN VERLAG

Aus dem Englischen übersetzt von Joachim Peters
Redaktion: Sabine Block
Korrektur: Petra Tröger
Umschlaggestaltung: Horst Bätz
Satz: satz-studio gmbh, Bäumenheim

Copyright © 2003 der deutschsprachigen Ausgabe
by Christian Verlag, München
www.christian-verlag.de

Die Originalausgabe mit dem Titel *The Impatient Gardener* wurde
erstmals 2002 im Verlag Quadrille Publishing Limited, London,
veröffentlicht.

Copyright © 2002 für den Text: Gay Search
Copyright © 2002 für Design und Layout: Quadrille Publishing Ltd.
Bildredaktion: Nadine Bazar
Design: Rachel Gibson

Druck und Bindung: KHL Printing Company, Singapore
Printed in Singapore

ISBN 3-88472-542-4

Inhalt

Freude am Garten – fast ohne Warten 6

Im Zeichen der Zeit   8

Der eigene Stil   12

Typische Situationen und Probleme   16

Ideen für jede Jahreszeit   30

Grundlagen 36

Mauern und Zäune   38

Auf Bodenhöhe   52

Das gewisse Extra   72

Kübel und Co.   94

Pflanzen 106

Ohne Pflanzen geht's nicht   108

Schnelle Ideen mit Pflanzen   110

Schneller Wuchs   126

Mittelschneller Wuchs   134

Langsamer Wuchs   142

Blickfänge   147

Pflege   148

Bezugsadressen   154
Register   155
Danksagung   160

Freude am Garten - fast ohne Warten

Im Zeichen der Zeit

Wir leben in einer Zeit, in der praktisch alles auf der Stelle zu haben ist. Eine komplette Mahlzeit steht innerhalb weniger Minuten auf dem Tisch – die Mikrowelle macht's möglich. Per E-Mail schicken wir eine Anfrage ans andere Ende der Welt, und Sekunden später erscheint die Antwort auf dem Bildschirm. Und im Internet stöbern wir das längst vergriffene Buch, hinter dem wir seit Jahren her waren, in wenigen Minuten auf. Wir sind es gewohnt, unsere Bedürfnisse in kürzester Zeit befriedigt zu sehen, und Geduld gilt im einundzwanzigsten Jahrhundert nicht mehr als Tugend. Wir sind eine ungeduldige Generation, und so nimmt es nicht Wunder, dass auch ein neuer Typus von Gärtner herangewachsen ist: der ungeduldige Gärtner.

Zudem sind viele von uns, die sich gerade ihr erstes Haus und damit oft auch den ersten Garten anschaffen, in Stadtwohnungen aufgewachsen und besitzen keinerlei gärtnerische Erfahrung. Und da wir nun einmal ungeduldig sind, wollen wir eine Art „Instant-Garten" – einen Raum im Freien, den wir vom ersten Tag an nutzen können, genau wie die Zimmer im Haus. Für unsere Eltern und Großeltern war der Garten in erster Linie ein Ort, an dem man arbeitete, also Gemüse anbaute und vielleicht noch ein paar Blumen pflanzte; müßig im Garten zu sitzen oder sich mit Spielen die Zeit zu vertreiben war für sie eher die Ausnahme. Wir hingegen wollen uns im Garten entspannen, wollen Freunde bewirten, unter freiem Himmel essen – arbeiten wollen wir dort jedoch nicht unbedingt. Hier sei allerdings bereits jetzt eine kleine Warnung gestattet: Schon mancher, der einfach nur einen „Wohnraum im Freien" wollte, ist unversehens – und zur eigenen Überraschung! – zum besessenen Gärtner geworden.

Seit einigen Jahren geht der Trend dahin, die Techniken und Ideen der Inneneinrichter auf den Garten zu übertragen, wie unzählige Zeitschriftenartikel und Fernsehsendungen belegen. Das mag zu der einen oder anderen interessanten Idee geführt haben, doch ist diese Verbindung keineswegs immer glücklich und manches, was dabei herauskommt, offen gesagt ziemlich scheußlich. Grelles Limonengrün oder leuchtendes Purpur mögen im Haus ja noch angehen, im Garten jedoch, mit dem Himmel als Decke und der Landschaft als Hintergrund, wirken solche Farben oft völlig deplatziert. Abgesehen davon sind einige vom Innen- auf den Außenraum übertragene Gestaltungsideen äußerst unpraktisch: Ungebleichter Baumwollstoff beispielsweise ist ein preiswertes und attraktives Dekorationsmaterial für Innenräume; verwendet man ihn dagegen als Sonnenschutz im Garten, ist der Stoff schon nach wenigen Regentagen mit grünlichem Schleim überzogen und vom Gewicht des Wassers ausgebeult. Pflanzen spielen in diesen „Außenräumen" allenfalls eine Nebenrolle, und so werden sie ohne viel Nachdenken einfach irgendwo eingebuddelt. Ein Jammer, denn Gärten sind mehr als nur Räume im Freien, und das vor allem dank der Pflanzen. Schon mit ein oder zwei Exemplaren hält Leben Einzug, ein Stück Natur – was gerade in der Stadt so ungemein wichtig ist.

Ziel dieses Buches ist es deshalb, Ihnen das Beste aus zwei Welten anzubieten – attraktive, durchdachte und schnell zu verwirklichende Gestaltungsvorschläge, die zum einen eine Sofort-Wirkung erzielen, zum anderen aber auch praktisch sind – und gärtnerisch fundiert. Diese „Instant-Projekte" sind dabei keineswegs kurzlebig, sondern werden im Gegenteil von Jahr zu Jahr attraktiver. Neben dem Wunsch, schnelle Ergebnisse zu sehen, ist nämlich still und heimlich auch ein wenig Langzeit-Planung mit eingeflossen.

Nehmen wir als Beispiel ein Beet, das in diesem Sinn neu angelegt werden soll. Wie im Kapitel „Pflanzen" nachzulesen, gehören ganz oben auf Ihre Liste schnell wachsende Arten und Sorten, die schon im ersten Jahr ein eindrucksvolles Bild abgeben. Zur gleichen Zeit setzen Sie jedoch bereits auch ein paar andere Pflanzen, die ein oder zwei Jahre – oder noch länger – brauchen, bis sie voll zur Entfaltung kommen. Haben die „schnellen" Pflanzen dann nach ein oder zwei Jahren ihren Dienst getan und sind abgestorben oder wieder entfernt, stehen die „langsameren" schon bereit, ihren Platz einzunehmen, und das ohne nennenswerten zusätzlichen Aufwand. Einmal ein wenig Arbeit zu investieren, um sich dann Jahr für

Jahr an den Ergebnissen freuen zu können – das lohnt sich doch allemal.

Als ungeduldiger Gärtner laufen Sie Gefahr, möglichst schnell mit der Gestaltung einzelner Gartenbereiche beginnen zu wollen, ohne sich vorher allzu viele Gedanken über ein generelles Konzept gemacht zu haben. Wenn dann nach einiger Zeit klar wird, wie Sie den Garten hauptsächlich nutzen, stellt sich vielleicht heraus, dass einzelne Elemente am falschen Platz stehen oder nicht zusammenpassen. Solche grundlegenden Fehler gehen ins Geld und sind alles andere als motivierend.

Behalten Sie deshalb von Anfang an den Garten als Ganzes im Blick, ebenso wie seine langfristige Nutzung. Vielleicht besitzen Sie ja ein ausgeprägtes räumliches Vorstellungsvermögen und sind in der Lage, ohne fremde Hilfe einen Plan zu entwerfen. Ist dies nicht der Fall, wenden Sie sich einfach an einen Gartenarchitekten. Kontaktieren Sie am besten mehrere Büros, lassen Sie sich Arbeitsbeispiele zeigen und sprechen Sie, wenn möglich, mit früheren Kunden. Wichtig für die Auswahl sind vor allem persönliche Sympathie und die gleiche „Wellenlänge". Ein wirklich guter Gartenarchitekt entwirft Ihren Garten genau so, wie Sie ihn bei ausreichender Fachkenntnis selbst angelegt hätten. Dabei bleibt es Ihnen überlassen, ob Sie einen detaillierten Entwurf in Auftrag geben, der von der Größe der Gehwegplatten über die Pflanzenliste bis hin zur Farbe der Kissen reicht, oder lediglich eine grobe Skizze mit den wichtigsten Elementen, denen Sie dann Ihren ganz persönlichen Stempel aufdrücken können.

Steht der Plan erst einmal, können Sie sich an die Umsetzung machen, sobald Zeit und Geld es erlauben – in dem sicheren Gefühl, am Ende einen Garten zu besitzen, der diesen Namen verdient und nicht nur ein Sammelsurium von Einzelelementen darstellt. Und da Sie es zwar kaum erwarten können, endlich anzufangen, aber unmöglich alles auf einmal schaffen können, sollten Sie sich zunächst auf einen Bereich konzentrieren, der schon nach kürzester Zeit sichtbare Erfolge verspricht.

Vielleicht ist es der triste Ausblick vom Küchenfenster, der schon durch einen schönen Kübel – ob bepflanzt oder nicht – deutlich gewinnt. Oder platzieren Sie einfach einen Obelisken oder ein anderes Objekt mitten in der vorhandenen Bepflanzung. Sie werden überrascht sein, was schon ein einziges Detail bewirken kann.

Oder Sie haben den Übergangsbereich zwischen Haus und Garten im Sinn: Hier könnte eine Pergola – behängt mit Blumenampeln und umrankt von Kletterpflanzen – das Auge von der Wildnis dahinter ablenken und einen abgeschlossenen Raum schaffen, der sich als Essplatz im Freien nutzen lässt. Ebenso gut könnten Sie aber auch mit einer Sitzecke in einem nach Westen ausgerichteten Teil des Grundstücks beginnen – der ideale Platz zum Sitzen im Freien, weil Sie hier die Abendsonne genießen können.

Bei vielen Schnell-Projekten spielen Kübelpflanzen eine wichtige Rolle, und das aus gutem Grund. Zum einen besitzen viele Menschen gar keinen „richtigen" Garten und müssen deshalb ihre Pflanzen dort kultivieren, wo es gerade geht – in einem Innenhof, auf einem Balkon oder auf einer Dachterrasse. Dann sind da noch diejenigen unter den ungeduldigen Gärtnern, die alle paar Jahre umziehen. Sie wollen natürlich nicht zu viel Geld für Pflanzen ausgeben, die

OBEN **Ein einfacher Stuhl, mitten zwischen die Pflanzen gestellt, lässt den Betrachter glauben, der Wildwuchs sei durchaus gewollt.**

VORHERIGE SEITE **Die Bäume und Kletterpflanzen in diesem Garten sind zwar „alteingesessen", andere Elemente sind jedoch schnell ergänzt, etwa der farbige Anstrich der Wände, das Mobiliar oder auch die Töpfe mit den großen Funkien.**

sie am Ende doch zurücklassen müssen. Kübelpflanzen hingegen nimmt man einfach mit und legt mit ihnen im neuen Wohnumfeld im Handumdrehen einen neuen „Instant-Garten" an.

Für Kübelpflanzen spricht zu guter Letzt auch die Tatsache, dass sie dem Gärtner ein hohes Maß an Flexibilität ermöglichen. Sie lassen sich schnell und einfach überall platzieren und lenken beispielsweise von unschönen Gartenbereichen ab, geben einer Sitzecke den passenden Rahmen oder gestalten ein Beet vorübergehend farbiger und interessanter. Der große Vorteil von Kübelpflanzen ist ja gerade, dass sie nicht in den Boden eingepflanzt sind und nach Belieben hin- und hergeschoben werden können. Was die Pflanzgefäße anbelangt, lohnt es sich, von Anfang an die größten und schönsten anzuschaffen, die man unterbringen kann, auch wenn sie nicht ganz billig sind. Das Geld ist in jedem Fall gut angelegt.

Die kleinen Projekte, die wir für dieses Buch zusammengestellt haben, sind alle schnell und leicht in Eigenregie zu verwirklichen. Da Sie aber zu den ungeduldigen Zeitgenossen zählen, werden Sie größere Arbeiten nicht unbedingt selbst übernehmen wollen, sondern eher einem Profi überlassen, der das einfach schneller kann. Das wichtigste Ziel des Kapitels über die „Grundlagen" – Mauern, Bodenbeläge und andere Elemente – ist es deshalb, Ideen vorzustellen und Entscheidungshilfen zu geben: Nur wenn Sie genau wissen, was Sie wollen, können Sie den Fachleuten, die die Arbeiten schließlich ausführen, präzise Anweisungen geben.

Fachkräfte sind natürlich alles andere als billig, aber für den ungeduldigen Gärtner gilt der Spruch „Zeit ist Geld" ja ganz besonders. Rollrasen sieht vom ersten Augenblick an gut aus, ist aber ziemlich teuer. Grassamen dagegen ist billig, braucht aber seine Zeit; bis er keimt, vergehen ein bis zwei Wochen, und etwa einen weiteren Monat müssen Sie warten, bis die Fläche auch nur halbwegs nach Rasen aussieht. Was einjährige Blumen anbelangt, so können Sie mit einer Hand voll Samentüten ein ganzes Beet anlegen. Zudem lässt sich aus Samen eine weitaus größere Vielfalt an Pflanzen ziehen und viele davon säen sich auch noch selbst aus. Zwar sterben die Pflanzen im Herbst ab, doch entwickeln sich aus den Samen, die auf den Boden gefallen sind, im nächsten Frühjahr neue Blumen – ganz ohne Ihr Zutun. Wenn Sie aber nicht einmal die sechs Wochen abwarten wollen, bis aus den Samen Blumen geworden sind, können Sie natürlich auch für den zehn- bis fünfzehnfachen Preis ganze Paletten kleiner Pflänzchen kaufen. Wer clever ist, kombiniert beide Methoden.

Das andere Extrem wären ein paar wenige ausgewachsene Pflanzen, die vom ersten Augenblick an beeindruckend wirken. Beim Kauf eines solchen Prachtexemplars zahlen Sie gewissermaßen Geld für Zeit – nämlich für die Jahre, die die Pflanze zum Wachsen gebraucht hat, und für die Pflege, die sie während dieser Zeit benötigt hat. Dafür stellen solche Pflanzen besonders in einem kleinen Garten einen so markanten Blickfang dar, dass oft schon eine oder zwei davon ausreichen und damit in gewisser Weise sogar Geld sparen.

Der ungeduldige Gärtner wird seine knappe Zeit in erster Linie dazu nutzen wollen, sich im Garten zu entspannen und ihn zu genießen, und weniger, um darin zu schuften. Deshalb sind alle hier vorgestellten Gestaltungsvorschläge nicht nur schnell verwirklicht, sondern auch pflegeleicht. So mancher glaubt beispielsweise, ein Garten mache umso weniger Arbeit, je größer der Anteil an Rasen ist. Soll eine Rasenfläche aber wirklich gut aussehen, müssen Sie Unkraut jäten, düngen, im Sommer zweimal die Woche mähen, harken, lüften, vertikutieren, Kanten schneiden … soll ich fortfahren? Für viel beschäftigte Leute ist ein attraktiver fester Bodenbelag, kombiniert mit pflegeleichten Pflanzen, eine viel bessere Wahl.

Es gibt zwar Pflanzen, die nur sehr wenig Pflege brauchen und somit für den ungeduldigen Gärtner ideal sind, doch letztlich kommt keine Pflanze ohne ein Minimum an Aufmerksamkeit aus. Wie wir Menschen braucht auch sie ausreichend Nahrung und Wasser. Im letzten Kapitel, „Pflege", finden Sie Tipps, wie Sie den Arbeitsaufwand in Grenzen halten können. Aber vielleicht machen Sie ja die gleiche Erfahrung wie viele andere auch: Schon bald erscheinen die kleineren Pflegearbeiten nicht mehr als lästige Pflicht, sondern als ideale Möglichkeit, abzuschalten und den Stress des Alltags hinter sich zu lassen.

Doch damit erst einmal genug der Theorie …

GEGENÜBER Eine kunstvoll arrangierte Sammlung von Keramikgefäßen, dazu einige wenige Zweige mit Weidenkätzchen – vor einer farbigen Wand ergibt das im Nu ein reizvolles Ensemble.

Der eigene Stil

UNTEN RECHTS In diesem modernen, minimalistisch anmutenden Garten dominieren die architektonischen Elemente. Die Möbel wirken wie Skulpturen, während sich die Bepflanzung auf die wohlgeformten Bäume im Hintergrund beschränkt.

UNTEN MITTE Ein formaler Garten. Hier regiert die Geometrie, und die zurückhaltende, mehrfach wiederholte Bepflanzung unterstreicht den formalen Charakter der Anlage. Blätter sind wichtiger als Blüten.

UNTEN Ein romantischer, nicht formaler Garten mit Rasen und üppig bepflanzten gemischten Rabatten, in denen eine große Pflanzenvielfalt in unterschiedlichsten Farben ein sympathisches Durcheinander bildet.

Aller Wahrscheinlichkeit nach haben Sie an dieser Stelle allmählich genug vom Lesen – schließlich sind Sie ein ungeduldiger Gärtner! – und brennen darauf, endlich zur Tat zu schreiten. Deshalb sollen hier zunächst ein paar sehr einfache Gestaltungsvorschläge folgen, die nur ein paar Stunden Zeit erfordern. Zwei davon lassen sich im Prinzip zu jeder Jahreszeit umsetzen, wenn auch der Winter naturgemäß nicht ideal ist; der dritte Vorschlag passt in die Zeit zwischen Frühlingsanfang und Spätsommer.

Diese kurzfristig realisierbaren Projekte sollen aber nicht nur Ihr Bedürfnis nach schnellen Erfolgserlebnissen stillen, sondern Ihnen auch helfen herauszufinden, welche Art Garten Ihnen letztendlich am besten zusagt. Es ist nie zu früh, sich für einen bestimmten Stil zu entscheiden, weil dieser einfach alles beeinflusst – vom Grundriss des Gartens über die Materialien für die Begrenzungen und den Bodenbelag, sonstige prägende Elemente und die Bepflanzung bis hin zu Zierobjekten und der Möblierung.

Die zahlreichen unterschiedlichen Stilrichtungen lassen sich grob in drei Kategorien einteilen. Da ist zunächst der romantische Stil, wie ihn der traditionelle englische Cottage-Garten repräsentiert. In solchen Gärten finden sich kaum gerade Linien, dafür umso mehr Bögen und Rundungen. Dem entsprechen auch die verwendeten Materialien – alte Ziegelsteine, Kies, willkürlich verlegte Platten, Holz, Weidengeflecht, Terrakotta –, während die Bepflanzung dicht und zwanglos ist und die einzelnen Pflanzen häufig ineinander wachsen dürfen.

Dann wäre da der von den Gesetzen der Geometrie beherrschte, so genannte formale Garten mit seinen geraden Linien und rechten Winkeln. Auch hier finden wir Materialien wie Ziegelsteine, Steinplatten oder Kies, doch stets in regelmäßigen Mustern verlegt. Die Pflanzen sind bis zu einem gewissen Grad „gezähmt" – niedrige Buchshecken etwa oder Formschnittgehölze –, aber der strenge Rahmen lässt hier und da auch Raum für ein wenig charmante Unordnung. Japanische Gärten haben auf den ersten Blick mit formalen Gärten der westlichen Welt nichts gemein, doch sind auch sie nach klar definierten Regeln angelegt und die Pflanzen strenger Kontrolle unterworfen.

Unsere dritte Kategorie bildet der moderne Garten. Hier dominieren textur- oder farbbetonte Materialien wie Schiefer und Splitt oder aber moderne wie Metall, Beton oder Holzfliesen. Auch dem architektonischen Aspekt kommt in modernen Gärten große Bedeutung zu. Die Bepflanzung kann ausgesprochen minimalistisch ausfallen mit wenigen, fast wie Skulpturen eingesetzten Exemplaren; möglich ist aber auch ein dichter Bewuchs aus Gräsern und Stauden.

Ungezwungener Charme

MATERIAL:
- 5 große, hohe, schlanke Tontöpfe
- 1 Dose wetterfeste Farbe für den Außenanstrich
- 1 *Astelia chathamica*
- 1 Blumenrohr (*Canna* 'Erebus')
- 1 Chinaschilf (*Miscanthus sinensis* 'Yakushima Dwarf')
- 2 Schmucklilien (Agapanthus-Headbourne-Hybriden)

Auftritt in Pastell

Eine Gruppe identischer Töpfe ist so eindrucksvoll wie ein einzelner sehr großer Kübel und oft sogar um einiges billiger, so auch die hier verwendeten maschinell gefertigten Tontöpfe, die in einem dezenten Blaugrün gestrichen wurden. Setzt man unterschiedliche Pflanzen ein und arrangiert die Töpfe unregelmäßig, wirkt das Ergebnis locker und zwanglos.

Die hohe, schlanke Form der Töpfe wird durch hohe, schlanke Pflanzen noch betont. Wir wählten Schmucklilien *(Agapanthus)*, über deren leuchtend grünen, riemenartigen Blättern sich im Hochsommer an langen Stängeln offene Blütenstände mit tiefblauen Einzelblüten erheben, sowie ein Blumenrohr (*Canna* 'Erebus') mit eleganten blaugrünen Blättern und pfirsichfarbenen Blüten im Spätsommer.

Damit die Pflanzung über den Sommer hinaus attraktiv bleibt, wurden zwei Blattpflanzen integriert. Bei der ersten handelt es sich um die architektonisch wirkende *Astelia chathamica* mit ihren silbrigen schwertförmigen Blättern. Sie braucht im Winter Schutz vor der Kälte. Die zweite ist ein kleinwüchsiges Chinaschilf, das eine wahre Fontäne schlanker grüner Blätter hervorbringt sowie luftige Trauben winziger Blüten, die im Spätsommer, zur Samenreife, ein blasses Beige annehmen.

Wer sich nicht nur im Sommer an bunten Blüten erfreuen möchte, streicht noch ein paar weitere Töpfe und bepflanzt sie im Herbst mit Tulpenzwiebeln, am besten mit einer Kombination aus pink- und purpurfarbenen Sorten oder aus blassorangefarbenen und gelben. Darüber passen noch winterharte Alpenveilchen in Pink, Magenta oder Weiß.

Klassische Behälter

MATERIAL:
- 2 hölzerne Pflanztröge im Versailles-Stil, ca. 45 x 45 cm
- wetterfeste Farbe, glänzend
- sandige Erde
- 2 Schopflavendel *(Lavandula stoechas)*

Lavendelblau

Schon ein oder zwei Pärchen beliebiger Pflanzkübel, symmetrisch angeordnet, geben jedem Garten eine klassisch-strenge Note. Für unsere Zwecke kam jedoch nur der so genannte Versailler Kasten infrage, ein quadratisches hölzernes Pflanzgefäß auf Füßen, das wie kein anderes das Flair formaler französischer Gärten des 17. Jahrhunderts verbreitet. Als Bepflanzung findet man häufig Buchs – zu traditionellen Formen wie Kugeln, Spiralen oder Pyramiden geschnitten – oder andere immergrüne Pflanzen wie die stahlblaue Zypresse *Cupressus arizonica* var. *glabra* oder buntblättrige, als Hochstämmchen gezogene Stechpalmen. In jüngster Zeit erfreuen sich auch immergrüne architektonische Pflanzen wie die stachligen Keulenlilien oder silbrige Astelias größter Beliebtheit. Rosen-Hochstämmchen oder Fuchsien machen sich im Frühjahr oder Sommer sehr gut, doch fehlt ihnen die ganzjährige Ausstrahlung immergrüner Pflanzen.

Im vorliegenden Beispiel haben wir die Kübel mit zwei kegelförmig geschnittenen Schopflavendeln *(Lavandula stoechas)* bepflanzt. Wenn man sie regelmäßig schneidet, um die gewünschte strenge Wirkung zu bewahren, blühen sie zwar nicht, doch ist dieser Verlust durchaus zu verschmerzen. Wichtiger als die Blüten sind in diesem Fall nämlich die herrlich silbrigen Blätter mit ihrer weich-filzigen Oberfläche und ihrer attraktiven Form mit den gezackten Rändern. Als Ausgleich für die fehlenden purpurfarbenen Blüten wählten wir Purpur für die Lackierung der Pflanztröge – eine wesentlich lebhaftere Farbe als das übliche Schwarz, Weiß oder Dunkelgrün.

Modernes Metall

MATERIAL:
- 2 dreieckige Pflanzkübel aus Metall
- schwarzer Emaillack für den Außenbereich
- zerbrochene Ziegelsteine oder Pflasterplatten
- Blumenerde
- 2 große Exemplare Blauschwingel *(Festuca glauca)*

Gräser und schwarzer Lack

Wer modernes Design schätzt, klare Linien und minimalistischen Stil, für den ist etwas Einfaches, aber doch Auffallendes genau das Richtige – so wie diese immergrünen Gräser in großen schwarzen, dreieckigen Behältern. Die asymmetrische Anordnung der Kübel unterstreicht die moderne Gestaltung.

Die metallenen Pflanzkübel werden mit Emaillack schwarz gestrichen; in den Boden wurden Drainagelöcher gebohrt. Weil sie aufgrund ihrer Höhe nicht sonderlich stabil sind, werden die Kübel zur Hälfte mit Bruchsteinen oder anderem Ballast gefüllt. Dies ist zugleich eine wirksame Diebstahlsicherung für den Fall, dass die attraktiven Pflanzgefäße im Vorgarten stehen sollen. Die Kübel sollten allerdings am richtigen Platz stehen, bevor Sie den Ballast einfüllen. Anschließend bekommen Sie sie nämlich nicht mehr vom Fleck.

Als Gegengewicht zu den strengen Linien der Metallkübel brauchen Sie auffällige, architektonisch wirkende Pflanzen mit ähnlich schlichter Linienführung. Immergrüne Gräser sind eine gute Lösung, wie hier der Blauschwingel *(Festuca glauca)*, der mit seinen dünnen, steifen Halmen an einen Igel erinnert. Ebenso gut eignen sich das größere und weichere Federgras *(Stipa arundinacea)* mit bronzefarben überlaufenen hellgrünen Blättern und zarten Blütenwolken oder die Segge *Carex flagellifera* mit glänzenden kupferfarbenen Blättern und anmutig überhängenden Blütenständen.

Für Plätze, an die kaum Licht gelangt – unter der Treppe zum Keller etwa –, bietet sich eine moderne „Installation" ganz ohne lebende Pflanzen an. Nehmen Sie ein Gefäß in modernem Design (die Auswahl ist groß, weil Sie keine Wasserabzugslöcher brauchen), füllen Sie es mit Sand und stecken Sie Bambusrohre in verschiedenen Farbtönen hinein, Bündel von Weidenruten oder Zweige der Korkenzieherhasel, entweder naturbelassen oder mit weißem Mattlack besprüht. Oder nehmen Sie ganz einfach ein paar rostfreie Spiralstäbe, wie sie normalerweise Tomaten als Stütze dienen.

Typische Situationen und Probleme

Eines ist den Gärten aller ungeduldigen Gärtner gemeinsam – sie sind nicht vollkommen. Wären sie es, würden sich ihre Besitzer nicht so sehr nach Veränderungen sehnen. So einzigartig jeder Garten ist, gibt es doch eine ganze Reihe typischer Gärten und Probleme, auf die auch die gleichen Lösungen anwendbar sind. Einige dieser Standardsituationen finden Sie auf den folgenden Seiten. Sehen Sie sich die Beispiele an, die Ihrem eigenen Garten am nächsten kommen, und Sie werden sicher den einen oder anderen Vorschlag finden, der auch speziell auf Ihre Probleme zutrifft.

Schattige Passagen

OBEN **Schatten liebende Grünpflanzen bringen Leben in diese schmale Passage, und durch die Bank wird ein ansonsten toter Raum sinnvoll genutzt.**

GEGENÜBER **Dieser sanft geschwungene Durchgang mutet fast japanisch an mit seinen alten, verwitterten, zwischen Kies verlegten Trittplatten und dem Bambus, der interessante Schatten auf die Hauswand zaubert.**

In vielen Gärten erstreckt sich zumindest entlang einer Seite des Hauses ein sehr schattiger Bereich, etwa in Form eines schmalen Durchgangs. Häufig dienen solche Passagen als Abstellfläche, aber im Grunde handelt es sich um vergeudeten Raum – eigentlich schade, denn oft fällt der Blick vom Küchen- oder Wohnzimmerfenster gerade auf diesen Teil des Grundstücks.

Für den ungeduldigen Gärtner bietet solch ein schattiger Durchgang ein wunderbares Betätigungsfeld, denn hier lässt sich in kurzer Zeit viel verändern. Zunächst können Sie diesen Teil des Gartens merklich freundlicher gestalten, indem Sie die Mauern oder Zäune mit einer sehr hellen Farbe streichen (siehe Seite 42–45). Da auch der Boden eher finster sein dürfte, sollten Sie ihn ebenfalls aufhellen, mit Zementfarbe, hellem Splitt oder hellgrauen Holzfliesen (siehe Seite 68–69).

Sie könnten auch ein einfaches, in hellen Farben gehaltenes Spalier anbringen, etwa mit waagerechten blauen Latten und senkrechten gelben, und Töpfe mit Farnen daran aufhängen. Oder streichen Sie das Spalier malvenfarben und blau und hängen Sie Fuchsien, Lobelien oder Knollenbegonien daran auf, die ebenfalls einigen Schatten vertragen.

Stellen Sie entlang der Hauswand tiefe Tröge auf, die Sie mit Schatten liebenden Funkien und weiteren Farnen bepflanzen. Falls Sie sich immergrüne Kletterpflanzen wie Efeu wünschen, sollten Sie eine leuchtend bunte Sorte wie *Hedera helix* 'Oro di Bogliasco' (syn. 'Goldheart') oder *H. h.* 'Glacier' wählen. Ein einfarbig grüner Efeu würde hier zu düster wirken.

Für eine klassisch-strenge Note sorgen Formschnittpflanzen – etwa ein Paar immergrüner Buchsbaumkugeln, -kugelbäumchen oder -spiralen in quaderförmigen Kübeln oder einfachen Tontöpfen. Es muss aber nicht immer Buchs sein: Versuchen Sie es einmal mit einem Geißblatt *(Lonicera nitida)* oder dem kleinblättrigen Spindelstrauch *Euonymus microphyllus*.

Wer es moderner mag, streicht die Mauern in einem kräftigen, aber hellen Farbton – etwa Ocker, helles Terrakotta oder Türkis – und bringt Regale an, die von Trägerelementen aus rostfreiem Stahl gehalten werden. Verwenden Sie für Ihre Pflanzen helle Plastik- oder Metallbehälter.

Wollen Sie den Boden streichen, könnten Sie bepflanzte Flächen mit Farbspray markieren. Decken Sie die benachbarten Flächen dabei mit Zeitungspapier und Klebeband ab. Am schönsten sind auffällige Pflanzen wie großblättrige Funkien oder auch Fleißige Lieschen (Impatiens-Neuguinea-Hybriden) in feurigem Scharlachrot, Orange oder Magenta. Ist der betreffende Bereich extrem schattig, können Sie auch eine Art „virtueller Bepflanzung" mit farbig lackierten Stöcken, Bündeln von geweißten Weidenruten oder Trockenblumen vornehmen. Lassen Sie Ihrer Fantasie freien Lauf!

Vorgärten

Nur allzu oft bieten Vorgärten einen recht trostlosen Anblick, ob sie nun aus einer tristen Grasfläche bestehen, aus verschmutzten Bodenplatten oder einem betonierten Parkplatz, dessen Monotonie allenfalls durch eine ständig überquellende Mülltonne und ein paar Unkräuter aufgelockert wird. Eigentlich jammerschade – nicht nur, weil der Vorgarten jedem Besucher einen ersten Eindruck vom Haus und seinen Bewohnern vermittelt, sondern auch, weil Sie selbst ihn Tag für Tag sehen müssen, wann immer Sie Ihr Haus betreten oder verlassen.

Die Vorgärten vieler neuerer Häuser sind zur Straße hin nicht durch einen Zaun oder eine Mauer abgegrenzt. Oft genug bestehen sie lediglich aus etwas Gras und einem völlig deplatzierten Baum. Rasen ist hier in aller Regel ausgesprochen unpraktisch, weil die Fläche zu klein ist, um den verhältnismäßig hohen Pflegeaufwand zu rechtfertigen. Eine einfachere und attraktivere Alternative ist eine Kiesschicht, auf einer Unkraut unterdrückenden Folie ausgebracht und bepflanzt.

Soll der Vorgarten nicht zu streng, aber auch nicht zu traditionell wirken, dann gestalten Sie ihn doch im asiatischen Stil mit ein paar schönen Felsbrocken, Kieselsteinen und wenigen, aber gezielt eingesetzten Pflanzen. Ein Japanischer Ahorn macht sich hier naturgemäß sehr gut oder eine immergrüne Pflanze, zum Beispiel eine Zwergkiefer. Fehlt nur noch eine Gruppe von Hauswurzen *(Sempervivum)* oder um die Felsbrocken herum gepflanzter, moosartiger Steinbrech *(Saxifraga),* und schon ist das fernöstliche Bild perfekt.

Wenn Sie den klassischen Stil vorziehen, ist vielleicht ein vereinfachter Knotengarten das Richtige, mit geometrischen Mustern aus Pflanzen und unterschiedlich gefärbtem Kies oder Splitt. Natürlich können Sie auch eine niedrige Buchshecke anlegen, sofern Sie ein oder zwei Jahre warten können, bis diese einigermaßen dicht ist. Schneller geht es mit Formschnittpflanzen, etwa Buchsbaumkugeln in einem Gittermuster, oder immergrünen Gräsern wie Blauschwingel *(Festuca glauca)* oder der grünweißen Segge *Carex comans* 'Frosted Curls'.

Gräser sind ideal für einen modernen Garten, wobei man die höheren Sorten am besten in größeren Gruppen pflanzt und mit Materialien wie rötlichen Schieferplättchen oder zermahlenem Glas kombiniert.

Für sehr kleine Vorgärten ist eine Kombination von Materialien mit unterschiedlicher Oberflächenbeschaffenheit eine schöne Lösung, weil sich auf diese Weise ausdrucksstarke Muster erzeugen lassen. Betont wird der grafische Charakter einer solchen Anlage durch architektonisch wirkende Pflanzen wie die Wolfsmilch *Euphorbia characias,* Fetthenne und Hauswurz.

Der schwierigste Fall ist wohl der zum betonierten Auto-Abstellplatz umfunktionierte Vorgarten. Eine Möglichkeit wären Muster aus sehr feinem, farbigem Sand-Kies-Gemisch, das mit Epoxidharz-Fliesenkleber auf den Beton aufgebracht wird, was die Oberfläche lediglich um 6 mm anhebt. Legen Sie die Muster mit Klebeband fest und verarbeiten Sie konsequent immer eine Farbe nach der anderen.

Oder lenken Sie das Auge mit schön bepflanzten Kübeln ab, die allerdings sehr groß und extrem schwer sein müssen. Ideal sind bemalte Ölfässer; sie sollten aber zumindest teilweise mit Schutt gefüllt oder gar durch Schrauben fest mit dem Betonuntergrund verbunden sein, weil sie sonst nur allzu gern mitgenommen werden.

OBEN **Dieser handtuchschmale Vorgarten besteht praktisch nur aus dem Weg selbst sowie einer romantischen Bepflanzung im Stil eines Cottage-Gartens, die optimal zur Architektur des Hauses passt.**

GEGENÜBER OBEN **Dieser minimalistische Vorgarten wirkt vor allem durch seine Struktur und die verwendeten Materialien. Der schwarzstämmige Bambus, auf elegante Art gebändigt, verstärkt noch das japanische Flair.**

GEGENÜBER KLEINES BILD **Eine Kombination aus festem Bodenbelag und Pflanzen ist in einem Vorgarten weitaus pflegeleichter als Rasen und sieht darüber hinaus auch viel interessanter aus.**

Vorgärten 19

Balkone und Dachterrassen

Wer keinen eigenen Garten besitzt, weiß jedes noch so bescheidene Plätzchen im Freien ganz besonders zu schätzen. Für den ungeduldigen Gärtner sind Balkone und Dachterrassen gerade wegen ihres begrenzten Raums ideal, weil schon mit einem Minimum an Aufwand ein Maximum an Wirkung erzielt werden kann.

Wenn Sie einen Dachgarten planen, sollten Sie zunächst einen Statiker zu Rate ziehen, um zu klären, welche Gewichtsbelastung das Gebäude aushält. Dies wirkt sich nämlich unmittelbar auf die Wahl des Bodenbelags, der Pflanzgefäße und der Erde aus. Balkone sind zwar so gebaut, dass sie eine gewisse Belastung aushalten und Sie keinen Statiker brauchen; ganz ohne Rücksicht auf das Gewicht der eingesetzten Materialien geht es aber auch hier nicht. Dünne Keramikfliesen sind in jedem Fall 10 cm dicken Kalksteinplatten vorzuziehen. Lose verlegte Holzfliesen sind auf kleinen Flächen immer eine gute – und transportable – Alternative,

ebenso wie leichtgewichtige Fliesen oder speziell für den Außeneinsatz hergestellter Gummibelag. Sie könnten auf einem Dach sogar eine Rasenfläche anlegen. Diese Arbeit sollte jedoch einem Fachmann überlassen bleiben, und abgesehen davon bringt ein Rasen auf einer Dachterrasse oder einem Balkon die gleichen Probleme mit sich wie alle kleinen Rasenflächen. Und wohin mit dem Rasenmäher im 15. Stock?

Aber es sind noch weitere praktische Gesichtspunkte zu berücksichtigen. Je höher ein solcher Mini-Garten liegt, desto stärker ist er dem Wind ausgesetzt. Sie brauchen deshalb einen Windschutz, der aber nicht ganz undurchlässig sein sollte, also zum Beispiel ein Rankgerüst oder Schilfmatten. Installieren Sie auf keinen Fall eine starre Schutzwand; sie würde wahrscheinlich beim ersten Sturm weggerissen werden. Wenn Sie etwas Stabileres wie Glas bevorzugen, nehmen Sie Scheiben aus verstärktem Sicherheitsglas und

GEGENÜBER Ein lockeres Spalier schützt die Pflanzen wie eine Art Filter vor dem Wind, lässt aber so viel Licht durch, dass der Balkon nicht zu beengt wirkt.

LINKS So wird auch ein schmaler Balkon zu wertvollem Wohnraum im Freien. Die rhythmische Bepflanzung lässt ihn deutlich geräumiger erscheinen.

UNTEN Polycarbonat bietet Wind- und Sichtschutz zugleich, ohne das Licht auszusperren. Mit ihrer überwiegend immergrünen Bepflanzung ist diese Dachterrasse nicht nur optisch sehr gelungen, sondern auch ein einladender Sitzplatz.

lassen Sie dazwischen ausreichend breite Lücken, zwischen denen der Wind hindurchpfeifen kann.

Eine andere Möglichkeit sind Platten aus Polycarbonat, das zwar lichtdurchlässig, aber nicht so durchsichtig wie Glas ist. Sie können es auch mit Segeltuch versuchen, das – zwischen senkrechten Pfosten aufgespannt – Ihrem Dachgarten ein maritimes Flair verleiht; in einem feuchten Klima ist allerdings nicht verrottendes synthetisches Gewebe vorzuziehen.

Für die Pflanzen eignen sich entweder erhöhte Beete, falls die statischen Gegebenheiten des Hauses dies zulassen und das Dach das Gewicht von so viel Erde tragen kann, oder Topfkultur. Wählen Sie Behältnisse aus leichten Materialien wie Metall, Glasfiber oder Kunststoff. Auch das Pflanzsubstrat sollte so leicht wie möglich sein. Sie können auch Tongranulat verwenden, allerdings müssen Sie Ihre Pflanzen dann regelmäßig – etwa einmal wöchentlich – düngen, weil das Granulat keine Nährstoffe enthält. Die Pflanzen sollten mehr Wind und Hitze vertragen, als dies in einem Garten auf Bodenhöhe erforderlich wäre. Wählen Sie Arten mit verzweigtem, offenem Wuchs und kleinen, festen Blättern wie Bergkiefer (Pinus mugo), Fingerkraut (Potentilla) oder das strauchige Geißblatt (Lonicera nitida), die den Wind gut durchlassen, oder solche, die sich im Wind biegen, wie etwa Bambus oder Ziergräser. Auch Pflanzen, die Trockenheit vertragen, sind eine gute Wahl, da der Wind nicht nur die Erde, sondern auch die Pflanze selbst stark austrocknen kann.

Was die Gartenmöbel betrifft, sollten Sie immer daran denken, dass Sie diese im Winter irgendwo unterbringen müssen. Kaufen Sie deshalb Tische und Stühle, die das ganze Jahr über im Freien bleiben können, oder solche, die Sie entweder zusammenklappen oder in der Wohnung verwenden können.

So mancher Stadtbewohner kann nicht mehr als einen kleinen Hinterhof sein Eigen nennen, umso wichtiger ist es, aus diesem beschränkten Raum das Beste zu machen. So erhalten Sie nicht nur einen gemütlichen Sitzplatz im Freien für sonnige Tage, sondern auch einen schönen Anblick aus Ihrer Wohnung.

Auf kleiner Fläche nehmen Mauern oder Zäune zwangsläufig eine dominierende Stellung ein. Im Normalfall bestehen Mauern entweder aus Ziegelsteinen oder sonstigen Mauersteinen oder auch aus einer Mischung verschiedener Materialien, wenn beispielsweise an eine Hauswand aus Ziegelsteinen eine grob verputzte Hohlblockwand grenzt. Vielleicht aber ist Ihr Hinterhof auch von Zäunen begrenzt.

Auf lange Sicht – falls Sie sich überhaupt für längere Zeit niederlassen wollen – müssen Sie möglicherweise Ihren Hof von Grund auf umkrempeln. Eine solche Rundumerneuerung ist ebenso teuer wie zeitaufwendig, und möglicherweise lässt sie sich ja auch noch ein oder zwei Jahre hinausschieben.

Bis dahin könnten Sie unansehnliche Mauern mit einem Anstrich in einer kräftigen Farbe aufpeppen – eine schnelle und wirkungsvolle Lösung. Falls Sie nicht die ganze Mauer streichen wollen, tut es auch eine farbige Ecke oder ein Farbstreifen auf einer Wand.

Eine möglicherweise bessere Alternative sind farbig gestrichene Platten, die an der Mauer oder dem Zaun angebracht werden. Hierfür eignen sich beispielsweise Scheiben aus Plexiglas, die Sie mit leuchtender, transparenter Glasfarbe streichen, sodass die Struktur der dahinter liegenden Mauern noch durchscheinen kann. Diese ungewöhnliche Idee verleiht dem Ganzen ein angenehm luftiges, helles Flair.

Oder nehmen Sie Sperrholzplatten und streichen Sie sie mit wetterfester Farbe – eine gute Lösung, wenn Sie eine gleichmäßige Oberfläche bevorzugen.

UNTEN Ein Boden aus Holzdielen, die massive hölzerne Rahmenkonstruktion und große Kübelpflanzen haben diesem Hinterhof in nur wenigen Tagen ein neues Gesicht verliehen. Da das Mobiliar auf so kleinem Raum eine entscheidende Rolle spielt, sollte es attraktiv und funktionell zugleich sein.

Kleine Höfe in der Stadt

Großstadt-Inszenierung

MATERIAL:

- 2 Sperrholzplatten, Größe nach Bedarf
- wetterfeste Holzfarbe oder Lasur
- Schrauben, Dübel und Holzspachtel
- 1 großer Metallbehälter, Durchmesser 45 cm
- 1 Baumfarn *(Dicksonia antarctica)*
- Kieselsteine unterschiedlicher Größe
- 6 Stumpenkerzen unterschiedlicher Größe

Farbige Wände und imposante Pflanzen

Unser kleiner Hinterhof in der Stadt war ganze 2,2 x 4 m groß und von alten, ausgebleichten Mauern umgeben. Um an diesem trostlosen Anblick möglichst schnell etwas zu ändern, beschlossen wir, die Mauern hinter Sperrholzplatten zu verstecken, die wir in Anlehnung an den expressionistischen Maler Mark Rothko in zwei verschiedenen Blautönen strichen: die eine in einem kräftigen Petrolblau, die andere in einem blasseren Lavendelton. Blau ist eine kühle, beruhigende Farbe und zudem ein Bestandteil von Grün, daher eignet es sich gut als Hintergrund für jede Art von Blattwerk.

Auf so begrenztem Raum genügt eine einzige eindrucksvolle Pflanze. Am schönsten ist natürlich ein immergrünes Gewächs, beispielsweise ein Baumfarn *(Dicksonia antarctica)* mit seinen langen, filigranen Wedeln. Baumfarne sind im mitteleuropäischen Klima kaum winterhart, können in einem sehr geschützten Innenhof in der Stadt aber unter Umständen überleben.

Frosthärter, dabei nicht weniger attraktiv ist die Hanfpalme *(Trachycarpus fortunei)* mit ihren langen, architektonisch wirkenden, fächerartigen Blättern. Denkbar wäre auch eine Zimmeraralie *(Fatsia japonica)* mit immergrünen, großen, glänzenden, handförmigen Blättern und cremeweißen Blüten im August, der dramatisch anmutende Schwarze Bambus *(Phyllostachys nigra)* oder der markante Neuseeländer Flachs *(Phormium tenax)* mit seinen aufrechten blaugrünen Blättern und den hohen Ständen dunkelroter Blüten im Sommer.

Alle genannten Pflanzen lassen sich auch sehr gut im Kübel ziehen, was schon deswegen wichtig ist, weil Ihr kleiner Hof vermutlich betoniert oder gepflastert sein dürfte. Bei der Wahl des Pflanzkübels sollten Sie darauf achten, dass er in der Größe zu der Pflanze passt und ihr an Auffälligkeit nicht nachsteht, da beide gemeinsam die Blicke auf sich ziehen sollen.

Für unser Projekt wählten wir einen glänzenden, runden Aluminiumtopf von 60 cm Höhe und 45 cm Durchmesser, dessen spiegelnde Oberfläche das Licht in alle Richtungen reflektiert – in einer dunklen Ecke ein besonderer Pluspunkt. Jedes andere schlicht geformte Behältnis aus beliebigem Material tut es aber auch. Wenn Sie sich für einen quadratischen Trog entscheiden, können Sie diesen diagonal in der Ecke platzieren.

Um die Wirkung zu erhöhen und die eher tristen grauen Bodenplatten zu verdecken, gruppierten wir um den Topf herum große, glatte Kieselsteine. In den Topf selbst kamen kleinere Kiesel, die allerdings nicht nur als Dekoration dienen, sondern darüber hinaus auch verhindern, dass die Feuchtigkeit im Topf allzu schnell verdunstet. Eine interessante Alternative zu den Kieselsteinen bieten Muscheln oder auch Treibholz.

Um dem Ensemble den letzten Pfiff zu geben, stellten wir noch ein paar dicke cremefarbene Kerzen dazu. Sind diese abends angezündet, spiegeln sich die flackernden Flammen in der glänzenden Oberfläche des Aluminiumkübels; sie bringen Bewegung und Wärme in die einst so düstere Ecke und werfen die Schatten der Blätter an die Wand. Soll das Arrangement längerfristig bestehen bleiben, könnten Sie unter der Pflanze auch einen elektrischen Strahler installieren.

Verwilderte Gärten

Wenn Sie in ein älteres, reparaturbedürftiges Haus ziehen, müssen Sie davon ausgehen, dass sich der dazugehörige Garten in einem ähnlich vernachlässigten Zustand befindet. Er muss zwar nicht gleich wie ein Urwald aussehen, doch ist er wahrscheinlich zumindest reichlich verwildert. Sie werden vorrangig das Haus selbst bewohnbar machen wollen, aber Ihren neuen Garten möchten Sie sicher auch so bald wie möglich genießen. Zu diesem Zweck sollten Sie sich zunächst auf einzelne Bereiche konzentrieren und mit ein paar schnellen, teilweise provisorischen Lösungen vorlieb nehmen, die Ihren längerfristigen Plänen für den Garten nicht im Wege stehen.

Nehmen Sie sich als Erstes die Teile des Gartens vor, die unmittelbar ans Haus grenzen. Falls Sie sich noch nicht entschieden haben, wo die Terrasse angelegt werden soll, können Sie den Untergrund säubern, soweit wie möglich befestigen und darauf eine unkrautdichte Folie auslegen, auf die noch eine dünne Kiesschicht kommt. Fehlen nur noch ein paar Gartenmöbel, ein Sonnenschirm und ein paar große bepflanzte Kübel, und fertig ist der gemütliche provisorische Sitzplatz.

Es ist sicher nicht empfehlenswert, einen alten Garten einfach komplett zu roden. Jeder gewachsene Garten besitzt eine gewisse Struktur, und das ist ein nicht zu unterschätzender Vorteil. Zudem dienen große, ausgewachsene Pflanzen entweder als Sichtschutz oder sie verdecken weniger attraktive Ausblicke. Falls der eine oder andere alte Strauch zu viel Raum einnimmt, können Sie ja die unteren Zweige entfernen, bis nur noch ein kahler Stamm und eine Art Krone übrig bleiben; ein solcher „Hochstamm" macht sich nicht so breit wie ein Strauch.

Als eine der ersten Maßnahmen sollten Sie das Gras mähen, falls vorhanden. Die ersten paar Male wird es nach dem Mähen schlimmer aussehen als davor, aber das wird sich bald ändern. Auch das Trimmen der Rasenkanten gibt dem Ganzen gleich ein anderes Gesicht. Der Garten sieht sofort viel gepflegter aus, und die Wildnis dahinter wirkt auf einmal fast wie gewollt.

Wer eine stärkere Wirkung erzielen möchte, schneidet die Rasenfläche in eine strenge geometrische Form, einen Kreis, ein Oval, eine Raute oder gar ein Quadrat. Der Garten erhält auf diese Weise sofort einen Blickfang und eine gewisse Ordnung. Markieren Sie infrage kommende Formen mit einem Gartenschlauch oder mit biologisch abbaubarem Farbspray und prüfen Sie die Wirkung von den Fenstern des Hauses aus. Sieht es gut aus, ist es auch gut. Es ist viel besser, wenn die Form des Rasens die der Beete bestimmt als umgekehrt. Viele Gartenbesitzer begehen den Fehler, erst die Beete zu planen, und stehen am Ende mit einem amöbenförmigen Rasen da, der niemanden so recht überzeugt.

Kübelpflanzen sind in einem verwilderten Garten von großem Nutzen. Ein großer, dicht bepflanzter Kübel in einem Beet zieht immer die Blicke auf sich. Ebenso gut können Sie eine ganze Reihe von Töpfen einsetzen, identisch bepflanzt und über den ganzen Garten verteilt. Die Wiederholung erzeugt einen gewissen Rhythmus, der den Blick über vernachlässigte Bereiche hinweggleiten lässt. Höhe gewinnt der Garten durch Obelisken, die von einjährigen Kletterpflanzen begrünt werden. Oder stellen Sie einfach einen großen, unbepflanzten Kübel in ein Beet als Signal, dass sich jemand um den Garten kümmert.

Hängende Schmuckstücke

MATERIAL PRO AMPEL:

- 1 Beifuß (*Artemisia vulgaris* 'Oriental Limelight')
- 3 Pfennigkräuter (*Lysimachia nummularia* 'Aurea')
- 3 Felberiche (*Lysimachia congestiflora* 'Outback Sunset')®
- 3 Zweizähne (*Bidens ferulifolia*)
- 5 Zinnien (*Zinnia* 'Profusion Orange')
- 10 Kapuzinerkresse (*Tropaeolum majus* 'Tip Top Apricot')
- 1 Korb aus kunststoffbeschichtetem Draht, 35 cm Durchmesser
- Kübelpflanzenerde mit untergemischtem Langzeitdünger

Körbe voll Blumen

Falls in Ihrem Garten ein alter Baum steht, können Sie auf sehr einfache Art der ganzen Umgebung ein fröhlicheres Gesicht verleihen: Hängen Sie ein paar Blumenampeln in das Geäst, die wie große exotische Früchte anmuten. Die größte Wirkung erzielen Sie, wenn Sie alle Ampeln identisch bepflanzen und sich dabei auf ein begrenztes Farbspektrum beschränken. Achten Sie aber darauf, nur solche Pflanzen zu wählen, die mit dem lichten Schatten unter dem Blätterdach eines Baumes gut zurechtkommen.

Im hier vorgestellten Fall entschieden wir uns für eine Farbkombination aus Orange- und Gelbtönen. Als Hängepflanze wählten wir das Pfennigkraut *Lysimachia nummularia* 'Aurea' mit goldgelben Blättern und kleinen, butterblumenartigen gelben Blüten, die die einzelnen Triebe über ihre ganze Länge zieren. Noch eine zweite *Lysimachia* kam zum Einsatz: *L. congestiflora* 'Outback Sunset', die einen buschigeren Wuchs und größere, an der Basis mit Orange durchzogene goldgelbe Blüten aufweist. Auch der Zweizahn mit seinen farnartigen Blättern und gelben, margeritenartigen Blüten eignet sich gut als Hängepflanze; er blüht zwar in voller Sonne besser, entwickelt sich aber auch in lichtem Schatten recht ordentlich. Dasselbe trifft auf die Zinnien zu, bei denen wir uns für die Sorte 'Profusion Orange' entschieden haben. Kapuzinerkresse ist sowohl in etlichen Einzelfarben erhältlich, etwa *Tropaeolum majus* 'Tip Top Apricot', als auch in bunten Mischungen; alle kommen gut mit Schatten zurecht. Setzen Sie am besten nicht nur kleine Kapuzinerkresse-Pflanzen in die Blumenampeln, sondern geben Sie zusätzlich auch noch pro Korb rund zehn Samen dazu. Diese blühen erst im Spätsommer und verlängern so die Blütenpracht um einige weitere Wochen.

Das Zentrum jeder Ampel bildet eine Blattschmuckpflanze, und zwar ein Beifuß (*Artemisia vulgaris* 'Oriental Limelight'), der durch die unterschiedlichen Grüntöne seiner Blätter besticht. An einem sonnigeren Standort würden die Limonengrün-Schattierungen ins Goldene übergehen.

Der ganze Trick bei derart spektakulären Ampeln besteht darin, möglichst große Körbe zu wählen – die von uns verwendeten Körbe aus kunststoffbeschichtetem Draht wiesen einen Durchmesser von 35 cm auf – und sie so dicht wie möglich zu bepflanzen. In unserem Fall fanden in jedem Korb sage und schreibe 25 Pflanzen Platz.

Das zweite Erfolgsgeheimnis heißt reichliches Düngen und Wässern. Zum Düngen eignen sich am besten Düngestäbchen, die beim Bepflanzen der Körbe eingesetzt werden und ihre Nährstoffe gleichmäßig über einen Zeitraum von mehreren Monaten abgeben. Was das Gießen betrifft: Bei großer Hitze müssen die Körbe mindestens zweimal täglich gegossen werden. Mit einem entsprechenden Vorsatzstück auf dem Gartenschlauch, mit dem die Ampeln bequem erreichbar sind, dürfte das Wässern jedoch kein größeres Problem darstellen.

Neubaugrundstücke

OBEN **Müssen Sie bei einem Neubaugrundstück bei Null anfangen, sollten Sie unmittelbar neben dem Haus beginnen und erst einmal einen Sitzplatz anlegen. Mit passendem Mobiliar und großen Kübelpflanzen werden Sie sich auch ohne großen Aufwand bald wohl fühlen.**

Wenn Sie gerade in einen Neubau eingezogen sind, müssen Sie sich mit einem Grundstück herumschlagen, das entweder nur aus nackter Erde besteht oder allenfalls mit einer Grasnarbe bewachsen ist. Oft ist die Fläche sehr klein, rechteckig oder quadratisch oder, wenn Sie Pech haben, breiter als lang.

Sicher würden Sie am liebsten gleich loslegen, doch ist es sinnvoll, zunächst ein Konzept für den gesamten Garten zu entwickeln, das dann nach und nach in die Realität umgesetzt werden kann. Sofern Sie nicht mit außergewöhnlicher räumlicher Vorstellungskraft begabt sind, sollten Sie überlegen, ob Sie hierfür nicht besser einen Profi zu Rate ziehen. Gerade auf kleinem Raum bedarf es oft nur einer einzigen zündenden Idee, und genau die kann Ihnen ein guter Gartenarchitekt liefern.

Wenn Sie es sich leisten können, lassen Sie Wege und Sitzbereiche sofort anlegen, denn so erhält der Garten auf der Stelle ein neues Gesicht. Falls Sie nicht die gesamte Fläche pflastern möchten, sollten Sie sich zumindest eine ausreichend große Terrasse gönnen. Es kann nicht schaden, wenn die Terrasse zumindest die

Größe eines Esszimmers hat, besonders wenn Sie hin und wieder im Freien essen möchten, ohne sich dabei allzu beengt zu fühlen.

In einem kleinen quadratischen Garten macht sich unter Umständen eine dreieckige oder viertelkreisförmige Terrasse gut. Sie bietet ausreichend Tiefe für einen Tisch mit Stühlen und verlagert zugleich die Hauptachse des Gartens in die Diagonale, was das Grundstück optisch vergrößert. Dieser Effekt lässt sich noch verstärken, indem man einen geeigneten Blickfang in der am weitesten entfernten Gartenecke platziert.

Auch die Umfriedung Ihres Grundstücks gehört zu den Arbeiten, die Sie so bald wie möglich in Angriff nehmen sollten (siehe Seite 38–41). Hierbei sind natürlich immer die örtlichen Vorschriften bezüglich Höhe und Art der Grundstückseinfriedung zu beachten sowie eventuell einzuholende Baugenehmigungen. Dies gilt insbesondere, wenn Sie die Absicht haben, Mauern errichten zu lassen.

Falls Sie erst in drei oder vier Jahren, wenn Ihre finanzielle Situation es zulässt, Mauern ziehen lassen

wollen, könnten Sie bis dahin als provisorische Lösung Schilfmatten verwenden, die durchaus ein paar Jahre halten. Doch auch Schilfmatten benötigen fest in den Boden gerammte Pfosten, und wenn Sie die Arbeit nicht selbst erledigen, wird der Kostenunterschied zwischen dieser vorläufigen Lösung und einer dauerhafteren Umzäunung nicht allzu groß ausfallen.

Was die Bepflanzung angeht, sollten Sie sich zu Beginn auf diejenigen Bereiche konzentrieren, die vom Haus aus am besten einzusehen sind. Planen Sie ein paar schnellwüchsige Pflanzen für die kommende Saison ein, ebenso aber auch Sträucher und Kletterpflanzen wie etwa Klematis, die erst im nächsten und übernächsten Jahr ihren Höhepunkt erreichen (siehe Seite 126–141).

Auch wer knapp bei Kasse ist, kann in einem einzigen Sommer einen attraktiven kleinen Garten anlegen: Säen Sie einfach die Samen einjähriger Blumen direkt in den Boden. Entwerfen Sie einen einfachen Grundriss und bringen Sie überall dort, wo Sie einen festen Bodenbelag haben möchten, eine Kiesschicht über

einer Folie auf. In quadratischen Gärten bietet sich die Form der Ziffer 9 an, mit dem „Schwanz" als Weg und dem Kreis als Sitzbereich, während eine gestreckte 9 gut in eine rechteckige Fläche passt. In einem Garten, der breiter als lang ist, passt dagegen eher eine gestauchte 9. Dasselbe gilt für zwei nebeneinander liegende Rauten, da sie den Blick des Betrachters im Nahbereich festhalten und verhindern, dass er zum Zaun schweift und registriert, wie nah dieser ist.

Säen Sie in die Beete, die sich aus diesem Schema ergeben, großflächig Einjährige in Farben, die Ton in Ton ineinander übergehen. Um dem Ganzen Struktur zu geben, stellen Sie anschließend noch ein paar bepflanzte oder unbepflanzte große Kübel in die Beete und vielleicht noch ein oder zwei Obelisken, die in derselben Farbe wie die Zäune gestrichen sind. Im Herbst sterben dann alle Pflanzen ab. Hat Ihnen das Arrangement gefallen, können Sie es im nächsten Jahr ja mit einem dauerhaft verlegten Bodenbelag wiederholen. Sie werden dann feststellen, dass viele der einjährigen Blumen sich selbst ausgesät haben und wiederkommen.

OBEN **Ohne den schönen leeren Terrakottatopf im Beet käme dieses Ensemble kleiner, im Frühjahr blühender Zwiebelpflanzen nicht annähernd so gut zur Geltung.**

Ideen für jede Jahreszeit

Als ungeduldiger Gärtner möchten Sie natürlich am liebsten sofort nach dem Einzug Ihren Garten genießen können, und zwar unabhängig von der Jahreszeit. Und obwohl sich naturgemäß für die meisten Gartenarbeiten das Frühjahr eher eignet als der Winter, lässt sich selbst in der kalten Jahreszeit das eine oder andere tun, um in kürzester Zeit mehr aus dem Garten zu machen – schließlich können wir gerade während der kurzen, trüben Wintertage etwas Aufheiterung durch einen hübschen Anblick gut gebrauchen.

Da man mit umfangreichen – und entsprechend teuren – Maßnahmen besser wartet, bis grundsätzliche Klarheit über die zukünftige Gestaltung des Gartens herrscht, sollen im Folgenden ausnahmslos preisgünstige Ideen vorgestellt werden, die längerfristigen Plänen nicht im Weg stehen.

Der Schlüssel zum Erfolg liegt darin, nichts halbherzig zu tun. „Nicht kleckern, sondern klotzen" lautet die Devise. Pflanzen Sie nicht zehn Narzissen, weiträumig verteilt, sondern gleich fünfzig, und zwar alle auf einem Fleck! Außerdem wirkt eine einzige Farbe weit stärker als ein buntes Durcheinander. Und platzieren Sie Ihr Werk so, dass Sie auch etwas davon haben – etwa beim Blick aus dem Küchenfenster oder aus der Terrassentür.

Wenn Sie im Herbst umziehen, suchen Sie sich am besten eine gut sichtbare freie Stelle in einem Beet aus und graben sie um. Blumenzwiebeln, auf die Sie beim Graben stoßen, nehmen Sie heraus und pflanzen sie an anderer Stelle neu. Bevor Sie die Pflanzen einsetzen, die mit Blüten, Blättern oder Rinde im Winter für Farbe sorgen sollen, kommen ein paar Mini-Zwiebelblumen in die Erde – Narzissen, Zwiebel-Iris oder Blausternchen (Scilla). Das dauert keine zehn Minuten länger, sorgt im nächsten Frühjahr aber einige Wochen lang für zusätzliche Freude.

Blumenzwiebeln müssen etwa dreimal so tief gesetzt werden, wie sie hoch sind; je größer also die Zwiebel, desto tiefer muss das Pflanzloch sein. Am besten setzen Sie die Zwiebeln relativ dicht nebeneinander, doch so, dass sie sich nicht berühren. Füllen Sie das Pflanzloch mit Erde auf und setzen Sie dann die übrigen Pflanzen ein. Frostharte Alpenveilchen mit ihren kleinen roten, magentafarbenen oder weißen Blüten wirken besonders gut, wenn im Frühjahr Blausternchen, Netzblattiris (Iris reticulata) oder Krokusse (Crocus chrysanthus 'Blue Pearl' oder 'Snowbunting') zwischen ihnen sprießen. Schön sind auch orangefarbene oder blaue Stiefmütterchen neben Zwergnarzissen wie der frühen 'February Gold'.

Tulpen können Sie auch noch im Spätherbst oder gar zu Beginn des Winters pflanzen. Leuchtend gelbe ungefüllte oder gefüllte oder auch Lilienblütige Tulpen sehen wunderbar aus, wenn sie sich zwischen blassblauen Stiefmütterchen oder Vergissmeinnicht entfalten.

Im Winter, wenn der Boden entweder gefroren oder mit Wasser vollgesogen ist und nicht gepflanzt werden kann, bieten sich auf der Terrasse und in den Beeten Pflanzkübel an. Heller, grünweißer Zierkohl leuchtet selbst an einem düsteren Tag, ebenso ein buntblättriger Spindelstrauch (Euonymus fortunei 'Emerald 'n' Gold'). Am besten wirkt es, wenn Sie gleich drei Exemplare in einen großen Topf setzen. Falls die Pflanzen auf lange Sicht für einen anderen Standort vorgesehen sind, können Sie sie mitsamt ihrem Plastiktopf eingraben. Das schadet ihnen nichts, da sie im Winter ohnehin nicht wachsen.

Dekorative Objekte sind im Winter von ganz besonderem Wert, etwa ein großer Kübel, ein Obelisk oder ein schönes Gartenmöbel. Freuen Sie sich lieber schon jetzt daran, statt solche Stücke so lange in der Garage zu lassen, bis ihr endgültiger Standort feststeht.

LINKS Frühlingsblühende Zwiebelpflanzen sind eine preiswerte Möglichkeit, etwas triste Grasflächen aufzuhellen.

UNTEN Zierkohl (oben) oder der immergrüne Spindelstrauch *Euonymus fortunei* 'Emerald 'n' Gold' (unten) setzen im Herbst und Winter wertvolle Farbakzente.

Bleibende Freude, geringer Aufwand

MATERIAL:
- 24 Tulpen (*Tulipa* 'Marmasa' oder eine andere gelbe Tulpe)
- 18 tiefblaue Gartenstiefmütterchen (*Viola x wittrockiana*)
- 12 blaue Vergissmeinnicht (*Myosotis*)

Farbe für Winter und Frühjahr

Hier haben wir genau das richtige Projekt für den ungeduldigen Gärtner: Nicht nur wird Ihre Mühe noch im Winter belohnt, mit geringem zusätzlichen Aufwand dürfen Sie sich darüber hinaus auch schon im Voraus auf einen herrlichen Anblick im Frühling und Frühsommer freuen.

Wählen Sie einen Platz aus, den Sie vom Haus aus gut einsehen können, denn es ist äußerst unwahrscheinlich, dass Sie im Winter und zu Beginn des Frühjahrs noch allzu viel Zeit im Freien verbringen werden.

Bereiten Sie zunächst den Boden vor. Die Größe der Fläche ist an sich unwichtig, sie sollte aber mindestens 60 x 30 cm betragen. Stecken Sie pro Quadrat von 30 x 30 cm in gleichmäßigen Abstand mindestens zwölf Tulpenzwiebeln, und zwar so, dass sie einander nicht berühren. Jedes Pflanzloch muss mindestens dreimal so tief sein wie die Zwiebel hoch ist. Je tiefer das Loch, desto sicherer wird die Zwiebel bis zum nächsten Jahr überleben. Bei schwerem, lehmigem Boden empfiehlt es sich, auf den Boden des Pflanzlochs eine dicke Schicht groben Splitt oder Kies zu schütten. Das verbessert die Drainage und sorgt dafür, dass die Zwiebeln nicht so leicht faulen.

Füllen Sie Erde in die Pflanzlöcher und setzen Sie winterblühende Stiefmütterchen über die Tulpenzwiebeln. Die schönste Wirkung erzielen Sie, wenn Sie sich auf eine Farbe beschränken und die einzelnen Pflanzen nicht zu weit auseinander setzen. Machen Sie sich keine Sorgen um die Tulpen; die finden mit Sicherheit einen Weg zwischen den Stiefmütterchen. Solange die Sonne ab und zu scheint, sollten Letztere unermüdlich blühen und auch dann noch in voller Blüte stehen, wenn sich die Tulpen öffnen. Falls die Stiefmütterchen aber zu diesem Zeitpunkt ihre besten Tage bereits hinter sich haben, peppen Sie die Pflanzung mit Vergissmeinnicht auf; mit etwas Glück blühen alle drei Arten sogar einmal gleichzeitig.

Farbe für den Sommer

OBEN LINKS Unkomplizierte Einjährige wie Klatschmohn und Ringelblumen, die direkt ins Beet gesät werden, bieten den ganzen Sommer über einen farbenprächtigen Anblick. Der hellblau gestrichene Lattenzaun gibt dem Cottage-Garten-Stil eine moderne Note.

OBEN RECHTS Dicht mit Petunien oder Lobelien bepflanzte Kübel machen weit mehr Eindruck, wenn alle Blüten Schattierungen derselben Farbe aufweisen.

GEGENÜBER Leicht und luftig wirkende Wicken ranken sich um einen schmiedeeisernen Obelisken. Wenn Sie die Blüten regelmäßig abpflücken, bilden die Pflanzen den ganzen Sommer über immer wieder neue Blüten aus.

Falls Sie im Frühjahr oder Sommer umziehen, bieten sich schier grenzenlose Möglichkeiten, in kürzester Zeit farbenfrohe Akzente zu setzen. Schließlich ist dies die beste Zeit, um Samen in die bloße Erde oder in bereits vorhandene Beete zu säen. Besonders unkompliziert sind Einjährige: Säen Sie einfach ein paar Päckchen von ein oder zwei Arten aus – das Ergebnis kann sich schon nach relativ kurzer Zeit sehen lassen. Jungfer im Grünen (*Nigella damascena* 'Miss Jekyll') etwa ist eine ausgezeichnete Wahl mit ihren kräftig blauen Blüten, dem hellgrünen, fein gefiederten Laub und den hellbraunen Samenkapseln, entweder allein oder kombiniert mit ihrer weißen Verwandten 'Miss Jekyll White'. Gleiches gilt für Klatschmohn (*Papaver rhoeas*); eine Mischung wie 'Mother of Pearl' mit ihrer ungewöhnlichen Kombination stumpfer Rot-, Rosa-, Pfirsich- und Lavendeltöne bis hin zu Perlgrau sieht in größeren Mengen fantastisch aus.

Bei einer Aussaat Ende März oder Anfang April keimen die meisten Einjährigen innerhalb weniger Wochen, und nach lediglich fünf oder sechs Wochen stehen sie bereits in voller Blüte. Für einen ungeduldigen Gärtner mag das jedoch noch immer zu lang dauern; wie wäre es daher mit einer Art „Wigwam" aus Kupferrohren anstelle der üblichen Holzstangen, die man mit einem Lederriemen oder Jute zusammenbindet? Ein solches Gerüst stellt schon für sich allein, ganz ohne Kletterpflanzen, einen unübersehbaren Blickfang dar. Säen Sie am Fuß des Gerüsts Kalifornischen Mohn (*Eschscholzia californica*) in leuchtendem Orange, einer Mischung aus Gelb und Orange oder auch in zarteren Pinktönen. Diese Blumen haben sehr schöne blaugrüne farnartige Blätter und tragen den ganzen Sommer über immer wieder ihre papierartig anmutenden Blüten. Falls Sie Blautöne bevorzugen, versuchen Sie es doch mit Hainblumen (*Nemophila*) oder kleinen Kornblumen.

Sobald kein Frost mehr droht, könnten Sie an jede Stange tiefblaue Prunkwinden (*Ipomoea tricolor* 'Heavenly Blue') setzen, die als kleine Pflänzchen vorgezogen in Baumschulen oder Gartencentern erhältlich sind und sich mit etwas anfänglicher Unterstützung bald am Gerüst hochwinden werden. Im Sommer sollten sie dann wieder und wieder ihre trompetenförmigen Blüten ausbilden, von denen sich jede gerade einen Vormittag lang hält; aufgrund ihrer großen Zahl spielt es aber keine Rolle, dass die Blüten so rasch welken. Eine weitere, wenn auch weit weniger bekannte exotische Kletterpflanze ist die Prunkwinde *Ipomoea lobata*, die gleichzeitig orangefarbene, gelbe und cremefarbene Blüten ausbildet.

Die Wartezeit bis zur Blüte der Einjährigen lässt sich mit einer ebenso einfachen wie attraktiven Lösung überbrücken: Stellen Sie mitten ins Beet einen großen Topf, bepflanzt mit bunten Frühlingsblühern – Vergissmeinnicht, rosafarbene und weiße Maßliebchen (*Bellis*) oder Goldlack.

Im Frühsommer, wenn jede Menge Beetpflanzen angeboten werden, ist es besonders leicht, schnell zu sichtbaren Erfolgen zu kommen. Auch hier heißt es wieder, nicht zu zaghaft vorzugehen. Größere Gruppen von Pflanzen derselben Art sehen besonders gut aus. Natürlich kann das recht teuer werden, aber „schnell" bedeutet nicht notwendigerweise „billig". Abgesehen von den üblichen Kandidaten – Fleißige Lieschen, Petunien, Levkojen, Ringelblumen, Kapmargeriten – sollten Sie sich auch nach ein paar Einjährigen umsehen, die dem Garten mehr Höhe verleihen. Ein Wald hoher Sonnenblumen etwa – wie die weinrote *Helianthus* 'Claret' oder die blassgelbe 'Moonwalker' – sieht ebenso fantastisch aus wie eine größere Gruppe weißen Ziertabaks (*Nicotiana sylvestris*), der bei Nacht seinen köstlichen Duft verströmt.

Grundlagen

Mauern und Zäune

Mauern und Zäunen kommt in jedem Garten große Bedeutung zu. Besonders wichtig sind sie jedoch für den ungeduldigen Gärtner, weil sie – im Gegensatz zu Pflanzen – auf der Stelle ihre Wirkung entfalten. In kleineren Gärten sind sie oft sogar das dominierende Element schlechthin, zumindest in den Anfangsstadien des Gartens und auch im Winter, wenn es kaum etwas gibt, was den Blick ablenkt. Deshalb sollten die Grundstücksbegrenzungen – unabhängig davon, ob sie bereits vorhanden sind oder erst noch errichtet werden müssen – niemals nur ihre Funktion erfüllen, sondern stets eigenständige Gestaltungselemente bilden.

Mauern und Zäune erfüllen eine Reihe wichtiger Aufgaben, die weitgehend ihre Form bestimmen. Zunächst markieren sie natürlich die Grenzen des Grundstücks; wäre dies jedoch ihr einziger Zweck, würde auch ein zwischen Pfosten gespannter Draht genügen. Aus Sicherheitsgründen – um ungebetene tierische oder menschliche Besucher fern zu halten und Kleinkinder sowie Haustiere am Verlassen des Grundstücks zu hindern – sind oft stabilere Einrichtungen erforderlich. Darüber hinaus bieten Mauern und Zäune Schutz vor den Elementen, schaffen in kalten Gegenden ein wärmeres Mikroklima, spenden in sonnenverwöhnten Zonen Schatten und schützen Menschen wie Pflanzen vor dem Wind.

Auch zum Schutz der Privatsphäre leisten Mauern und Zäune ihren Beitrag. Die meisten Stadtbewohner entwickeln ein starkes Bedürfnis nach einem abgeschlossenen, ganz privaten Refugium, in das sie sich zurückziehen können. Umfriedungen sorgen für Abgrenzung gegenüber den Nachbarn, in realer wie in psychologischer Hinsicht. Ein Lattenzaun, ein Spalier, eine Gruppe von Sträuchern oder eine Laub abwerfende Hecke bieten beileibe keinen hundertprozentigen Sichtschutz, zumal im Winter, dennoch fühlt man sich dahinter sicher und geborgen.

Mauern und Zäune können die übrige Welt ausblenden und unschöne Ausblicke verdecken, ebenso können sie aber auch einen reizvollen Hintergrund mit in den Garten einbeziehen und so einen begrenzten Raum größer erscheinen lassen. Zudem lässt eine dichte Bepflanzung die Grundstücksgrenze praktisch unsichtbar werden, sodass ein schöner Anblick – ein Kirchturm etwa – fast als Teil des eigenen Gartens erscheint. Die Japaner haben dafür ein eigenes Wort – *shakkei*, was so viel wie „geborgte Landschaft" bedeutet –, und in zahlreichen traditionellen japanischen Gärten spielt dieser Aspekt eine wichtige Rolle.

Begrenzende Elemente können formbar sein – wie Hecken – oder starr wie Mauern und Zäune. Für Ungeduldige sind Letztere meist die bessere Wahl. In einem kleinen Garten lassen sich in einer Woche Mauern errichten, wohingegen selbst eine schnellwüchsige Hecke erst nach Jahren einen brauchbaren Sichtschutz darstellt. Sollten Sie jedoch von Ihren Vorgängern funktionelle, ansonsten aber eher reizlose Hecken „geerbt" haben, so gibt es eine ganze Reihe von Möglichkeiten, diese attraktiver zu gestalten. Mehr dazu später in diesem Kapitel.

Bei der Planung der Grundstückseinfriedung sind verschiedene Punkte zu berücksichtigen. Sehr wichtig ist die Höhe, denn je höher eine Abgrenzung, desto enger wirkt der umschlossene Raum. Wer einen kleinen Hinterhof sein Eigen nennt oder einen sehr schmalen Streifen Grund, würde sich zwischen hohen Mauern oder Zäunen vermutlich wie in einem Gefängnis vorkommen. Hier ist eine niedrige, massive Mauer mit einem aufgesetzten Sichtschutz oder Spalier – oder auch ein solides Spalier allein – besser geeignet; sie bietet ein Gefühl von Sicherheit und, sobald das Gerüst mit Kletterpflanzen bewachsen ist, ein ausreichendes Maß an Privatsphäre. Zudem fühlt man sich längst nicht so eingeschlossen wie hinter einer hohen Mauer.

Hohe Mauern oder Zäune werfen außerdem sehr viel Schatten, und obwohl ein wenig davon durchaus willkommen sein mag, möchte wohl kaum jemand einen Garten, der ständig beschattet ist.

Die Gestaltung der Grundstücksgrenzen wirkt sich entscheidend auf den Stil Ihres Gartens aus. Schöne alte Backsteinmauern verlangen geradezu nach traditioneller Bepflanzung, entweder romantisch – mit Staudenrabatten oder in der Art eines Cottage-Gartens – oder streng formal, etwa mit Parterre-Beeten. Bei glatten, verputzten Oberflächen oder farbig gestrichenem Holz dagegen empfiehlt sich eine modernere Variante. Zudem beeinflussen Mauern oder Zäune die Atmosphäre eines Gartens – ob cool und intellektuell, sinnlich oder bodenständig. Auch das Umfeld spielt eine Rolle: Auf dem Land macht sich ein zwangloser Sichtschutz am besten; etwa eine Naturhecke, am besten dornig und undurchdringlich, oder Flechtzäune. Für den Vorgarten sind auch niedrige Lattenzäune geeignet. Gärten in der Stadt hingegen müssen die bebaute Umgebung widerspiegeln, und so passen hier besser Mauern, glatte Zäune, schmiedeeiserne Geländer oder exakt geschnittene Hecken. Vorstadtgärten wiederum erfordern einen Stil, der zwischen beiden Extremen liegt: weder zu streng noch zu ungezwungen.

Auch das Material für die Begrenzungseinrichtungen sollte sorgfältig ausgewählt werden; besonders bei kleinen Grundstücken, wo Mauern oder Zäune stets unmittelbar im Blickfeld sind, ähnlich wie die Wände eines Zimmers. In größeren Gärten sind durchaus unterschiedliche Arten von Begrenzungen denkbar – beispielsweise in der Nähe des Hauses Mauern, ansonsten Hecken. Für kleinere Gartenräume empfiehlt sich dagegen eine einheitliche Gestaltung, weil die Fläche auf diese Weise größer wirkt. Falls Sie jedoch einen Garten mit unterschiedlichen Begrenzungen übernommen haben – was recht häufig vorkommt, da in der Regel mindestens eine davon Ihrem Nachbarn gehört –, finden sich immer noch Mittel und Wege, ihnen ein einheitlicheres Aussehen zu geben, ohne gleich alles radikal umzukrempeln (siehe Seite 42–45).

OBEN „Gucklöcher" in Form witziger Tiermotive verhindern, dass diese Trennwand aus Metall zu erdrückend wirkt. Die purpurroten Blüten der Kletterpflanze schaffen einen kräftigen Kontrast zum orangefarbenen Anstrich.

VORHERIGE SEITE Nach dem Motto „Es kommt drauf an, was man draus macht" hat der Gartenarchitekt Dan Pearson hier zerbrochene Betonplatten zu schwungvoll gerundeten schrägen Mauern aufgeschichtet.

OBEN **Das Bullauge in dieser terrakottafarbenen Mauer gibt den Blick auf die Bepflanzung auf der anderen Seite frei und lädt den Betrachter so zur weiteren Erforschung des Gartens ein.**

In größeren Gärten können Begrenzungen als eine Art Raumteiler von zusätzlichem Nutzen sein. Vielleicht haben Sie ja einen Garten übernommen, der aus nichts als einer dominierenden Rasenfläche besteht, umgeben von schmalen Beeten – und unwillkürlich an ein Zimmer erinnert, in dem sämtliche Möbel an den äußersten Rand geschoben sind. Solche Gärten wirken alles andere als gemütlich, denn man fühlt sich wie auf dem Präsentierteller – etwa so, als würde man mitten auf einem weiten Feld picknicken statt neben einer Hecke oder unter einer Baumgruppe. Wenn Sie dagegen Ihren Garten in mehrere kleinere Räume unterteilen, wird er gleich ein gutes Stück wohnlicher.

Auch aus gestalterischer Sicht sind solche Raumteiler sehr nützlich, denn sie ermöglichen Überraschungseffekte und schaffen eine geheimnisvolle Atmosphäre. Lässt sich ein Garten auf den ersten Blick vollständig erfassen, fehlt jeglicher Anreiz, ihn nach und nach zu erkunden, und er wird sehr schnell vorhersehbar und langweilig wirken. Ist hingegen ein Teil des Gartens der Sicht entzogen, verspürt jeder irgendwann den Drang herauszufinden, was sich hinter den Abtrennungen verbirgt.

Lange, schmale Gärten wirken leicht tunnelartig, besonders wenn ein schnurgerader Weg, von schmalen Beeten gesäumt, mitten hindurch aufs Haus zuführt und den ohnehin nur handtuchschmalen Streifen noch einmal längs zerschneidet. Unterteilt man dagegen den vorhandenen Raum in eine Reihe fast quadratischer, miteinander verbundener „Zimmer", erscheint der Garten gleich viel breiter. Noch effektiver wird diese Methode, wenn Sie die Durchgänge zwischen den einzelnen Bereichen nicht in einer geraden Linie, sondern gegeneinander versetzt anordnen, sodass der Fußweg nicht mehr genau durch die Mitte führt.

Eine solche Aufteilung des Gartens bietet außerdem die Möglichkeit, mit unterschiedlichen Stilrichtungen zu experimentieren. Nahe am Haus könnten Sie beispielsweise einen klassisch-strengen Bereich anlegen mit Pflaster, einem quadratischen, rechteckigen oder runden Teich und formgeschnittenem Buchsbaum in Kübeln. Hinter dem ersten Trennelement könnte sich ein Cottage-Garten verbergen, ein mediterran anmutender Kies- oder auch ein tropischer Garten, gefolgt von einem naturnahen Bereich oder einem kleinen Gemüsegarten. Und rein praktisch gesehen erleichtert es Ihnen eine solche Raumbildung, weniger schöne Einrichtungen wie Geräteschuppen, Komposthaufen oder Mülleimer zu kaschieren.

Da Fragen der Sicherheit oder der Privatsphäre hier weniger von Belang sind, ist die Auswahl an Materialien und Stilrichtungen noch größer als bei der Gestaltung der Grundstücksgrenzen. Wie wäre es etwa mit einer lebenden Wand aus Weidenruten, die an sich schon sehr attraktiv ist, im Sommer darüber hinaus aber auch noch frische grüne Blätter austreibt? Ein Sichtschutz aus Pflanzen ist immer schön, etwa eine Gruppe von Sträuchern oder, in einem kleinen Garten, ein sehr großer Solitärstrauch. Während sich eine durchgehende Mauer nicht unbedingt empfiehlt, kann ein frei stehendes Mauerfragment hingegen interessante Akzente setzen.

Raumbildung setzt nicht immer vertikale, wandartige Trennelemente voraus. Schon eine Änderung des Niveaus kann das Gefühl vermitteln, einen neuen Raum zu betreten, ebenso die Überquerung einer Wasserfläche. Ein wassergefüllter Graben etwa, in den vielleicht noch ein oder zwei Trittsteine eingelassen sind, stellt eine sehr wirkungsvolle Abgrenzung dar und schafft die Möglichkeit, ganz unterschiedliche Stimmungen zu erzeugen.

OBEN Ineinander verkeilte dreieckige Mauern, von Kupferrohren und großen Bullaugen durchbrochen, teilen diesen dynamischen, von Bonita Bulaitis entworfenen Gartenraum auf.

Schnell-Tipps für Mauern

Eine schöne Backsteinmauer ist eine Zierde, doch leider sind weder alle Mauern aus Backstein noch sind sie alle schön. Vielfach findet sich Beton oder Putz, nicht selten düster und verschmutzt, und nicht wenige Mauern sind aus verschiedenfarbigen Ziegelsteinen zusammengestückelt oder gar aus Mauersteinen unterschiedlichster Art.

Das einfachste und preiswerteste Mittel gegen hässliche Wände ist Fassadenfarbe. Sie verdeckt viele Sünden und bringt sozusagen auf einen Streich eine einheitliche Linie in den Garten. Wenn Ihre Mauern von Grund auf marode sind, sollten Sie sie vor dem Streichen ausbessern oder vielleicht sogar verputzen lassen. Sind sie gar in einem hoffnungslosen Zustand, dann verstecken Sie sie einfach hinter farbig gestrichenen und an den Mauern befestigten Sperrholzplatten – eine schnelle und vergleichsweise billige provisorische Lösung.

Bei der Wahl der Farben sollten Sie sich am Stil Ihres Gartens orientieren. Sanfte Pastelltöne passen am besten in einen traditionellen Garten, während neutrales Grau eher in einem formalen Umfeld wirkt. Kräftige Farben wie Ocker, Terrakotta und Pflaumenblau sind ideal für moderne Gärten. Weiß stellt in südlichen Klimazonen immer eine gute Wahl dar; im Norden dagegen wirkt es – besonders in den grauen Winter-

OBEN **Dieses einfache, aber sehr ausdrucksvolle Mosaik lässt sich in kurzer Zeit aus verschiedenen Arten von Muscheln fertigen, die einfach in den noch nassen Putz gedrückt werden.**

GANZ OBEN **Das mediterran anmutende leuchtende Blau dieser Wand liefert einen spannenden Hintergrund für die magentafarbene Bougainvillea.**

monaten – allzu kalt und grell. Ein cremefarbener Ton oder ein zartes Gelb oder Beige strahlen hier mehr Wärme aus.

Farben beeinflussen auch die Stimmung. „Warme" Töne wie Rot und Orange stimulieren und lassen einen Raum kleiner erscheinen. „Kühle" Farben hingegen wie Blau oder Mauve wirken entspannend und vergrößern Räume optisch. Zudem gilt es zu überlegen, welche Farben sich als Hintergrund für Pflanzen eignen. Zarte Blau- und Grüntöne passen hier immer gut, während kräftigere Farben einer in warmen Tönen gehaltenen Bepflanzung eine dramatischere Note verleihen.

Sie können auch mit Farbeffekten arbeiten: Streichen Sie beispielsweise Ihre Mauern in zwei Nuancen einer Farbe, die Sie mithilfe von Schwamm oder Pinsel verwischen. Oder verwenden Sie Schablonen, mit denen Sie eine exotische Kletterpflanze an die Wand zaubern oder auch abstraktere Muster wie Sonnenstrahlen, die man am besten mit Farbsprays aufsprüht. Und wer etwas für Wandmalereien übrig hat, der gibt bei einem Kunstmaler eine englische Landschaft im Stil des 18. Jahrhunderts in Auftrag oder auch eine Szene aus der Toskana. Um die Verbindung zwischen Illusion und Wirklichkeit herzustellen, werden vor dem Wandgemälde zwei hohe, schlanke Koniferen in Terrakotta-Kübeln aufgestellt, zum Beispiel Baumwacholder (*Juniperus scopulorum* 'Skyrocket').

Veränderungen in der Oberflächenbeschaffenheit beleben jede noch so reizlose Mauer auf der Stelle. Spalier-Paneele etwa brechen eine glatte Fläche auf und erzeugen einen dreidimensionalen Effekt mit Mustern aus Licht und Schatten. Streichen Sie die Spaliere in derselben Farbe wie die Mauer, wenn Sie es dezent mögen, oder in einer kontrastierenden Farbe, wenn Sie einen dramatischeren Effekt vorziehen. Sie können auch mit dickem verzinktem Draht auf flachem Untergrund geometrische Muster wie Rauten, Zickzack- oder Fächerformen erzeugen. Die Mauer wirkt so viel interessanter, und langfristig können Sie kleinblättrigen Efeu entlang der Drähte ranken lassen, den Sie immer exakt beschneiden, damit die ursprüngliche Form sichtbar bleibt.

Mittlerweile gibt es auch schon stilisierte Formen aus MDF zu kaufen, die man einfach an die Mauer schraubt. Sie werden in einer ganzen Reihe von Mustern angeboten – Orangenbäume, Zypressen oder komplizierte maurische Fenster mit Gittern davor und Ausblicken auf Minarette. Auch hier lassen sich, wenn Sie das möchten, Illusion und Wirklichkeit auf pfiffige Weise miteinander verbinden, etwa mithilfe einer Palme oder eines Orangenbäumchens im Kübel, die man vor der Mauer platziert.

OBEN **Hier wird eine langweilige Backsteinmauer nicht nur durch das gedämpfte Blaugrün des Anstrichs aufgepeppt, sondern auch durch die Sammlung verzinkter Kübel und Kannen, die an der Mauer aufgehängt sind oder auf den Stufen stehen.**

Wenn Ihr Garten rundum eingezäunt ist und alle Zäune zueinander passen, können Sie wirklich von Glück reden. Zumindest einer der Zäune dürfte von einem Nachbarn aufgestellt worden sein, während der Zaun am hinteren Ende des Gartens womöglich je zur Hälfte Ihnen und dem Besitzer des dahinter liegenden Grundstücks gehört. Vielleicht sind auch noch ein oder zwei Abschnitte in jüngster Zeit erneuert worden, sodass jetzt deren frische Holzfarbe krass vom verwitterten Rest des Zaunes absticht.

Für vorhandene Zäune gilt das Gleiche wie für alte Gartenmauern: Das einfachste Mittel, sie zu verschönern und eine einheitliche Linie in den Garten zu bringen, ist Farbe. Hier bieten sich entweder Lasuren an, die die natürliche Maserung des Holzes durchscheinen lassen, oder auch normale, für den Außenbereich geeignete, vollständig deckende Lacke. Nachdem

früher Lasuren nur in „natürlichen" Brauntönen oder allenfalls noch in Grün zu haben waren, gibt es sie mittlerweile in allen möglichen Farben, von zarten Pastelltönen bis zu sehr kräftigen Varianten. Neben den üblichen Chemiefarben sind heute auch Holzlasuren auf biologischer Basis erhältlich, die aus natürlichen Ausgangsstoffen wie Bienenwachs und Terpentinöl hergestellt werden und wunderbar duften. Wer eine Farbe möchte, die sonst niemand hat, mischt sich aus Pigmenten in Pulverform und Leinölfirnis seine ganz persönliche Holzlasur; ist das Ergebnis zu grell, fügt man einfach ein wenig Kreidepulver hinzu. Ganz wichtig: das Mischungsverhältnis notieren für den Fall, dass die angerührte Menge nicht ausreicht!

In jedem Fall will die Farbwahl gut überlegt sein, denn Zäune zählen, wie Mauern, zu den dominierenden Elementen eines Gartens. Zarte Pastelltöne dürften am

UNTEN **Ein Anstrich in unterschiedlichen Abstufungen desselben Farbtons stellt eine ebenso schnelle wie einfache Möglichkeit dar, einen alten Zaun wieder lebendiger zu gestalten.**

Schnell-Tipps für Zäune

besten zu den meisten Pflanzen passen, wiewohl auch ein sehr dunkles Blau oder sogar Schwarz im richtigen Kontext – etwa in einem sehr modernen oder einem fernöstlich inspirierten Garten – äußerst eindrucksvoll sein können.

Natürlich müssen Sie sich nicht auf eine einzige Farbe beschränken. So könnten Sie die senkrechten Pfosten und die obere Querlatte in einer Farbe streichen und die Zaunfelder zwischen den Pfosten in einer anderen. Wollen Sie eine subtile Wirkung erzielen, sollten Sie sich für Ton-in-Ton-Effekte entscheiden; anderenfalls dürfen es auch kräftige Kontraste sein. Knallrote Pfosten und schwarze Zaunfelder etwa wären einem Garten im chinesischen Stil sehr angemessen.

Eine andere Schnell-Lösung: Man verdeckt die Zäune kurzerhand. Die einfachste Möglichkeit stellen Matten aus gespaltenen Schilf- oder Bambusrohren

dar; sie müssen lediglich mit Krampen an den Zaunpfosten befestigt werden. Mit solchen Matten lässt sich der Zaun entweder in voller Höhe verkleiden oder lediglich im oberen Teil, was dekorativer wirkt. Die warme, natürliche Ausstrahlung einer solchen Verkleidung passt besonders in Gärten im asiatischen Stil.

Für ein moderneres Ambiente bieten sich auch dünne Sperrholzplatten an, die mit Halterungen aus Metall an den Zaunpfosten befestigt werden. Je nach gewünschter Wirkung können Sie die Platten lasieren oder lackieren. Eine strengere, architektonischere Note erhält das Ganze durch Holzleisten, die je nach Format der Platten Quadrate oder Rechtecke bilden. Kleben Sie diese mit wasserfestem Holzleim auf und schlagen Sie zur Sicherheit noch ein paar Holznägel hinein. So erzielen Sie denselben Effekt wie bei Zierleisten auf Zimmer- oder Schranktüren.

UNTEN **Mit Schilfmatten lassen sich Zaunelemente unterschiedlichen Stils und Alters schnell und preiswert verdecken; zudem erhält der Garten auf diese Weise eine einheitliche Note.**

Mauern sind zwar nicht gerade billig, stellen aber die dauerhafteste Form der Einfriedung dar. Sie vermitteln ein Gefühl von Sicherheit und Privatsphäre und schaffen gerade in kleineren Stadtgärten ein ganz eigenes Mikroklima für die Pflanzen. In größeren, stark exponierten Gärten können Mauern dagegen eher Probleme bereiten, da sie bei Wind Turbulenzen erzeugen, die die Pflanzen im Windschatten schädigen. Hier wäre ein schützender Gürtel aus Bäumen und Sträuchern vor der Mauer die beste Lösung.

Da Mauern auf kleinen Grundstücken sehr dominierend wirken, ist ihr Erscheinungsbild sehr wichtig. Im Idealfall finden die gleichen Materialien Verwendung wie beim Haus. Hat dieses Wände aus Backstein, greift man am besten auf Ziegelsteine zurück, die farblich der Hauswand entsprechen. Und falls das Anwesen schon älter ist, sind alte Mauersteine aus zweiter Hand vielleicht die beste Lösung. Die sind zwar auch nicht billiger, aber schon so verwittert, dass sie besser zum Mauerwerk des Hauses passen.

Überlegen Sie sich genau, wie die Mauer aussehen soll, denken Sie an die Verbandart (das Muster, nach dem die Mauersteine verlegt werden), die Farbe des Mörtels und selbst die Art der Verfugung. So fällt beispielsweise ein kunstvoller Mauerverband, mit farblich kontrastierendem Mörtel und tiefen Fugen, die jeden einzelnen Mauerstein hervorheben, weitaus stärker ins Auge als ein einfacher Verband mit gleichfarbigem Mörtel und bündig eingebrachten Fugen.

Natursteinmauern können formalen oder nicht formalen, städtischen oder eher ländlichen Charakter besitzen, je nachdem, ob Sie behauene, zu gleichmäßigen Blöcke geformte Steine verwenden oder rohe

Bruchsteine. Auch hier sollten Sie sich über Farbe und Art der Verfugung Gedanken machen.

In einem modernen Umfeld machen sich Mauern mit glattem Putz oder aus Beton sehr gut. Backstein oder Naturstein zu verputzen wäre Verschwendung, da man ohnehin nicht sieht, was sich unter dem Putz verbirgt; nehmen Sie lieber Beton oder Hohlblocksteine, die schneller und billiger zu verlegen sind. Überhaupt erlebt Beton, nachdem er jahrelang geradezu verpönt war, derzeit ein Comeback. Er lässt sich relativ schnell und einfach in eine Verschalung gießen und mit Pigmenten, die unter den Zement gemischt werden, ganz durchfärben oder nach dem Abbinden mit Fassadenfarbe streichen. Zudem können Sie ihm durch das Holz der Verschalung unterschiedliche Oberflächenstrukturen verpassen; und während Begrenzungsmauern notgedrungen gerade sein müssen, spricht nichts dagegen, innerhalb des Gartens Betonmauern in Kurven oder Wellenlinien anzulegen.

Auch andere Materialien lassen sich gut in alle möglichen Formen bringen. So hat etwa die britische Gartenarchitektin Bonita Bulaitis gegeneinander versetzte, dreieckige Trennwände verwendet, um Bewegung in den Garten bringen. Jede dieser verputzten Hohlblockmauern weist ein großes Loch auf, das den Blick auf die dahinter liegende Bepflanzung freigibt.

Unabhängig vom verwendeten Material ist die Höhe der Mauern ein wichtiger Gesichtspunkt. Ein kleiner Garten, der von allzu hohen Mauern umgeben ist, wirkt schnell wie ein Gefängnishof. Hier empfehlen sich eher niedrigere Mauern von 1,5 oder gar nur 1,2 m Höhe mit höheren Pfeilern in regelmäßigen Abständen, zwischen denen Spaliere angebracht werden.

OBEN **Diese Bank am Waldrand wird von einer schön geschwungenen, niedrigen Mauer aus übereinander geschichteten alten Dachziegeln umrahmt.**

OBEN MITTE **Das strenge Gittermuster dieser Mauer aus Blocksteinen mit rauer Oberflächenstruktur bildet die passende Kulisse für eine Reihe stachliger, architektonisch wirkender Kakteen.**

OBEN LINKS **Gegossener Beton ist das ideale Material für geschwungene Mauern. Seine graue Farbe passt hervorragend zu der in Silber- und Goldtönen gehaltenen Bepflanzung.**

GEGENÜBER **Eine moderne Kombination aus Stahl und witterungsbeständigem Stoff – ein sehr effektiver Sichtschutz und zugleich ein schöner Hintergrund für die Schwertlilien (Iris sibirica).**

Neue Zäune

OBEN **Ein mit den Boden-dielen korrespondierender Zaun aus Hartholzbret-tern – in einem anderen Umfeld zu wuchtig, in die-sen strengen, minimalisti-schen Garten passt er jedoch ausgezeichnet.**

RECHTS **Geflochtene Wei-denruten bilden eine sehr attraktive organische Begrenzung. Darüber hinaus treibt ein solcher Zaun im Sommer aber auch noch grüne Blätter.**

GANZ RECHTS **Aus stahl-blau lasierten Rundhöl-zern wurde hier eine inte-ressante und schnell zu errichtende Trennwand gestaltet.**

Neue Zäune sind nicht nur billiger als neue Mauern, sondern auch weit schneller zu errichten – ein kleiner Garten kann innerhalb weniger Tage komplett einge-zäunt werden. In puncto Haltbarkeit sind Zäune zwar nicht mit Mauern vergleichbar, doch kann ein stabil gebauter Zaun aus kesseldruckimprägniertem Holz gut und gern zwanzig Jahre halten.

Da Zäune ebenso wie Mauern praktisch unüber-sehbar sind, will die Wahl des Zauns gut überlegt sein. Lassen Sie sich von der Umgebung inspirieren: Im länd-lichen Umfeld eines Dorfes etwa macht sich ein Flechtzaun aus Hasel- oder Weidenruten immer gut. Gleiches gilt für Holzpalisaden – dicke Pfähle, die ent-weder direkt in den Boden gerammt werden oder an Querlatten befestigt, die ihrerseits an einbetonierten Zaunfosten angebracht sind. Für eine interessantere Struktur bringt man die Palisaden abwechselnd auf den beiden Seiten der Querlatten an. Wer es rustikal mag, belässt einfach die Rinde an den Pfählen. Andernfalls schält man die Rinde ab und lackiert oder lasiert die Zaunpfähle. Die einzelnen Pfähle können oben ange-spitzt oder, wenn der Zaun weniger aggressiv wirken soll, abgerundet werden. Ist Ihnen ein gleichmäßig hoher

Zaun zu eintönig, sägen Sie die Pfähle so zu, dass eine zinnen- oder wellenförmige Oberkante entsteht.

Soll der Zaun weniger massiv wirken, ist Bambus eine gute Wahl: Er passt sich ländlichen wie städti-schen Umgebungen an und eignet sich für moderne ebenso wie für fernöstliche Stilrichtungen. Verwenden Sie dicke, palisadenartig wirkende Bambusrohre oder aber dünnere, gespaltene und mit Draht verbundene Stangen; denkbar wäre auch ein Bambusspalier.

In Stadtgärten greift man häufig auf dichte Bretter-zäune zurück, wobei die Bretter sowohl senkrecht als auch waagerecht verlaufen können. In letzterem Fall werden oft bewusst ungleiche Bretter verwendet, um die zwanglose Wirkung zu verstärken; senkrechte Plan-ken können entweder leicht überlappen oder bündig aneinander grenzen. Wenn Sie Ihre Zäune nach Maß anfertigen lassen, können Sie die Oberkante individuell zuschneiden oder beispielsweise in jedes einzelne Brett eine Raute sägen lassen, die Sie dann mit Kupfer- oder Aluminiumstücken oder gar mit farbigem Glas ausfül-len. Der britische Gartenarchitekt Dan Pearson hat sogar einmal in einen Gartenzaun knapp unterhalb der Oberkante Löcher gesägt und anschließend zur Verzierung blaue Mineralwasserflaschen hineingesteckt. Der Fantasie sind keine Grenzen gesetzt.

Einen schönen Zaun für einen modernen Garten geben quadratische Paneele aus diagonal angeordneten Brettern ab. Auf diese Weise entsteht entlang der Grundstücksgrenze ein markantes Zickzackmuster. Da ein solcher Zaun stark ins Auge fällt, eignet er sich am besten für ein eher minimalistisches Ambiente; farbiger Lack ist hier einer Lasur vorzuziehen. Überhaupt hängt die Wirkung eines neuen Zauns stark von seiner Farbe ab; welche Effekte Sie mit Farben erzielen, können Sie auf den Seiten 42–43 nachlesen.

Was die Abmessungen betrifft, gilt dasselbe wie für Mauern: In kleineren Gärten sollten auch Zäune niemals zu hoch ausfallen. Wenn Sie Höhe wollen, sich aber nicht eingeschlossen fühlen möchten, bieten sich als Lösung Spaliere an, die Sie auf einen nicht allzu hohen Zaun montieren.

Natürlich können Sie auch ganz auf solide Spaliere setzen, die nicht nur als Abtrennung innerhalb des Gartens nützlich sind, sondern auch an der Grundstücksgrenze, vor allem bei sehr kleinen Gärten. Ein solcher „Zaun" hält neugierige Blicke natürlich nicht völlig fern, erzeugt aber trotzdem das so wichtige Gefühl von Abgeschiedenheit.

Ein Hauch Fernost

MATERIAL FÜR EINE DREI METER LANGE TRENNWAND:
- 21 Bambusrohre von rund 10 cm Durchmesser und einer Länge zwischen 1,5 m und 90 cm
- 35 m naturfarbene Polypropylenschnur
- 21 Holzpfähle von 2,5 cm Durchmesser und 60 cm Länge

Bambus und fließende Linien

Die Gestaltung kleiner Gärten ist nicht ganz einfach, nicht zuletzt deshalb, weil in der Regel ein einziger Blick genügt, um bereits alles gesehen zu haben. Unterteilt man den Garten jedoch in Querrichtung durch eine nicht allzu massive Trennwand, die nur über einen Teil der Breite verläuft, gewinnt er deutlich an Spannung. Was hinter der Wand liegt, lässt sich noch erkennen, dennoch bleibt Raum für Überraschungen.

Unsere Trennwand besteht aus besonders dicken Bambusrohren in Abständen, die ungefähr ihrem Durchmesser entsprechen. Die Verbindungsschnur aus Polypropylen, das fast wie Hanf aussieht, aber weitaus haltbarer ist, ist ebenso dekorativ wie stabil.

Die Bambusrohre wurden auf unterschiedliche Längen zugeschnitten, um der Trennwand einen eleganten Schwung zu verleihen. Sie beginnt am Grenzzaun mit einer Höhe von 1,5 m, um dann zur Gartenmitte hin abzufallen. Zusätzlich ist sie auch in sich gebogen und nimmt so die Form der gepflasterten Fläche am Ende des Gartens auf.

Um die Trennwand aufzubauen, schlugen wir eine Reihe angespitzter hölzerner Stäbe in den Boden und steckten anschließend auf jeden dieser Pfähle ein Bambusrohr. Zur Vorbereitung mussten wir zunächst bei jedem Bambusrohr die dünne innere Membran zwischen den einzelnen Abschnitten durchstoßen, damit das Rohr sich problemlos über den Pfahl stülpen ließ. Anfangs wackeln die Rohre zwar auf den Stöckchen hin und her, aber sobald sie erst einmal zusammengebunden sind, erreicht die Trennwand doch eine ausreichende Stabilität.

Die Knoten der Schnur sind nicht nur zweckdienlich, sondern auch dekorativ und können ganz nach Geschmack schlicht oder verziert ausfallen. In Japan wurde die Verbindung von Bambusrohren durch Schnüre zu einer wahren Kunstform entwickelt. Wenn Sie Segler sind oder früher bei den Pfadfindern waren, dürften Ihnen die Knoten keine Probleme bereiten.

Auf Bodenhöhe

Für einen ungeduldigen Gärtner sind feste Bodenbeläge jeder Art geradezu ideal, denn sie lassen sich schnell verlegen und geben dem Garten sofort ein neues Gesicht. Aus diesem Grund – und weil der Bodenbelag im Winter natürlich noch stärker ins Auge springt – lohnt es sich, ihn nicht nur als Lückenfüller oder gar als notwendiges Übel zu sehen, sondern als eigenständiges dekoratives Element.

Ungeduldig wie Sie sind, werden Sie den Boden kaum selbst verlegen wollen. Die Entscheidung darüber, welche Materialien Verwendung finden und wie sie verlegt werden, nimmt Ihnen allerdings niemand ab – eine Entscheidung, die den Stil des gesamten Gartens maßgeblich beeinflusst.

Ich spreche bewusst von „Materialien", weil die meisten Gärten mehr als nur eine Art von Bodenbelag aufweisen. Während in kleinen Innenhöfen in der Stadt oder auf Dachterrassen oft nur Platz für einen Belag ist, verhält sich das in größeren Gärten anders. Auch in einem Garten, der überwiegend aus Rasen und Beeten besteht, gibt es normalerweise zumindest eine Terrasse oder eine Sitzecke sowie Wege, die es Ihnen ermöglichen, bei jedem Wetter durch den Garten zu gehen.

Rasen dürfte wohl der noch immer am weitesten verbreitete „Bodenbelag" überhaupt sein. In Form von Rollrasen, der wie ein Teppich verlegt wird, entspricht er auch durchaus den Bedürfnissen des ungeduldigen Gärtners. Besonders gut macht sich Rasen in einem traditionellen Garten, und eine perfekt gepflegte, smaragdgrüne Rasenfläche stellt zweifellos den idealen Vordergrund für Pflanzen dar. So eignet sich Rasen in der Stadt ebenso wie in ländlicher Umgebung bestens für mittlere und große Gärten, in denen ein fester Bodenbelag unangemessen und zudem viel zu teuer wäre. Außerdem ist Gras immer die beste Wahl für Familiengärten, die Kindern Raum zum Spielen bieten sollen, vorausgesetzt die vorhandene Fläche lässt dies überhaupt zu. Kleine Rasenflächen sind hier eher unpraktisch, weil sie so stark strapaziert werden, dass sie nie wirklich gepflegt aussehen. Die unvermeidlichen kahlen Flecken werden im Winter zu Schlammlöchern, während sie in der Sommerhitze steinhart sind. In derartigen Gärten oder in solchen, wo zu viel Schatten herrscht oder große Bäume dem Boden Feuchtigkeit und Nährstoffe entziehen, ist der Wunsch nach einem attraktiven Rasen schlicht unrealistisch, ein fester Bodenbelag stellt praktisch die einzig vernünftige Lösung dar.

Dennoch wollen viele Gartenbesitzer nicht von ihrem Rasen lassen, mag er noch so trostlos aussehen. Der Grund: Sie sehen keine andere Alternative als eine durchgehende Betonfläche. Das ist jedoch ein Irrtum. Eine Kombination aus Pflaster und Pflanzen ergibt einen sehr attraktiven Belag und ist selbst nach längerem Regen nutzbar, wenn ein Rasen völlig aufgeweicht ist. Zudem erspart sie eine Menge Arbeit, vorausgesetzt man verwendet pflegeleichte Pflanzen. Wie schon erwähnt, wundere ich mich immer wieder über die weit verbreitete Ansicht, ein Garten, der praktisch nur aus Rasen besteht, erfordere wenig Pflege. Ein wirklich schöner Rasen ist eher ein Hobby als ein Bodenbelag – und zwar ein Hobby, das jede Menge Arbeit macht.

Kies eignet sich sowohl für nicht formale Gärten mit mediterranem Flair als auch für formale Anlagen, wo er in Kombination mit niedrigen Formschnitthecken für Parterre-Effekte eingesetzt wird. Kies ist auch ein wunderbares Material, um einen Übergang zwischen den „harten" und den „weichen" Elementen – nämlich den Pflanzen – zu schaffen. Er ist nicht teuer und für ungeduldige Gärtner ideal, weil er ebenso schnell ausgebracht wie entfernt ist und provisorisch Erde, Gras oder einen unschönen Bodenbelag verdecken kann, bis über die längerfristige Gestaltung entschieden ist. Auch als dauerhafte Oberfläche ist Kies durchaus geeignet, zumal er sich sehr schön mit Natursteinplatten, Backsteinen oder Pflastersteinen kombinieren lässt.

GEGENÜBER Dieser eindrucksvolle Bodenbelag im Stil der Fünfzigerjahre besteht aus quadratischen Betonplatten und kleinkörnigem weißen Marmorsplitt. Die abgerundete Form des Plattenbelags spiegelt die Rundung der Wendeltreppe wider.

Natürlich lassen sich all diese Materialien auch einzeln verwenden, in einem formalen wie einem nicht formalen Kontext. Übersteigen die Kosten Ihres Traumbelags Ihre finanziellen Möglichkeiten, so greifen Sie ruhig zu industriell produzierten Nachbildungen, die sich mittlerweile durchaus sehen lassen können.

Natursteinplatten sind in großer Auswahl erhältlich. Gesteine wie Schiefer oder Granit, die sich als Fliesenmaterial für Innenräume großer Beliebtheit erfreuen, werden inzwischen auch im Garten eingesetzt. In einem kleinen Hof in der Stadt beispielsweise wirken dunkle, unregelmäßige Porphyrplatten, kombiniert mit gemauerten, weiß getünchten Hochbeeten und ein paar verzinkten Metallkübeln, ausgesprochen modern und elegant.

Obwohl gegossener Beton nicht den besten Ruf genießt, erlebt er gegenwärtig in der modernen Gartenarchitektur eine kleine Renaissance. Beton ermöglicht nicht nur die üblichen glatten, ungebrochenen Oberflächen, sondern einfach jede gewünschte Form; darüber hinaus lässt er sich mithilfe chemischer Farbstoffe in allen möglichen Nuancen tönen. Am besten wirkt Beton, wenn er auf den ersten Blick auch als solcher zu erkennen ist und nicht der – im Übrigen aussichtslose – Versuch unternommen wird, beispielsweise Natursteinpflaster zu imitieren.

Metall, ein entschieden modernes Material, wird ebenfalls immer beliebter für Stadtgärten, Dachterrassen und andere Anlagen. Ähnlich wie Holzfliesen können auch schachbrettartig ausgelegte Metallplatten mit rutschhemmender Oberfläche auf eine Unterkonstruktion geschraubt werden. Ein stabiles Metallgitter hingegen lässt sich bestens als Brücke über einer Wasserfläche einsetzen. Allerdings eignet sich Metall eher für gemäßigte Klimazonen, denn bei großer Hitze ist es nicht sonderlich angenehm – um nicht zu sagen schmerzhaft –, barfuß darüber zu laufen.

Auch Holz wird – insbesondere in Form von Holzfliesen – als Bodenbelag für den Garten immer beliebter. Wenngleich seine Kritiker monieren, Holz sei für ein gemäßigtes Klima wenig geeignet, ist es aus gestalterischer Sicht in vielen Situationen sehr gut einsetzbar, von Hinterhöfen in der Innenstadt bis hin zu einem eher ländlichen Umfeld. Als attraktives organisches Material verträgt sich Holz gut mit den Pflanzen im Garten und ist zudem sehr vielseitig nutzbar. Lässt man es verwittern, setzt es bald eine schöne silbergraue Patina an, wohingegen es mit einer farbigen Lasur gestrichen sehr modern anmuten kann.

UNTEN **Alte Bodendielen erhalten hier durch orientalische Muster, die mithilfe von Schablonen aufgetragen wurden, zusätzlichen Pfiff. Gegen die Witterung schützt eine Schicht Polyurethan-Lack.**

Holzböden sind in vieler Hinsicht der ideale Bodenbelag für den ungeduldigen Gärtner, weil sich damit schneller und leichter halbwegs ebene Flächen schaffen lassen als mit jedem anderen Material. Sie können auch auf bereits vorhandene Oberflächen verlegt werden, ohne dass zuerst alter, rissiger Beton herausgerissen werden muss und so lästige, aber wichtige Details zu berücksichtigen sind wie die Höhe der feuchtigkeitsbeständigen Schicht in der Hauswand. Da durch den Holzboden und unter ihm die Luft frei zirkulieren kann, spielt es keine Rolle, wenn die Platten oberhalb dieser Schicht an die Mauer stoßen. Auch Gummiplatten, wie sie speziell für Spielplätze gefertigt werden, geben in Gärten einen interessanten, farbenfrohen Bodenbelag ab.

Bei der Wahl der Materialien empfiehlt es sich, das Wohnhaus in die Überlegungen mit einzubeziehen. Tritt man direkt vom Haus oder Wintergarten in den Garten, ist es keine schlechte Idee, außen und innen denselben Bodenbelag zu verwenden. Auf diese Weise verschmelzen Haus und Garten sofort zu einer Einheit. Sandstein, Granit und Schiefer wären hier ebenso denkbar wie große Terrakottaplatten. Letztere geben dem Garten sofort einen mediterranen Touch; wichtig ist allerdings, frostfeste Platten für den Außenbereich zu erwerben.

Hat Ihr Haus unverputzte Backsteinmauern, sollten Sie Steine derselben Farbe in Betracht ziehen – vielleicht nicht für die gesamte Terrasse, aber zumindest als Schmuckelement, eine Umrandung oder ein Gittermuster, das Betonplatten einrahmt.

Falls Sie eine künstlerische Ader besitzen und Freude an schnellen, kleineren Projekten haben, könnten Sie stattdessen auch ein paar Mosaike legen. Erlaubt ist alles, was gefällt – von kleinen, farbigen Kieselsteinen über Scherben von buntem Porzellan bis hin zu sehr kleinen Keramikfliesen in leuchtenden Farben oder gar Glasmurmeln. Allerdings sollten Sie es nicht übertreiben: Auch wenn gerade die Kombination unterschiedlichster Materialien oft zu den interessantesten Ergebnissen führt, kann ein Zuviel davon gerade auf einer kleinen Fläche schnell unruhig und verworren wirken.

Auch über die Größe der ausgewählten Steine oder Platten lohnt es sich nachzudenken. Welches allerdings das günstigste Format ist, gerade für kleine Flächen, darüber gehen die Meinungen stark auseinander. Unstrittig ist jedoch, dass kleinere Platten einfacher zu verlegen sind als große, weil sie weniger Zuschnitt erfordern. Besonders bei abgerundeten Flächen können kleinere Platten die Arbeit deutlich erleichtern.

UNTEN Feine, mit Harz gebundene Glassplitter, an der „Hügelkuppe" gelb und ins „Tal" hinunter über Grün in Blau übergehend, sind das Material für diesen Gartenweg – ein kleines Kunstwerk für sich.

Facelifting mit Fantasie

MATERIAL:
- Murmeln unterschiedlicher Farbe und Größe
- Fliesenkleber auf Zementbasis
- Styropor im gleichen Format wie die entfernten Bodenplatten

Glitzernde Glas-Effekte

Glasmurmeln bieten eine attraktive Möglichkeit, Glas für die Gartengestaltung zu nutzen. Um unsere beiden Bodenplatten zu ersetzen, verwendeten wir ein Muster aus flammenfarbenen und gelben „Spaghetti"-Murmeln, die von kleineren gelben und weißen irisierenden Murmeln eingefasst sind.

Berechnen Sie anhand des Durchmessers der einzelnen Murmeln ungefähr, wie viele Sie benötigen. Mischen Sie dann den Fliesenkleber an. Sie haben genug Zeit, die Murmeln auszulegen, bevor der Kleber auszuhärten beginnt. Wichtig: Verwenden Sie keinen grauen, sondern weißen Kleber.

Die einfachsten Muster bestehen aus Murmeln in Reihen; für ein komplizierteres Design fertigen Sie besser eine Schablone an. Schneiden Sie dazu ein Stück Styropor aus, das genau in die Lücke zwischen den Bodenplatten passt. Zeichnen Sie Ihren Entwurf auf das Styropor und schneiden Sie dann mit einem Teppichmesser den Bereich aus, den Sie zuerst mit Murmeln füllen möchten. Legen Sie anschließend die Schablone mit dem entsprechenden Ausschnitt über die zu füllende Fläche.

Rühren Sie den Kleber an, füllen Sie den Ausschnitt in der Schablone zu etwa zwei Drittel damit und drücken Sie die Murmeln hinein. Legen Sie ab und zu ein Brett über Ihr Werk und drücken Sie es vorsichtig an, bis die Enden flach auf den benachbarten Bodenplatten aufliegen; so wird das Mosaik mit dem übrigen Belag bündig. Sind Sie fertig, lassen Sie den Kleber etwa zehn Minuten anziehen, bevor Sie behutsam die Schablone abheben. Lassen Sie dann den Fliesenkleber über Nacht vollständig aushärten. Am nächsten Tag rühren Sie neuen Kleber an und füllen die übrigen Flächen.

Eine Möglichkeit, einer alten gefliesten Terrasse in kürzester Zeit ein Facelifting zu verpassen, besteht darin, einige der Fliesen – in erster Linie natürlich beschädigte – durch ein anderes Material zu ersetzen. Um ein schönes Gesamtbild zu erzielen, sollte das Verteilungsmuster wie zufällig entstanden wirken.

Selbstverständlich können Sie, wenn Ihr Haus aus Backstein gemauert ist, dieselben Steine auch für die Terrasse verwenden. Geeigneter sind aber Bodenziegel, weil diese dieselbe Stärke aufweisen wie genormte Bodenplatten und deshalb leichter in die Lücke einzupassen sind, die die herausgenommene Platte hinterlassen hat. So brauchen Sie nur den alten Mörtel auszukratzen und durch frischen zu ersetzen, ohne ein tieferes Loch ausheben zu müssen. Bodenziegel lassen sich beispielsweise im Fischgrätmuster verlegen oder immer abwechselnd zwei längs, zwei quer und so weiter. Sie können aber auch Kopfsteinpflaster verlegen, entweder dicht an dicht in Reihen oder in einem etwas komplizierteren Muster.

Vielleicht kennen Sie ja auch eine Bezugsquelle für alte Dachziegel. Trennen Sie die Ziegel genau in der Mitte durch und ordnen Sie sie in einem attraktiven Zickzack- oder Strahlenmuster an.

Noch künstlerischer wirkt es, wenn Sie ein paar Bodenplatten durch Mosaike ersetzen, wobei Sie die verschiedensten Materialien in Zement drücken können. Im 19. Jahrhundert hat man besonders gern

UNTEN Mit Fassadenfarbe in zwei verschiedenen Terrakottatönen, per Schwamm übereinander aufgetragen, wurde dieser Belag aus unregelmäßig geformten, ursprünglich grau, gelb und rosafarbenen Steinplatten neu gestaltet.

Schnell-Tipps für den Boden

OBEN Größere Flächen eintönigen Bodenbelags lassen sich auflockern, indem man an beliebigen Stellen Platten entnimmt und kriechende Pflanzen wie Berufkraut einsetzt.

RECHTS Eine Kombination aus unregelmäßigen Natursteinplatten, Backsteinen und Dachziegeln ergibt einen attraktiven Belag. Jede gepflasterte Oberfläche wirkt lebendiger, wenn Sie ein paar Platten durch solche Materialien ersetzen.

Muster aus kleinen farbigen Kieselsteinen und Muscheln gelegt. Da die Mosaiksteinchen in den feuchten Zement gesetzt werden müssen, empfiehlt es sich, zuerst ein Muster auf Papier zu zeichnen und die Steine nach Farben sortiert bereitzulegen. Auf diese Weise können Sie, sobald Sie erst einmal angefangen haben, zügig arbeiten. Damit Ihr Mosaik bündig mit dem benachbarten Belag abschließt, sollten Sie es hin und wieder behutsam mit einem Brett andrücken.

Wenn Sie es etwas moderner mögen, könnten Sie ein paar Platten durch Metall oder Glas ersetzen. Unterlegscheiben aus Stahl oder Messing in unterschiedlichsten Größen sehen sehr originell aus, vor allem wenn sie unregelmäßig verteilt sind und einander überlappen. Dasselbe gilt für große, in schönen Mustern angeordnete bunte Glasmurmeln oder gar irisierende Murmeln, die in leuchtenden Blau-, Grün-, Rot- und Goldtönen erhältlich sind. Falls Sie sich für Glasmurmeln entscheiden, sollten Sie sie unbedingt in weißem statt dem üblichen grauen Zement verlegen. Vor einem hellen, leuchtenden Hintergrund kommen die Farben wesentlich besser zur Geltung.

Pflanzen stellen eine weitere Möglichkeit dar, eine Terrasse interessanter zu gestalten. Entfernen Sie einfach ganze Platten und bepflanzen Sie die Lücken. Auf einer kleinen Terrasse können große bepflanzte Flächen allerdings schnell unproportioniert wirken; hier entfernt man besser nur einen Teil einer Bodenplatte oder einen einzelnen Pflasterstein. Schlagen Sie mit einem Meißel eine Ecke heraus und setzen Sie flachwüchsige kriechende Steingartenpflanzen ein, die sich schon bald auf eine sehr natürlich wirkende Weise über die Ränder des Pflanzlochs ausbreiten werden. Schön sind beispielsweise teppichbildende Thymianarten. Sie tragen im Frühsommer kleine pink- oder malvenfarbene, rote oder weiße Blüten und verströmen ihren Duft, sobald man darauf tritt.

Auch Grasnelken *(Armeria maritima)* sind eine gute Wahl. Sie bilden sanfte Hügel langer, schlanker, immergrüner Blätter und tragen im Sommer Unmengen von Blüten in leuchtendem Pink. Das Stachelnüsschen *(Acaena microphylla* 'Kupferteppich'), das einen Teppich aus winzigen kupferfarbenen Blättern mit kleinen, runden, klettenartigen kastanienbraunen Blüten bildet, wirkt sehr gut in Kombination mit gelben Backsteinen oder Pflastersteinen.

Wenn Sie Pech haben, übernehmen Sie eine Terrasse oder gar einen kompletten kleinen Garten mit schmutzigen und fleckigen Betonplatten, die Sie zwar auf keinen Fall behalten wollen, aber aus Kostengründen nicht sofort ersetzen können. In einem solchen Fall können Sie immerhin den Belag mit Farbe etwas freundlicher gestalten. Die Farbe hält zwar nicht ewig, bringt aber wenigstens vorübergehend eine deutliche Verbesserung.

Als Erstes müssen die Platten mit einem Hochdruckreiniger gesäubert werden, was schon in relativ kurzer Zeit zu einem sehr viel schöneren Anblick verhilft und den Belag deutlich aufhellt. Danach können Sie die Platten mit Flüssigkunststoff oder Zementfarbe streichen, die allerdings nur in einem begrenzten Farbspektrum erhältlich sind – in Hell- und Dunkelgrau, Ziegelrot und einigen anderen Tönen. Am besten wählen Sie eine Farbe, die dem ursprünglichen Ton der Platten am nächsten kommt; reibt sich der Anstrich dann nach und nach ab, sieht das Ganze nicht so fleckig aus wie bei stärker kontrastierenden Farben. Beide Produkte werden zwar nicht unbedingt für Außenbereiche empfohlen, doch aus eigener Erfahrung weiß ich, dass sie lang genug halten.

Fassadenfarbe wird zwar für den Außeneinsatz, nicht aber für Fußböden empfohlen. Auch in diesem Fall kann ich aus eigener Erfahrung sagen, dass es gar nicht so schlecht funktioniert. In einem Garten, dessen Terrasse mit Fassadenfarbe bunt bemalt worden war, sind einmal an einem einzigen Tag mehr als 500 Gäste über diesen Boden gelaufen, ohne dass die Farbe darunter sichtbar gelitten hätte. Zudem wird Fassadenfarbe in einer großen Palette unterschiedlicher Farbtöne angeboten. Die zahlreichen Schattierungen von Blau, Grün, Beige, Braun und Rot bieten dem künstlerisch ambitionierten Heimwerker jede Menge Möglichkeiten.

Was die Farbwahl angeht, könnten Sie beispielsweise die Bodenplatten in einer Grundfarbe wie Terrakotta oder Ocker streichen und dann mit einem dicken Pinsel oder einem Schwamm eine dunklere oder hellere Schattierung derselben Farbe darüber tupfen, um den Belag etwas lebendiger wirken zu lassen.

Eine andere Möglichkeit wäre, eine Grundfarbe zu verwenden oder gar – sofern die Platten in akzeptablem Zustand sind – die Oberfläche so zu belassen, wie sie ist, um dann in einer Kontrastfarbe Muster zu erzeugen. So können Sie beispielsweise Zickzackmuster oder andere geometrische Formen am Rand, in einer Ecke der Terrasse oder quer über die gesamte Fläche verteilt aufmalen.

Auf einer Dachterrasse, die von uns mithilfe von Kübeln und Töpfen urwaldartig bepflanzt worden war, entwarfen wir leicht abgerundete Dreiecke in drei verschiedenen Größen und warmen Erdtönen wie Ocker und einem rötlichen Braun, um auf diese – vielleicht etwas ausgefallene – Weise den Effekt von Sonnenstrahlen anzudeuten, die auf den Boden des „Dschungels" treffen.

OBEN **Ein Schachbrettmuster aus Betonplatten und Kies, in dem Schwertlilien wachsen, kann ein erheblich interessanteres Bild abgeben als ein ausschließlich aus Betonplatten bestehender Boden.**

Neues Leben für alte Fliesen

MATERIAL:
- steife Wellpappe
- 2 Sprühdosen Lack für den Außenbereich
- 1 Tonschale von 20 cm Durchmesser
- kupferfarbener Acryllack (als Spray)
- 3 *Echeveria elegans*

Schöner mit Schablonen

Dieses aufallende moderne Muster aus blauen und orangefarbenen Kreisen bringt Leben in jedes alte Betonpflaster, sei es auch noch so trist. Sie brauchen dazu lediglich ein Stück steife Wellpappe sowie zwei Dosen Lack in Farben Ihrer Wahl. Wir haben der Einfachheit halber Sprühfarbe genommen, aber natürlich können Sie auch normalen Lack aus Dosen verwenden und mit einem steifen Pinsel auftragen.

Zunächst fertigten wir aus der Wellpappe eine Schablone im Format einer Bodenplatte an. Die Schablone bestand aus drei Teilen: dem äußeren Teil, dem großen Kreis und dem kleineren Kreis, der aus dem großen ausgeschnitten wurde. Da Sie die inneren Teile der Schablone immer wieder herausnehmen müssen, ist es ratsam, möglichst steife Wellpappe zu verwenden.

Um einen blauen Kreis aufzusprühen, legten wir die dreiteilige Schablone auf eine der Bodenplatten und nahmen den großen Kreis heraus, während der Rand und der kleine Kreis beim Sprühen an Ort und Stelle blieben. Sobald die blaue Farbe getrocknet war, legten wir den großen Kreis der Schablone wieder auf, entfernten den kleinen und sprühten den orangefarbenen Lack auf. Diese Schritte wurden so lange wiederholt, bis die Umrandung fertig war.

Den letzten Pfiff gibt eine simple Tonschale, die mit kupferfarbener Acrylfarbe besprüht und nach dem Trocknen mit drei Exemplaren von *Echeveria elegans* bepflanzt wurde. Ihre fleischigen blaugrünen Blätter und hohen, schlanken Blütenstände mit leuchtend orangefarbenen Blüten passen gut zu den Farben unserer Kreise. Da die Pflanzen keinen Frost vertragen, gehören sie im Winter ins Haus.

Abgerundet wird das Ensemble durch einen runden, orangefarbenen Plastikstuhl, der gar nicht besser passen könnte.

Naturstein ist ein ausgezeichneter Bodenbelag für den Garten. Ob alt und verwittert oder frisch verlegt, besticht er durch sein breites Spektrum schöner, unaufdringlicher Farbtöne von fast reinem Weiß bis hin zu Schwarz, dazwischen Rosa-, Beige, Braun-, Rot- und Grau-Nuancen. Zudem ist Naturstein ausgesprochen strapazierfähig und wird, im Gegensatz zu vielen anderen Dingen, mit der Zeit immer schöner. Besonders Schiefer, Granit, Sandstein und ausreichend harter Kalkstein sind immer eine gute Wahl.

Naturstein ist stets sehr teuer, was man bei sehr kleinen Gärten vielleicht gerade noch in Kauf nehmen mag; für größere Flächen bietet sich Kunststein als preisgünstigere Alternative an. Bis vor einigen Jahren handelte es sich dabei lediglich um schlechte Imitationen, doch hat sich auf diesem Gebiet einiges getan. Bevor Sie sich zum Kauf entschließen, sollten Sie jedoch den Farbton der Platten genau begutachten, und zwar nicht nur in trockenem Zustand, sondern auch in nassem, denn die Farbe kann sich bei Regen erheblich verändern.

Beschränken Sie sich am besten auf eine einzige Farbe. Von schachbrettartig gemusterten Terrassen und Wegen aus rosafarbenen und gelben Platten, wie sie in den siebziger und achtziger Jahren so beliebt waren, kann ich nur dringend abraten.

Sowohl Natur- als auch Kunststeinplatten werden mit ganz unterschiedlichen Oberflächen angeboten. Behauene Bodenplatten weisen eine glatte, manchmal fast wie poliert wirkende Oberfläche auf und absolut gerade Kanten. Sie passen somit bestens in klassisch-

strenge oder moderne Gärten, während sie in einem naturnahen Umfeld eher deplatziert wirken. Hier sind unbearbeitete Platten mit rauer Oberfläche und unregelmäßigen Kanten sehr viel besser geeignet.

Unbearbeitete Steinplatten können sich auch in formalen Gärten gut machen, wenn sie entsprechend verlegt sind. Am besten ist ein einfacher geometrischer Entwurf; die Fugen sollten mit Mörtel ausgefüllt sein. In einer weniger streng architektonischen Umgebung dagegen werden Platten unterschiedlicher Größe mit unbehauenen Kanten unregelmäßig verlegt und nicht verfugt. Die Lücken können Sie mit Erde auffüllen, unter die Sie zuvor Blumensamen mischen – etwa von Berufkraut, Steinkraut oder Kalifornischem Mohn –; oder warten Sie einfach ab, bis die Fugen ganz von allein mit Moos besiedelt werden.

Unregelmäßig geformte Platten aus Bruchstein passen ebenfalls gut in einen naturnahen Garten, zumal sie eine relativ preiswerte Möglichkeit darstellen, Naturstein einzusetzen. Selbst zerbrochene Kunststeinplatten können gut aussehen, wenn sie richtig verlegt werden, mit einer großzügigen Portion Mörtel dazwischen und einer Umrandung aus beispielsweise Backsteinen, sodass quadratische oder rautenförmige Flächen entstehen.

In einem modernen Garten können aus gegossenem Beton spannende, dynamische Bodenbeläge entstehen, deren Form, Oberflächenbeschaffenheit und Farbe Sie selbst bestimmen. Es empfiehlt sich jedoch, mit der praktischen Ausführung der Arbeiten eine Fachfirma zu betrauen.

GEGENÜBER Umgeben von kahlen Wänden und einem schlichten Belag aus Natursteinplatten, bringt ein Muster aus verschiedenfarbigem Splitt Leben in diesen entschieden modernen Garten.

UNTEN Die Kombination aus feinem Kies und rechteckigen Schieferplatten mit exakt geschnittenen Kanten ergibt einen sehr eleganten Weg. In auffallendem Kontrast dazu: die weichen Formen des Frauenmantels.

Böden • Backstein, Pflaster und Fliesen

OBEN Kleine Pflastersteine aus Granit ergeben auf begrenztem
Raum eine attraktive Oberfläche. Die großen Granitblöcke im Beet
schaffen eine optische Verbindung zwischen Pflaster und Bepflanzung.

GEGENÜBER Gebrauchte Ziegelsteine als Bodenbelag lassen auch
einen neuen Garten augenblicklich ausgereift und „alt" wirken.

Gegenwärtig geht ein starker Trend in der modernen Gartengestaltung hin zur Verwendung von Materialien aus der näheren Umgebung. Da die meisten von uns in einer kleineren oder größeren Stadt wohnen, ist Backstein nicht selten das Material der Wahl für Bodenbeläge. Wegen ihrer geringen Größe sind Ziegelsteine außerordentlich vielseitig einsetzbar, mit ihnen lassen sich die unterschiedlichsten Muster und Formen kreieren und sie passen auch noch in die kleinsten Ecken. Ziegelsteine gibt es in einer ganzen Reihe von Farbschattierungen von dunklem Blauschwarz über diverse Rot- und Brauntöne bis hin zu kräftigem Ockergelb und sogar Cremefarben. Es werden sowohl neue als auch gebrauchte Steine angeboten. Gerade bei älteren Anwesen sind alte Backsteine von Vorteil, denn sie wirken von Anfang an verwittert; leider sind sie aber nicht immer in beliebiger Menge erhältlich.

Unter gestalterischen Gesichtspunkten betrachtet, ist es immer ratsam, die Ziegelsteine im Garten denen des Hauses weitgehend anzupassen, selbst dann, wenn die in der Hauswand vermauerten Backsteine nicht unbedingt die schönsten sind. Einige Arten von Ziegelsteinen sind zwar zum Mauern geeignet, nicht aber zur Verlegung im Boden, wo sie sich mit Wasser voll saugen, bei Frost ausdehnen und bei Tauwetter wieder zusammenziehen, was zu schnellem Zerbröckeln führt. Nehmen Sie deshalb unbedingt frostfeste Ziegelsteine. Am härtesten sind nicht poröse Steine, die häufig in Blauschwarz angeboten werden. In einem formalen oder modernen Garten können sie sich sehr gut machen, auch wenn sie in der Regel nicht zur Hauswand passen.

Fußbodenziegel werden speziell für Pflaster gefertigt. Ihre sichtbare Oberfläche besitzt etwa dieselben Abmessungen wie die von Backsteinen, ist aber nur etwa halb so dick. Wie mit Mauersteinen lassen sich mit ihnen zahlreiche Muster erzeugen. In Längsrichtung verlegt geben sie einem Weg oder einer Terrasse Richtung und Bewegung und lassen den Blick in die Ferne schweifen; quer verlegt dagegen lenken sie das Auge zur Seite und betonen die Breite einer Fläche, nicht ihre Länge. Muster wie das Korbflechtmuster, bei dem je zwei längs und zwei quer verlegte Platten einander abwechseln, besitzen eine ausgesprochen statische Wirkung; sie lenken den Blick nicht in eine bestimmte Richtung und eignen sich somit eher für Terrassen oder andere Sitzplätze.

Pflastersteine, deren sichtbare Fläche etwa 10 x 10 cm beträgt, sind ebenfalls ein nützliches, noch kleinformatigeres Material für Bodenbeläge. Sie passen in formale wie nicht formale Gärten. Die echten oder nachgemachten Granitquader mit leicht gerundeter

Oberfläche eignen sich besonders gut für komplizierte Muster, scharfe Kurven und Kreise. Ihre leicht gewölbte Oberfläche verleiht dem Pflaster eine interessante Struktur. Sie können für die gesamte Fläche verwendet werden, zur Verzierung und Auflockerung einer mit Bodenplatten belegten Terrasse oder auch als Umrandung einer Kiesfläche.

Fliesen und echte oder imitierte Terrakottaplatten eignen sich gut für wärmere Klimazonen und sorgen, sofern sie frostfest sind, auch in gemäßigten Zonen für mediterranes Flair. Geradezu ideal sind sie für Dachgärten, Balkone und Terrassen, die unmittelbar vor einem Wintergarten liegen.

Kies und grober Splitt sind nicht nur äußerst vielseitig einsetzbar, sondern auch billig und leicht zu verlegen und somit in jedem Garten von großem Nutzen. Obwohl es sich um harte Materialien handelt, zeichnen sie sich durch einen fließenden, beinahe weichen Charakter aus, was sie zum idealen Übergang zwischen organischen Elementen – also Pflanzen – und anorganischen wie Gebäuden werden lässt. Sie können für Einfahrten und Stellplätze verwendet werden, sofern der Untergrund fest genug ist, für Wege und Terrassen auf ausreichend verdichtetem Untergrund oder auch locker in Beeten verteilt, um dem ganzen Umfeld ein einheitliches Aussehen zu verleihen.

Kies und Splitt sind in einer großen Palette von Farbtönen erhältlich; die Farben variieren je nach Herkunft des verwendeten Gesteins. Kies besteht oft aus einer Mischung unterschiedlicher Farben. Falls Sie nicht in einer Gegend mit lokalen Kiesvorkommen wohnen, sollten Sie das Farbspektrum wählen, das am besten mit Ihrem Haus harmoniert oder mit den übrigen Steinen oder Platten, die Sie für Ihren Garten vorgesehen haben. Rötliche Sorten beispielsweise passen am besten zu kühlem Grau, während warme, goldene

Böden • Kies und Glas

Töne besser mit gelbem Sandstein harmonieren. Sehen Sie sich möglichst viele Varianten an, und zwar am besten sowohl in nassem als auch in trockenem Zustand, da die Farben nass weitaus besser zur Geltung kommen.

Kies wird in den unterschiedlichsten Körnungen angeboten, von sehr fein bis sehr grob. Am praktischsten dürfte Kies von mittlerer Korngröße sein, der nicht im Profil von Schuhsohlen stecken bleiben kann und somit nicht so leicht ins Haus getragen wird. Für Flächen mit leichtem Gefälle eignen sich kantige Kiesarten besser als runder Erbskies, weil sich die Steine nicht so leicht gegeneinander verschieben lassen.

Um auf einer Kiesschicht bequem laufen zu können, sollte ihre Höhe etwa 2,5 cm betragen. Bringen Sie den Kies entweder auf einem festen Untergrund aus oder verwenden Sie eine Unkräuter unterdrückende Folie als Unterlage und Trittplatten aus einem anderen Material als Weg. Diese Platten können aus Natur- oder Kunststein, rechteckig oder rund sein. Auch Fußbodenziegel, in Zweier- oder Vierergruppen in einem Korbflechtmuster verlegt, sehen gut aus, ebenso wie dicke kesseldruckimprägnierte Holzplanken.

In modernen Gärten wirkt auch Glasgranulat sehr elegant. Es wird ebenso verlegt wie Kies, ist allerdings ein gutes Stück teurer. Glasgranulat ist in zahlreichen leuchtenden Farben erhältlich. Da die Glasstückchen so vorbehandelt sind, dass sie keine scharfen Kanten mehr aufweisen, geht von ihnen keinerlei Verletzungsgefahr aus. Eine andere Möglichkeit sind glatte ovale Glasnuggets, die allerdings recht teuer sind.

Auch feine Metallsplitter oder -granulate, aus Aluminium oder rostfreiem Stahl, wirken in einem modernen Garten sehr originell; oder versuchen Sie es doch einmal mit zerbrochenen CDs.

All diese Materialien werden lose verlegt, wenn auch in einigen Fällen auf einem verdichteten Untergrund; sehr feinkörniger Kies kann aber auch in Verbindung mit Kunstharz verarbeitet werden, wodurch er immer noch wie feinster Kies aussieht, ohne jedoch dessen Nachteile zu haben. Da auf diese Weise eine sehr dünne, feste Schicht von nur etwa 6 mm Stärke entsteht, kann man damit gut Betonflächen sanieren, die zwar fleckig und hässlich, aber ansonsten noch in Ordnung sind. Das Material kann auch direkt auf den Erdboden aufgetragen werden.

OBEN **Granulat aus grünem und weißem Glas bildet einen attraktiven Vordergrund für die Pflanzungen – und erinnert entfernt an einen Rasen.**

GEGENÜBER LINKS **Dieser stark gemusterte Bodenbelag aus verschiedenen Arten von Kies, Splitt und Muscheln kommt mit sehr schlichten Pflanzen und Pflanzgefäßen aus.**

GEGENÜBER RECHTS **Kleine weiße Kiesel passen gut zu den glatten Oberflächen und klaren Linien des Metallcontainers und den großen Kieselsteinen, die im Container als Mulch dienen.**

GEGENÜBER Ein Ring aus Holzpfählen bringt hier nicht nur Spannung, sondern dient zugleich als Rahmen um konzentrische Kreise aus verschiedenen Stein- und Kiesarten.

UNTEN RECHTS Holzfliesen lassen sich auf praktisch jedem Untergrund zu einer Art „Instant-Terrasse" verlegen und können beim Umzug einfach mitgenommen werden.

UNTEN Unterschiedlich lang zugesägte Eisenbahnschwellen als „Trittsteine" im Kies. Da sie quer verlegt sind, lassen sie den Garten breiter erscheinen, als er ist.

Holzbodenbelag – in den USA, Kanada und Australien seit jeher beliebt – setzt sich auch in nord- und mitteleuropäischen Gärten immer stärker durch. Für den ungeduldigen Gärtner ist Holz vor allem deshalb ein idealer Werkstoff, weil es einfach auf vorhandene Oberflächen gelegt werden kann. Ein weiterer Vorteil von Holz ist, dass bei diesem Material nicht die Gefahr besteht, Feuchtigkeit in die Hauswände zu leiten, vorausgesetzt es bleibt ein ausreichend breiter Spalt zwischen Holzboden und Hauswand, sodass die Luftzirkulation nicht behindert wird.

Holz ist ein sehr vielseitig einsetzbares Material; es lässt sich auf jede gewünschte Form zuschneiden und stellt auch stets eine gute Wahl dar, wenn im Garten große Niveauunterschiede zu überwinden sind. Steigt beispielsweise ein Garten vom Haus aus steil an, wäre es ebenso zeitraubend wie teuer, das gesamte Gelände zu terrassieren, nur um im oberen Teil des Gartens einen flachen Bereich zum Sitzen zu schaffen. Viel einfacher ist es da, auf einer stabilen Balkenkonstruktion am oberen Ende des Gartens eine hölzerne, über eine Treppe erreichbare Plattform zu errichten. Wenn Sie dann zur Sicherheit noch ein einfaches Geländer anbringen, haben Sie nicht nur einen schönen Platz zum Essen und Bewirten von Gästen, sondern auch einen herrlichen Ausblick auf Ihren Garten.

Als Bodenbelag eignen sich viele unterschiedliche Holzarten. Harthölzer wie Teak oder Eiche sind zwar sehr teuer, halten dafür aber ein Leben lang. Billiger ist kesseldruckimprägniertes Weichholz, das ebenfalls sehr lange halten kann. Manche Hersteller geben 25 Jahre Garantie darauf, andere sogar noch mehr.

Sie haben die Qual der Wahl zwischen einer glatten und einer gerillten Holzoberfläche, wobei die Meinungen darüber, was besser ist, auseinander gehen. Manche ziehen eine gerillte Oberfläche vor, weil diese bei Nässe weniger rutschig sein soll. In der Praxis aber füllen sich die Rillen bald mit Erde oder sonstigem organischen Material, wenn sie nicht regelmäßig gereinigt werden, sodass auch gerilltes Holz ziemlich schnell glatt wird. Entscheiden Sie sich also einfach für die Lösung, die Ihnen am besten gefällt.

Auch gebrauchte Bodendielen aus alter, harter Eiche oder weichem Kiefernholz kommen infrage oder sogar zerlegte Paletten. Lässt man gebrauchte Dielen unbehandelt, macht gerade ihr unübersehbares Alter ihren besonderen Charme aus; umfunktionierte Paletten können lasiert werden, sodass ihr Holz von neuem nicht mehr zu unterscheiden ist. Da nicht kesseldruckimprägniertes Weichholz ohnehin irgendeine Art von Holzschutz braucht, um nicht allzu schnell zu faulen, können Sie es entweder alle paar Jahre mit einem farblosen Holzschutzmittel behandeln oder mit farbiger Holzlasur. Einige Lasuren sind speziell für Bodenbeläge ausgelegt.

Die Wirkung eines Holzbodens hängt auch davon ab, wie die einzelnen Elemente verlegt werden. Die Fugen zwischen den Brettern sind ebenso deutlich sichtbar wie die Rillen in der Oberfläche und lassen sich daher auch gezielt einsetzen, um den Belag interessanter zu gestalten und Richtungswechsel zu betonen. In Längsrichtung verarbeitet lassen die Bretter den Blick in die Ferne schweifen und die Fläche länger erscheinen. Verlegt man sie quer oder diagonal, wird die Fläche optisch verbreitert; ein diagonales Muster wirkt zudem statischer und eignet sich somit bestens für einen Sitz- oder Essplatz.

Eisenbahnschwellen sind zu dick und zu schwer, um in Holzböden Verwendung zu finden; für einfache Stufen oder für Hochbeete eignen sie sich jedoch ausgezeichnet. Alte Schwellen sind allerdings oft mit Teer behandelt und damit gesundheitsschädlich für Mensch und Pflanze. Besorgen Sie sich deshalb auf jeden Fall neue, unbehandelte Exemplare, wie sie im Holzhandel mitunter angeboten werden.

Böden • Holz

LINKS **Ein flacher Hügel aus Bubiköpfchen *(Soleirolia soleirolii)* bildet in milden Gegenden einen attraktiven Gras-Ersatz, der dazu neigt, sich hemmungslos auszubreiten.**

GEGENÜBER **Die „Textur" dieses Rasens zieht alle Blicke auf sich. Eine unkomplizierte Idee, schnell ausgeführt – dem ungeduldigen Gärtner zur Nachahmung empfohlen.**

Rasen ist nach wie vor der am weitesten verbreitete „Bodenbelag" im Garten, deshalb soll auch er in diesem Kapitel behandelt werden.

Als ungeduldiger Gärtner werden Sie sich natürlich für Rollrasen entscheiden, weil dieser nach dem Verlegen sofort eine ganze Menge hermacht. Bis er fest im Boden verwurzelt und damit uneingeschränkt nutzbar ist, vergehen allerdings erst einmal ein paar Wochen.

Entscheiden Sie sich für die Rasen-Sorte, die am besten für Ihre Zwecke geeignet ist. Die höchste Zierrasen-Qualität sieht zwar am schönsten aus, braucht aber auch am meisten Pflege. Eine robusterer Sport- und Spielrasen hingegen ist zwar strapazierfähiger, wirkt aber nicht ganz so samtig. Und wenn Ihr Garten stark beschattet ist, brauchen Sie einen Rasen, der auch damit zurechtkommt.

Rollrasen wird am besten im Herbst verlegt, wenn im Boden noch genügend Wärme gespeichert ist und es häufiger regnet als im Hochsommer. Auch das zeitige Frühjahr bietet sich an; der Boden beginnt sich dann gerade zu erwärmen und es ist ebenfalls genug Regen zu erwarten. Falls Sie den Rasen unbedingt im Sommer verlegen wollen, müssen Sie sehr konsequent wässern, weil sich sonst leicht die Nahtstellen öffnen und hässliche Lücken auftun.

In sehr kleinen Gärten ist Rasen wie bereits erwähnt nicht sehr praktisch, weil er einfach nicht strapazierfähig genug ist (siehe Seite 53). Wenn Sie trotzdem nicht darauf verzichten möchten – weil Ihnen Rasen einfach am besten gefällt oder weil er sich unter den Füßen so gut anfühlt –, sollten Sie ihn möglichst mit einem festen Belag kombinieren, der dem Rasen den größten Teil der Belastung abnimmt. So könnten Sie beispielsweise Trittflächen aus Platten oder Ziegelsteinen in den Rasen legen oder ihn mit breiten Wegen säumen, damit Sie nicht zu oft versucht sind, eine Abkürzung über den Rasen zu nehmen.

Verlegen Sie Trittsteine oder -platten stets etwas unterhalb des Rasen-Niveaus, damit Sie mit dem Mäher darüber fahren können; so bleibt Ihnen Zeit raubendes Kantentrimmen erspart. In größeren Gärten mit ausgedehnterer Rasenfläche lässt sich auf diese Weise entlang des Rasens ein „Mähstreifen" aus Backstein, Pflaster oder auch Platten anlegen. Damit entsteht zugleich eine Barriere zwischen dem Rasen und den Beetpflanzen, die sonst leicht in Richtung Rasen umkippen und das Gras absterben lassen. Wenn Ihnen unregelmäßig geformte Natursteinplatten neben einem Rasen gefallen, machen Sie sich darauf gefasst, regelmäßig die Ränder zu schneiden.

Römische Kamille und Thymian werden manchmal als Alternativen zu Gras genannt, machen aber auf größeren Flächen zumindest am Anfang eine Menge Arbeit; vor allem das Jäten ist sehr zeitaufwendig. Auf kleinerer Fläche, von Randsteinen begrenzt, lassen sie sich leichter pflegen. Beiden Pflanzen macht es nichts aus, wenn man hin und wieder darauf tritt, zudem setzen sie dabei ihren charakteristischen Duft frei.

Das gewisse Extra

Zierobjekte verleihen einem Garten erst seinen ganz speziellen Charakter, der ihn einzigartig macht. Besonders wichtig sind solche Schmuckelemente für den ungeduldigen Gärtner, denn sie verschönern den Garten in Sekundenschnelle und ziehen zudem die Blicke auf sich – und lenken so von Bereichen ab, die aus Zeitgründen bislang vernachlässigt wurden.

Der Wunsch nach dem Sofort-Effekt verträgt sich allerdings nicht immer mit längerfristigen Planungen. Wer möchte schon Zeit und Geld in ein Zierstück investieren, um später festzustellen, dass es am falschen Platz steht oder überhaupt nicht mehr ins Konzept passt? Machen Sie sich deshalb so früh wie möglich Gedanken darüber, wie der Garten als Ganzes später einmal aussehen soll.

Sicher brauchen Sie eine Terrasse am Haus, und auch der Ausgang vom Haus in den Garten ist in der Regel unveränderlich, deshalb sind Sie hier mit einem Zierobjekt stets auf der sicheren Seite. Desgleichen gibt es vermutlich nur einen einzigen Fleck im Garten, den die letzten Sonnenstrahlen treffen, was ihn für eine Sitzecke prädestiniert. Sie könnten sich zu Beginn jedoch auch auf Zierstücke beschränken, die nicht fest installiert sind, wie Möbel, eine Skulptur oder Kübelpflanzen.

Als Blickfang eingesetzt, lenken Zierobjekte die Aufmerksamkeit des Betrachters in die gewünschte Richtung. Es sollte aber stets nur ein einziges solches Stück im Blickfeld sein, sonst geht die Wirkung leicht verloren. Deshalb müssen Sie sich natürlich nicht auf ein ein-

ziges Zierobjekt beschränken. Geschickt platziert, kann eine ganze Reihe solcher Objekte den Besucher Stück für Stück durch den Garten leiten. In sehr kleinen Gärten sollten Sie Schmuckelemente mit Bedacht platzieren und beispielsweise nie ein sehr auffallendes Stück ins hinterste Eck stellen, weil die Fläche sonst noch kleiner erscheint. Sorgen Sie stattdessen dafür, dass die Blicke des Betrachters auf dem Vordergrund verweilen.

Gartengebäude wie Pavillons und Geräteschuppen stellen dauerhafte Einrichtungen dar. Pavillons oder Gartenhäuschen werden in allen Größen und Preisklassen angeboten. Sie bereichern den Garten nicht nur um ein architektonisches Element, sondern bieten auch einen geschützten Sitzplatz für kühle Tage. Wenn sich Ihr Pavillon unaufdringlich der Umgebung anpassen soll, streichen Sie ihn im gleichen Ton oder vielleicht ein wenig heller oder dunkler als die Vegetation oder die Zäune. Soll er dagegen ein echter Blickfang werden, empfiehlt sich eine kontrastierende Farbe. Geräteschuppen sind zwar in erster Linie funktionale Elemente, müssen deswegen aber nicht zwangsläufig hässlich sein. Statt sie zu verstecken, könnten Sie sie ebenso gut mit einer schönen Farbe betonen.

Auch Pergolen und Lauben verleihen einem Garten mehr Höhe und Struktur. Zugleich vermitteln sie uns das Gefühl, uns in einem geschlossenen Raum zu befinden, obwohl wir im Freien sitzen. Nicht zuletzt schaffen sie Intimität und Privatsphäre, was gerade in dicht besiedelten Städten von unschätzbarem Wert ist. Eine Pergola ist vor allem dann wichtig, wenn das eigene Grundstück von oben einsehbar ist. Obwohl neugierige Blicke nicht gänzlich abgehalten werden, selbst dann nicht, wenn die Pergola begrünt ist, fühlt man sich darunter geborgen. Dasselbe gilt für Sitzplatz-Überdachungen. Es muss gar nicht unbedingt eine massive Gartenlaube sein, schon eine vergleichsweise luftige Konstruktion aus Pfählen, Seilen oder Netzen verhindert das Gefühl, auf dem Präsentierteller zu sitzen.

Pergolen können einen Garten in unterschiedliche Bereiche aufteilen und diese zugleich verbinden. Wenn Sie einen Teil Ihres Gartens mit einer Pergola umschließen, wirken die Räume an den äußersten Enden des Gartens viel offener und damit größer. Einen ähnlichen Effekt können ein oder zwei einfache Bögen erzielen. Bögen weisen den Weg in einen anderen Teil des Gartens – wichtig vor allem auf engem Raum, wo es normalerweise keine großen Überraschungen gibt und der Betrachter meist den ganzen Garten auf einen Blick überschauen kann.

Wasserelementen wohnen Klang und Bewegung inne. Selbst stehende Gewässer bringen Bewegung in den Garten: Ziehende Wolken spiegeln sich ebenso darin wie Pflanzen, die sich im Wind wiegen, und kleine Wellen rauen die Wasseroberfläche auf. Schon eine schöne, mit Wasser gefüllte flache Schale erzeugt herrliche Spiegelungen, lenkt den Blick in scheinbar grenzenlose Tiefen und lässt den Geist schweifen. Und das Plätschern von Wasser wirkt vor allem in lauten, hektischen Städten wunderbar entspannend. Ein simpler Wasserspeier aus Keramik mit integriertem Becken, in dem eine Pumpe das Wasser zirkulieren lässt, erzeugt selbst auf einem Balkon oder in einem Dachgarten ein sanftes Plätschern, das vom Verkehrslärm ablenkt. Zudem zieht Wasser schon nach wenigen Tagen oder gar Stunden Tiere wie Vögel, Frösche, Wassermolche oder Libellen an.

Während Elemente wie Pergolen oder Lauben sozusagen als die Möbel des Gartens gelten dürfen, verleihen Zierobjekte ihm seinen ganz individuellen Charakter. Diese Objekte können natürlicher Herkunft sein wie Steinblöcke oder Treibholz, oder sie sind von Menschenhand gefertigt wie Skulpturen, alte Gebrauchsgegenstände oder Maschinenteile. Solche Stücke bringen Pfiff und Witz in den Garten, wobei Humor natürlich Geschmackssache ist. Alte Kloschüsseln zum Beispiel findet nicht jeder witzig.

Beleuchtung stellt nicht nur ein eigenständiges Gestaltungselement dar, sondern ermöglicht es darüber hinaus, den Garten auch bei Nacht betrachten zu können. Beleuchtung kann so schlicht oder so kompliziert sein, wie Sie wollen – seien es echte Flammen von Kerzen oder Laternen oder elektrisches Licht in Form selbst installierter Niedervolt-Halogenlampen oder eines ausgeklügelten, vom Fachmann installierten Systems. In jedem Fall werden Sie rasch feststellen, wie viel zusätzliche Freude die richtige Beleuchtung bereiten kann.

GEGENÜBER Unterschiedliche Beleuchtungskörper verwandeln diesen Garten bei Nacht: die Lichtinstallation an der Mauer, die diffuse Beleuchtung hinter der Wand aus Glasbausteinen und das Lichternetz über dem Dach und an der Seite der Pergola.

Pergolen

Die ursprünglich in heißen Ländern entstandenen, als Rankgerüst für Kletterpflanzen und Schattenspender für das Haus gedachten Pergolen haben sich längst auch in den Gärten gemäßigter Klimazonen durchgesetzt, wo ihre Hauptfunktion eher dekorativer Natur ist. Gerade für den ungeduldigen Gärtner sind Pergolen ideal, weil sie dem Garten sofort Höhe und Struktur geben.

Eine Pergola kann sich unmittelbar an ein Haus anschließen und somit eine optische Brücke zwischen Haus und Garten bilden, sie kann als Überdachung eines Weges den Eindruck von Bewegung im Gartenraum erzeugen oder frei über einer Sitzgruppe oder über dem Kreuzungspunkt zweier Wege stehen. Ist Ihr Garten sehr klein, sollte sie am ehesten direkt ans Haus oder an eine Seitenmauer anschließen, weil sie frei stehend unverhältnismäßig viel Platz einnehmen würde.

Die Wahl der Materialien hängt in erster Linie vom Stil Ihres Gartens ab und, wenn die Pergola ans Haus grenzt, vom Baustil des Hauses. Während im 19. und im frühen 20. Jahrhundert in größeren Gärten Pfeiler aus Natur- oder Backstein mit einer hölzernen Dachkonstruktion üblich waren, bestehen heute die meisten Pergolen ganz aus Holz, weil eine solche Konstruktion relativ preiswert ist und schnell aufgestellt werden kann. In einem naturnahen Garten, ein Stück entfernt vom Wohnhaus, lassen rustikale Pfosten die Atmosphäre eines Cottage-Gartens entstehen, während in unmittelbarer Nähe des Hauses und in streng architektonischen Gärten Balken mit rechteckigem Querschnitt besser passen. Sie können sie noch schöner gestalten, wenn Sie die Kanten der Balken abschrägen und sie entweder in einer dunklen Farbe – Marineblau oder Schwarz – oder in einem blassen Blaugrün oder Grau lackieren oder lasieren.

Der Stil der Balken in der Dachkonstruktion trägt entscheidend zur Gesamtwirkung bei. Dicke Balken

ohne jede Verzierung wirken ausgesprochen wuchtig, während dünnere Planken, die zu einem Gitter verbunden sind, weit eleganter anmuten – vor allem, wenn die Enden der Planken abgeschrägt sind.

In modernen Gärten können alle möglichen industriell gefertigten Materialien eine erstaunliche Wirkung erzielen. Stangen von Baugerüsten beispielsweise können ebenso eindrucksvoll aussehen wie lackierte Stahlträger oder zusammengeschweißte Metallplatten, wie man sie aus dem Baugewerbe kennt.

Metall lässt sich auch gut mit Holz kombinieren. Kupferrohre beispielsweise geben eine originelle Überdachung für eine hölzerne Pergola ab. Ketten oder Kabel aus rostfreiem Stahl setzen moderne, wenn auch sehr technisch anmutende Akzente. Wer ein organischeres Erscheinungsbild bevorzugt, greift auf dicke, naturfarbene oder farbige Taue zurück. Am besten verwendet man hier allerdings Taue aus Polypropylen, die

zwar fast wie Hanf aussehen, im Gegensatz zu natürlichen Materialien aber nicht verrotten und sich weder zusammenziehen noch ausdehnen. Auch dicke Bambusrohre eignen sich gut für die Dachkonstruktion, sei es in ihrem natürlichen Farbton oder bunt lackiert. Zudem wirken Bambusrohre weit leichter und luftiger als massives Holz, und ihre Konturen bilden einen interessanten Kontrast zur strengen Geometrie der Holzbalken.

Ihre Pergola sollte so hoch und breit sein, dass Sie sich aufrecht stehend frei darin bewegen können, und zwar auch dann noch, wenn sie vollständig von Pflanzen überwachsen ist. Schließt sie unmittelbar ans Haus an, sollte sie in ihren Proportionen zum Haus passen, um nicht allzu sehr wie ein nachträglich angefügter Fremdkörper zu wirken. So könnten Sie etwa darauf achten, dass der Abstand zwischen den senkrechten Pfosten möglichst genau der Breite eines Fensters oder dem Abstand zwischen zwei Fenstern entspricht.

OBEN **Eine Reihe zwanglos wirkender Bögen aus Haselruten bildet hier einen von Duftwicken berankten Tunnel. Mit weniger Bögen ließe sich auch eine sehr attraktive kleine Laube bauen.**

Lauben

Ursprünglich verstand man unter einer Laube ein aus Laub gefertigtes Schutzdach aus dicht gepflanzten Bäumen oder an Spalieren hochgezogenen Sträuchern, die einen intimen, schattigen Sitzplatz bildeten. Mittlerweile bezeichnet das Wort jeden irgendwie geschützten Sitzplatz, an dem Pflanzen zwar noch immer eine wichtige Rolle spielen, aber nicht mehr unbedingt das Gerüst des Ganzen bilden.

Bestimmte, in England als Gazebos bezeichnete Lauben besaßen früher in erster Linie dekorativen Charakter, weil sie dem Garten Struktur verleihen oder auch einer Statue den passenden Rahmen geben sollten. Diese für gewöhnlich runden oder achteckigen Konstruktionen müssen an einer offenen, gut sichtbaren Stelle stehen und dürfen nicht in eine Ecke verbannt werden oder unmittelbar an eine Mauer anschließen. Schon aufgrund ihrer Größe ist diese Art Laube eher für ganze Gruppen gedacht als für einzelne Menschen oder Paare.

Alle Arten von Lauben sind heute als Bausatz in Heimwerker- und Gartenmärkten erhältlich.

Manche Lauben bestehen aus massivem Holz; sie können rechteckig oder bogenförmig sein, schlicht oder üppig verziert und sind häufig mit einer eingebauten Sitzgelegenheit versehen. Ob lasiert oder bunt gestrichen, sie sind optisch sehr auffällig und setzen in jedem Garten sofort einen unübersehbaren Akzent – ideal also für den ungeduldigen Gärtner. Manche Lauben sind aus mehreren Spalierelementen zusammengesetzt, hier entscheidet der Abstand zwischen den einzelnen Latten darüber, wie effektiv der Sichtschutz ist – jedenfalls so lange, bis die Gitter von Kletterpflanzen begrünt sind. Lauben aus schlichten quadratischen Rankgittern wirken weniger formal als solche aus dickeren, rautenförmigen oder gemusterten Elementen.

Auch Rahmenkonstruktionen aus Metall sind beliebt, vor allem die leichtgewichtigen, aus Aluminium hergestellten und mit schwarzem Nylon beschichteten Modelle. Sie könnten beispielsweise mithilfe eines Bogens eine kleine Laube vor einer Mauer bauen oder eine fertige Laube kaufen. Letztere lässt sich gut zwischen Bäumen und Sträuchern aufstellen, die dann so erzogen werden, dass sie über der Laube ein Blätterdach bilden. Ideal wären Hängeformen, etwa von Birke oder Birne. Aufgrund seiner schwarzen Farbe wird der Rahmen bald so gut wie unsichtbar, sodass nur noch eine grüne Höhle bleibt.

Auch aus geflochtenen Hasel- oder Weidenruten lassen sich schöne Lauben bauen. Die Triebe der Haselnuss sind etwas dicker und eignen sich für naturnahe Gärten, während die dünneren und glatteren Weidenruten sehr gleichmäßige Formen ermöglichen, die gut in eine formale Gestaltung passen. Sie können die Lauben naturfarben belassen oder farbig streichen, wobei besonders Hellgrau oder Weiß sehr elegant wirken und an Rattanmöbel erinnern. Sehr schick für einen Garten im asiatischen Stil ist ein schlichter schwarzer Rahmen, in den Matten aus Schilfrohr oder gespaltenem Bambus eingepasst sind.

In einem modernen Garten lässt sich auch aus so unverhohlen modernen Materialien wie Polycarbonatplatten, insbesondere in Verbindung mit Stahlpfosten, eine originelle Laube bauen, die vor Wind ebenso schützt wie vor neugierigen Blicken und dennoch sehr hell ist, weil dieser Kunststoff zwar nicht transparent wie Glas, aber sehr lichtdurchlässig ist.

OBEN Ein einfacher Metallrahmen, der unter den Kletterpflanzen fast veschwindet, formt über dieser rustikalen Bank
eine romantische Laube.

LINKS **Pflanzen von zwanglos-romantischem Charakter in
einem formalen Rahmen. Beiderseits der Laube wurde Katzenminze gepflanzt, während der Hopfen, durch Schnitt daran
gehindert, über das Laubeninnere hinauszuwachsen, einen
schönen Kontrast zu den weißen Kletterrosen bildet.**

Romantische Laube mit modernem Touch

MATERIAL:

- 4 Stützpfosten (100 x 100 mm) aus behandeltem Holz, Höhe nach Bedarf plus ein zusätzliches Stück für die Verankerung im Boden
- 4 Querbalken (100 x 100 mm) aus behandeltem Holz in der erforderlichen Breite und Tiefe
- 5 Kupferrohre in der Breite der Holzkonstruktion zuzüglich Überstand
- 4 Aufsätze in Kugelform
- kupferfarbener Lack aus der Sprühdose
- Holzlack oder -lasur für den Außenbereich

- 2 große Exemplare Sternjasmin (*Trachelospermum jasminoides*)
- 1 Spierstrauch (*Spiraea nipponica* 'Snowmound')
- 1 Schildfarn (*Polystichum setiferum*)
- 6 Königslilien (*Lilium regale*)
- 12 Tabakpflanzen (*Nicotiana alata*)
- 12 weiße Springkräuter (*Impatiens*)
- 3 kleine Exemplare Korsische Minze (*Mentha requienii*)
- Kakaoschalen-Mulch
- 1 Bank aus Weichholz, mit Holzschutzmittel vorbehandelt und lackiert

Sanftes Blau und dezente Pflanzen

Mit einer Laube schaffen Sie in einem kleinen, fast kahlen Garten nicht nur einen angenehmen Sitzplatz, sondern auch einen attraktiven Blickfang, der den Ausblick vom Haus deutlich aufwertet. Dieser kleine Garten hatte ursprünglich nichts aufzuweisen außer einem winzigen Schuppen in der hintersten Ecke – dem idealen Platz für eine Laube.

Unser Entwurf war sehr einfach: senkrechte Pfosten und Querbalken mit einem Querschnitt von jeweils 10 x 10 cm sowie ein „Dach" aus Kupferrohren und an den Ecken hölzerne, mit Kupferfarbe besprühte Aufsatzstücke in Kugelform. Obwohl rein praktisch betrachtet dieses Dach keinen Schutz vor Regen bietet, sorgt es doch für ein Gefühl von Geborgenheit und Intimität. Das Holz erhielt eine Lasur in einem sanften Blaugrau, das sehr gut zu Kupfer passt. Auch die preiswerte zweisitzige, als Bausatz erhältliche Bank, die wir im Inneren der Laube platzierten, wurde mit dieser Lasur gestrichen.

Bei der Bepflanzung entschieden wir uns für ein grün-weißes Farbschema, das immer elegant wirkt. Die Pfosten der Laube werden, ebenso wie später das Dach, von zwei großen Exemplaren des Sternjasmin

(*Trachelospermum jasminoides*) erobert – einer prächtigen immergrünen Kletterpflanze mit schönen glänzenden Blättern und stark duftenden weißen, jasminartigen Blüten im Sommer. Auf einer Seite setzten wir einen Spierstrauch (*Spiraea nipponica* 'Snowmound') – einen niedrig bleibenden Strauch mit überhängenden Zweigen, die im späten Frühjahr und Frühsommer von Büscheln kleiner weißer Blüten bedeckt sind. Für die schattigere Seite der Laube wählten wir einen attraktiven Schildfarn (*Polystichum setiferum*).

Duft ist ein wichtiger Aspekt in einer Laube, deshalb pflanzten wir rund um die Bank herum Gruppen der schönen, köstlich duftenden Königslilie (*Lilium regale*). Um schon in der ersten Saison Akzente zu setzen, wählten wir darüber hinaus große, weiß blühende Tabakpflanzen (*Nicotiana alata*), die am Abend ebenfalls einen herrlichen Duft verströmen, sowie als Bodendecker weiße Fleißige Lieschen. Unter der Bank, wo es kühl und schattig ist, findet Korsische Minze (*Mentha requienii*) Platz. Sie bildet mit der Zeit einen Teppich winziger frischgrüner Blätter, die bei jeder Berührung kräftigen Pfefferminzgeruch verströmen. Im Winter ist sie dankbar für eine schützende Reisigdecke.

Möbel

Bei der Suche nach passenden Gartenmöbeln gilt es praktische und ästhetische Gesichtspunkte gegeneinander abzuwägen. Stühle sollten natürlich in erster Linie bequem und Tische stabil genug sein. Sie müssen sich leicht tragen und lagern lassen, sofern sie nicht wetterfest sind, und vor allem in sehr kleinen Gärten sollten sie auch noch einen hübschen Anblick bieten, weil sie gerade hier nicht zu übersehen sind.

Als Materialien bieten sich Holz, Metall, Stein und Plastik an, und zwar für alle Gärten, gleich welcher Stilrichtung. Erst die Art und Weise, wie man diese Materialien verarbeitet, bewirkt die Unterschiede.

In einem Garten in der Art eines Cottage Garden sollten hölzerne Bänke, Stühle und Tische möglichst schlicht gearbeitet sein. Sie sind in Hartholz oder Weichholz erhältlich. Hartholz kann im Winter im Freien bleiben und hält mehrere Jahre. Wenn Sie es regelmäßig einölen, behält es seine glänzend braune Färbung; wenn nicht, verwittert es und nimmt eine silbrig graue Patina an. Kesseldruckimprägniertes Weichholz ist billiger und weniger lang haltbar, auch wenn sich seine Lebensdauer durch eine regelmäßige Behandlung mit Holzlasur erhöhen lässt.

Wählen Sie einen Farbton, der entweder mit der Farbe der übrigen Gartenelemente harmoniert oder aber einen deutlichen Kontrast dazu bildet. In sehr kleinen Gärten sollten allzu starke farbliche Gegensätze allerdings vermieden werden. Selbst bunt zusammengewürfelte alte Küchenstühle können gut aussehen, wenn sie alle in einem Farbton oder in zwei oder mehr

komplementären Farben gestrichen sind. Wer sehr kräftige Farben bevorzugt, könnte das Mobiliar in gedämpften Tönen streichen und die Stühle mit bunten Kissen belegen.

In formaler Umgebung passen Klassiker wie eine Lutyens-Bank oder Gartenbänke im englischen Stil der Zeit um 1800 gut zu Tischen und Stühlen in streng geometrischen Formen. Holzmöbel für moderne Gärten hingegen sollten schlichte, klare Linien aufweisen, seien sie gerade oder gebogen. Bugholzmöbel sind aufgrund ihrer aufwendigen Herstellungsverfahren allerdings recht teuer.

Metall, allein oder aber in Kombination mit Holz, kann je nach Design formal, nicht formal oder modern wirken. Tische und Stühle aus Aluminiumguss passen gut in nicht formale Gärten und sind im Vergleich mit ihren gusseisernen Vorbildern nicht nur leichter, sondern erfordern auch weniger Pflege. Sie werden in Weiß oder Grün angeboten, können aber mit wetterfestem Lack in jeder beliebigen Farbe gestrichen oder gespritzt werden. Auch in formalen Gärten sind sie einsetzbar, wobei hier schlichtere Formen und dunklere, gedämpftere Farben am besten passen.

In modernen Gärten machen sich elegante Metalltische und Aluminiumstühle ebenso gut wie „Café-Stühle" mit Metallrahmen und Sitzflächen aus Kunststofflatten in Trendfarben wie Limonengrün oder Orange. Falls Sie keinen Platz haben, um sie zu lagern, können Sie sie einfach zusammenklappen und wie Kunstwerke im Garten an die Mauern hängen. Sessel und Stühle aus Polypropylen in kühnen Formen und leuchtenden Farben

sind überraschend bequem und wirken, wenn sie nicht in Gebrauch sind, fast wie Skulpturen.

Die billigste Lösung stellen ohne Frage gewöhnliche Plastikmöbel dar. Falls Ihr Budget vorerst nicht mehr erlaubt, können Sie das Plastikmobiliar mit einer Acryl-Grundierung vorbehandeln und anschließend mit Kunststofffarbe aus der Sprühdose ganz nach Ihrem persönlichen Geschmack interessanter gestalten.

GEGENÜBER **Diese Hocker sowie der fest in die Terrasse zementierte Tisch aus kesseldruckimprägnierter Lärche besitzen einen schlichten, wuchtigen Charme.**

LINKS **Verzinktes Metall bildet in Verbindung mit Glas und Schiefer eine sehr auffällige moderne Sitzgruppe.**

UNTEN **Schlichte, praktisch überall erhältliche „Café-Stühle" samt Tisch passen zu fast jedem Garten. Außerdem sind sie zusammenklappbar, was die Lagerung ungemein erleichtert.**

Wasserspiele

Nichts belebt einen Garten mehr als Wasser. Ein Teich kann sogar den Rasen ersetzen als Zentrum des Gartens, vor dem die Bepflanzung erst richtig zur Geltung kommt. Dank seiner reflektierenden Oberfläche gelangt Licht in die Umgebung, was besonders in schattigen Gärten von Vorteil ist. Seien Sie bei der Planung ruhig großzügig; ein großer Teich wirkt bedeutend besser als ein kleiner und ist auch viel leichter zu pflegen.

Viele Installationen mit Wasser lassen sich relativ schnell realisieren. In einem naturnahen Umfeld können Sie beispielsweise in Minutenschnelle auf der Terrasse einen Mini-Teich in Gestalt eines Fasses aufstellen. Legen Sie den Fassboden mit Schotter oder Kieselsteinen aus, fügen Sie ein paar Wasserpflanzen in Plastikkörben und ein Büschel wasserreinigender Unterwasserpflanzen hinzu und füllen Sie Wasser ein. Mit etwas mehr Aufwand – Sie müssen ein Loch graben für das Wasserreservoir und die Elektropumpe – könnten Sie auch einen sprudelnden Brunnen anlegen. Die Abdeckung des Reservoirs lässt sich mit Kies, Splitt, Glasgranulat oder Glasnuggets kaschieren.

In einem formalen Garten wäre ein Wandbrunnen mit Pumpe ideal. Sie müssen ihn nur an die Wand schrauben und ans Stromnetz anschließen.

Eine noch einfachere Idee: Füllen Sie eine große, flache Schale mit Wasser, legen Sie ein paar schillernde Glasnuggets hinein und platzieren Sie sie an einer sonnigen Stelle auf der Terrasse. Auch eine Vogeltränke gibt einen hübschen Blickfang ab. Mit ein wenig mehr Arbeitsaufwand – Sie brauchen wieder eine Grube für die Pumpe und das Wasserreservoir – könnten Sie aus einem Pflanztrog mit einem Loch im Boden auch einen einfachen Springbrunnen bauen.

Metall und Wasser sind in einem modernen Garten ideale Partner, ähnlich wie Wasser und Glas. Ein flacher Wasserbehälter aus Stahl oder dickem Glas – oder auch aus Beton, der momentan wieder in Mode kommt – macht sich hier immer gut. Etwas mehr Arbeit macht es, eine Metall- oder Glaskugel über einem Wasserreservoir zu installieren. Die Oberflächenspannung lässt das Wasser, das durch das hohle Innere der Kugel hochgepumpt wird, an der Außenseite wieder bis nach unten laufen, und so entsteht eine lebendige, bewegte Oberfläche, in der sich das Sonnenlicht spiegelt.

LINKS **Wasser und Spiegel, eine magische Kombination – mit dem Wasser kommt Bewegung ins Bild, während die Spiegel Licht geben.**

Schüssel-erlebnis

MATERIAL
- 1 großer, flacher Behälter
- dekorative Glasmurmeln in Blau, Eisblau und Weiß

Reflexionen in Blau

Für unser superschnell fertig gestelltes Wasserobjekt brauchen Sie im Prinzip nur eine sehr große flache Schale oder Schüssel. Das hier verwendete Exemplar aus verzinktem Blech besitzt einen Durchmesser von etwa 60 cm und eine Tiefe von 15 cm. Auf dem Boden platzierten wir tiefblaue, eisblaue und weiße Murmeln, die das Wasser kühl und einladend erscheinen lassen.

Denkbar wären auch andere Materialien, etwa glänzende schwarze und weiße Kieselsteine, Kunststoffgranulate in leuchtenden Farben oder weißer Sand mit gekauften Muscheln (sammeln Sie sie bitte nicht selbst). Oder entwerfen Sie am Boden der Schüssel eine farbige „Landschaft": Pinseln Sie wasserfesten Kleber im gewünschten Muster auf und streuen Sie dann gefärbten Sand oder Glitzerstaub darüber. Nach dem Antrocknen entfernen Sie den Überschuss und füllen die Schale mit Wasser.

Wasserpflanzen lassen sich in dieser Schale zwar nicht ziehen – dazu ist sie zu flach –, aber Sie können auf dem Wasser Blüten schwimmen lassen, etwa von Ringelblumen, Kapmargeriten oder Gerbera. Wechseln Sie das Wasser regelmäßig, damit es sauber bleibt und sich keine Algen bilden.

Wenn Sie unbedingt Wasserpflanzen kultivieren möchten, brauchen Sie einen Behälter von mindestens 30 cm Tiefe – etwa einen glasierten Übertopf oder ein wasserdichtes Holzfass. Stellen Sie einen Korb aus Kunststoffgeflecht hinein, der zuvor mit Gartenerde oder spezieller Wasserpflanzenerde gefüllt wurde und mit einer kleinen Seerose bepflanzt, zum Beispiel *Nymphaea* 'Pygmaea Helvola'.

mindestens 60 cm tief sein, damit sich die Fische vor Raubvögeln in Sicherheit bringen können und nicht einfrieren, wenn der Teich im Winter vereist. In einer etwa 30 cm tiefen Flachwasserzone am Teichrand können Sie sowohl schöne Uferpflanzen in Körben kultivieren als auch Tiefwasserpflanzen und wasserreinigende Arten, die zur Erhaltung der Wasserqualität beitragen. Eine dichte Bepflanzung kaschiert den Teichrand und schafft einen natürlich wirkenden Übergang zur Umgebung.

In einem gepflasterten Garten ist ein natürlich wirkender Teich ein Ding der Unmöglichkeit. Entscheiden Sie sich in diesem Fall für einen Teich in formalem Stil und bepflanzen Sie ihn so dicht, dass dennoch ein nicht allzu strenger Eindruck entsteht.

Formale Teiche, ob ebenerdig oder erhöht, sollten immer einen streng geometrischen Grundriss aufweisen, also Rechteck-, Quadrat- oder auch Kreisform. Wegen der Bedeutung des geometrischen Aspekts ist von einer Bepflanzung eher abzuraten. Seerosen mit ihren flachen, tellerartigen Blättern verwischen zwar nicht die Konturen, verringern aber das Reflexionsvermögen der Wasseroberfläche. Die schönsten Spiegelungen lassen sich mit schwarzer Teichfolie erzielen. Noch besser wäre es allerdings, den Teich auszubetonieren und mit schwarzer Teichfarbe zu streichen; so vermeidet man Probleme mit an den Ecken überstehender Teichfolie.

Wo ein formaler Teich zu viel Raum einnehmen würde, wären auch schmale, maximal 25 cm breite Wasserrinnen oder Kanäle denkbar, die den Garten in mehrere Abschnitte unterteilen – eine Idee, die schon vor Jahrtausenden in den persischen „Paradiesgärten" umgesetzt wurde. Da die Perser glaubten, das Universum bestehe aus vier Teilen, waren auch die ersten Paradiesgärten durch Wasserrinnen in vier Teile geteilt. Diese konnten parallel zueinander verlaufen oder sich kreuzen, wobei jedes sein eigenes Wasserreservoir und seine eigene Pumpe brauchte, die das Wasser in stetem Fluss hielt.

Eine schöne Idee für einen modernen Garten: kleine rechteckige oder kreuzförmige Becken aus einem glatten Material wie Beton, verkleidet mit spiegelblankem Aluminium. Auch hier gehen Metall und Wasser eine perfekte Verbindung ein. Ein Wasserfall über rostfreiem Edelstahl oder ein in eine glatte, verputzte Wand eingelassener Stahlträger, von dem ein breiter Wasserstrahl in ein schmales, rechteckiges Becken fällt, kann ebenfalls zum echten Blickfang werden. Stahlträger lassen sich, in einer leuchtenden Farbe lackiert, auch als „Instant-Kanäle" zwischen Bodenplatten oder Pflaster verlegen. Ein gut verstecktes Reservoir mit Pumpe hält das Wasser in Fluss.

LINKS Ein schlichtes quadratisches Becken aus verzinktem Stahlblech, gefüllt mit großen Steinen und Glaskugeln, sieht auch ganz ohne Wasserpflanzen gut aus.

GEGENÜBER LINKS Dieser moderne Brunnen besteht aus Strukturglas, Metall, Kies und Holz. Als Bepflanzung genügt die eine oder andere, in eine geometrische Form geschnittene Kübelpflanze vollkommen.

GEGENÜBER RECHTS
In dieser aus zwei Ebenen bestehenden Brunnenkonstruktion fließt das Wasser vom oberen Becken ins untere und erzeugt dabei Klang und Bewegung zugleich. Die beiden Wassertanks sind mit dicken Holzbohlen verkleidet.

Obwohl Gartenteiche etwas mehr Aufwand erfordern als die oben besprochenen Mini-Gewässer, sind sie immer noch relativ schnell anzulegen und verschönern jeden Garten vom ersten Augenblick an.

Welche Art von Teich am besten geeignet ist, hängt vom Stil des Gartens ab. In einem nicht formalen Garten bietet sich ein naturnah wirkender Teich an. Die überall erhältlichen vorgeformten Kunststoffteiche sehen immer sehr unnatürlich aus, deshalb ist es günstiger, mithilfe flexibler Teichfolie eine Form nach eigenen Vorstellungen zu entwerfen – mit großzügigeren Rundungen. Wollen Sie Fische halten, muss der Teich

Beleuchtung

OBEN LINKS Unterwasserstrahler lassen die Konturen von Trittsteinen in einem Gartenteich bei Nacht deutlich hervortreten.

OBEN RECHTS Kastenförmige moderne Plastiklampen, die an japanische Papierlaternen erinnern, wirken als Gruppe besonders gut.

GEGENÜBER Lichtbereiche, von Strahlern erzeugt, die in den Bodendielen sowie unter einem Ziergitter angebracht sind, verleihen diesem Garten bei Nacht ein beinahe dramatisches Flair.

Viele von uns haben nur selten die Möglichkeit, den eigenen Garten ausgiebig zu genießen, weil sie berufstätig sind und es ein Großteil des Jahres bereits dunkel ist, wenn sie von der Arbeit nach Hause kommen. Mit Beleuchtung lässt sich das ändern, denn Licht entreißt den Garten der Nacht und verwandelt ihn in eine geheimnisvolle Bühne. Unter Umständen sieht der Garten nachts sogar noch schöner aus als am Tag, denn seine attraktivsten Seiten werden ins Licht gerückt, und die weniger schönen verschwinden unter dem Mantel der Dunkelheit – ein Vorteil gerade für den ungeduldigen Gärtner, der vermutlich erst einen Teil des Gartens gestaltet hat. Da die Beleuchtung so wichtig ist, lohnt es sich, sie von Anfang an in die Planung einzubeziehen statt sie erst nachträglich zu ergänzen.

Unser Ziel ist nicht, den ganzen Garten in Flutlicht zu tauchen. Es geht darum, den Gartenraum mit Licht ein wenig zu manipulieren und Zierobjekten, Pflanzen, Oberflächen und Farben neue Dimensionen zu geben.

Grundsätzlich gilt, dass viele kleine Lichtquellen im Garten besser wirken als wenige große. Die einzelnen Lampen sollten am besten hinter Blättern verborgen oder bündig in den Bodenbelag eingelassen sein.

Strahler eignen sich vor allem dazu, die herausragenden Elemente eines Gartens zu betonen – eine Skulptur etwa, eine schöne Bank oder ein besonderer Baum oder Strauch. Statuen oder verzierte Kübel sollten möglichst von vorn angestrahlt werden, damit jedes Detail zur Geltung kommt. Werden sie von hinten beleuchtet, erkennt man nur die Silhouette. Beleuchtung von der Seite eignet sich besonders für Objekte, die durch ihre dreidimensionale Form gefallen, sei es ein schlichter Topf oder eine abstrakte Skulptur. Bäume – vor allem solche mit knorrigem Stamm und ebensolchen Ästen oder auch mit besonders schöner Rinde – sehen fantastisch aus, wenn sie von unten angestrahlt werden und ihre Zweige sich gegen die Dunkelheit abheben.

Auch Mauern sind von unten angestrahlt am schönsten, weil so die Struktur der Ziegel oder des Putzes am besten zur Geltung kommt. Um einen Essplatz beispielsweise kann mit aufwärts gerichteten Strahlern an den Mauern eine stimmungsvolle Hintergrundbeleuchtung erzeugt werden. Ein paar Kerzen auf dem Tisch reichen als zusätzliche Lichtquelle völlig aus.

Auch die Wirkung von Schatten ist ein wichtiger Aspekt. Eine Pflanze von architektonischem Bau zaubert – von unten beleuchtet – fantastisch vergrößerte Schatten auf eine Wand. In meinem eigenen Garten sehen die Schatten der gezackten blauen Blätter des Honigstrauchs (Melianthus major) wie Palmen vor einer terrakottafarbenen Wand aus und bringen einen Hauch von Südkalifornien ins südwestliche London.

Licht kann auch dazu dienen, den Gestaltungsstil zu betonen. In einem formalen Garten etwa unterstreichen schmale Lichtstrahlen, die in regelmäßigen Abständen eine Wand erhellen, noch stärker den formalen Charakter, während eine weichere, diffusere Beleuchtung aus unterschiedlichen Winkeln gleich viel ungezwungener wirkt. In modernen Gärten wird Beleuchtung durch die neuesten Entwicklungen der Glasfaseroptik wie auch durch Neonlicht geradezu zur Kunstform erhoben.

Nach oben gerichtete Strahler beleuchten einen Weg auf viel raffiniertere Weise als Laternen; mit seitlich abstrahlenden Lichtquellen hingegen lassen sich Stufen und andere Veränderungen im Bodenniveau besonders gut erhellen.

Nach unten gerichtete Strahler erzeugen einzelne Lichtkegel, die ebenfalls sehr nützlich sind, um etwa auf Stufen aufmerksam zu machen. Solche Lichtquellen können so tief angebracht werden, dass sie zumindest teilweise noch zwischen den Pflanzen verschwinden, oder auch als „Mondlichter" hoch oben in Bäumen, von wo aus sie durch die Zweige „scheinen".

Licht und Wasser gehen eine Verbindung von besonderer Magie ein. Schon ein einfacher Springbrunnen oder ein Wasserspeier an der Wand werden bei Nacht, wenn sich jedes Wassertröpfchen in Gold oder Silber verwandelt, zur Attraktion. Aufwärts gerichtete Unterwasserstrahler machen sich gut in einem formalen Becken; vor allem, wenn sie direkt unter dem Strahl eines Springbrunnens platziert sind. Besser meiden sollten Sie die bunten Teichstrahler, die in vielen Gartencentern angeboten werden; sie eignen sich eher für eine Disco als für einen Garten und tauchen Pflanzen in die unmöglichsten Farben. Bleiben Sie bei weißem Licht, es wirkt dezenter und eleganter.

Auch auf nach unten gerichtete Strahler verzichtet man bei Teichen besser: Sie lassen nicht nur alle technischen Details – Kabel, Pumpen oder Teichfolie – überdeutlich hervortreten, sondern auch jedwede Verschmutzung. Zudem erzeugen sie ein ungemütlich grelles Licht. Beleuchtung von der Seite hingegen ist stets empfehlenswert, weil sie für starken Schattenwurf der Pflanzen sorgt und eine unbewegte Wasserfläche in einen Spiegel verwandelt, der die schönsten Bilder beschert.

Während Sie Niedervolt-Beleuchtung aus dem Baumarkt selbst installieren können, sollten Sie für kompliziertere Anlagen, vor allem in Wassernähe, auf einen Fachmann zurückgreifen. Da es bei der Gartenbeleuchtung nicht nur um praktische, sondern auch um ästhetische Fragen geht, lohnt es sich, einen Profi mit der Planung zu betrauen. Ein guter Gartenarchitekt wird erst einmal versuchsweise ein paar Lampen aufstellen, um zu demonstrieren, wie der Garten bei Nacht aussehen könnte.

Um kurzfristig Lichteffekte zu erzeugen – für eine besondere Gelegenheit oder als Provisorium, bevor das endgültige Beleuchtungssystem installiert wird –, kön-

LINKS **Von Teelichten in feuerfesten Papierlaternen geht ein anheimelnd warmes Leuchten aus. Besonders gut kommen sie als locker arrangierte Gruppe zur Geltung.**

GANZ LINKS **Kerzen, in mit Sand oder Erde gefüllte Blumentöpfe gesteckt, stellen eine schnelle und billige Form der Gartenbeleuchtung dar.**

nen Sie auch für den Außeneinsatz geeignete weihnachtliche Lichterketten verwenden. Drapieren Sie diese einfach über Statuen oder Obelisken oder über die Zweige von Bäumen oder Sträuchern. Mittlerweile gibt es auf unterschiedlichen Techniken basierende Lichterketten, Leuchtdioden (LEDs) in flexiblen Schläuchen sowie Glasfaserkabel. Weißes Licht wirkt elegant und kann das ganze Jahr über an Ort und Stelle bleiben; farbige Beleuchtung eignet sich dagegen eher als Party-Spaß. Mithilfe eines speziellen Programmiergeräts, das bei vielen Beleuchtungssets bereits im Lieferumfang enthalten ist, können Sie zwischen Dauerbeleuchtung und verschiedenen Blinkeffekten wählen. Besonders eindrucksvoll sind blinkende Lichterketten mit weißem Licht in den Ästen eines kahlen Baumes.

Als schnelle provisorische Beleuchtung eignen sich offene Flammen, von Gartenfackeln auf dicken Bambusrohren – ideal als Wegbeleuchtung – bis hin zu den

vielseitig einsetzbaren Teelichten. Letztere passen in Laternen aus Glas oder Metall, die in Bäume gehängt werden, oder in Windlichter für den Tisch. Mit Teelichten in Marmeladegläsern können Sie auch einen Weg markieren, Sie können sie auf eine Mauer stellen oder auf dem Boden der Terrasse gruppieren; je mehr, desto besser. Wer es farbenfroh mag, malt die Gläser mit transparenter Glasfarbe an. Sie können die Teelichte aber auch in große, steife braune Papiertüten stellen, in die Sie zuvor zur Verbesserung der Standfestigkeit etwas Sand füllen sollten. Nehmen Sie breite Tüten, damit sie nicht so leicht Feuer fangen, oder mit einem feuerhemmenden Material imprägnierte.

Wer ein Wasserbecken oder einen Gartenteich besitzt, sollte es einmal mit Schwimmkerzen versuchen. Die Flammen spiegeln sich im Wasser, und schon die kleinste Bewegung lässt sowohl die echten als auch die reflektierten Lichter flackern.

Zierobjekte

Zierobjekte drücken einem Garten wie kaum etwas anderes einen persönlichen Stempel auf, in ihnen kristallisiert sich sein Wesen heraus, und sie schaffen eine bestimmte Atmosphäre. Für den ungeduldigen Gärtner sind sie ohnehin ideal, weil er in den meisten Fällen lediglich überlegen muss, an welchem Standort sie am besten zur Geltung kommen. Zierobjekte sind von einer Dauerhaftigkeit, die Pflanzen fehlt – was allerdings nicht heißt, dass sie stets gleich bleiben. Skulpturen etwa, ob gegenständlich oder abstrakt, verändern sich mit den Lichtverhältnissen zu unterschiedlichen Tages- und Jahreszeiten. Ihre Farbe wirkt in nassem Zustand anders als in trockenem, und zwischen Pflanzen platziert nehmen sie je nach Jahreszeit eine mehr oder weniger prominente Stellung ein.

Eine Faustregel für die Auswahl größerer Objekte lautet, dass diese ausdrucksstark, schlicht und nicht zu zahlreich sein sollten. Zu viele Objekte verwirren das Auge des Betrachters und schwächen die Wirkung jedes Einzelstücks.

Für welche Art von Skulptur Sie sich entscheiden, hängt nicht nur vom Stil Ihres Gartens ab, sondern auch von Ihrem Bankkonto. Antike Steinfiguren sind sehr teuer – zu teuer, um sie im Freien stehen zu lassen –, doch gibt es mittlerweile qualitativ hochwertige Reproduktionen. Wenn Sie unbedingt ein „echt antikes" Stück Stein im Garten haben möchten, eine Statue aber zu teuer ist, können Sie bei Firmen, die mit Recycling-Materialien handeln, nach Bruchstücken alter Säulen oder sogar Teilen von Statuen suchen – ein abgetrennter Kopf oder selbst ein Paar Füße können sehr gut aussehen, vor allem dann, wenn sie mit einer eigenen Sockelplatte gewürdigt werden.

Tierskulpturen – bronzene Gänse, Schafe aus Drahtgeflecht oder gar rostende Flusspferde aus Eisen – können ebenfalls gut in einen Garten passen, sollten aber gewissen ästhetischen Ansprüchen genügen und/oder ganz einfach witzig aussehen. Falls Sie Kaninchen mit Schubkarren, Männchen machende Igel oder geistlos dreinblickende Gartenzwerge zu dieser Kategorie rechnen, enthalte ich mich vorsichtshalber jeglichen Kommentars.

Abstrakte Skulpturen passen im Prinzip in jeden Garten, wobei es hier immer auf das Material und die Präsentation ankommt. Ein schönes Werk mit glatter Oberfläche aus Metall, Holz oder Stein auf einem schlichten Sockel wirkt ebenso gut in einem traditionellen Garten wie in einem modernen. Freie Formen, Verwinkeltes oder Organisches dagegen passen eher in einen romantischen oder modernen Garten.

Von entscheidender Bedeutung ist die richtige Platzierung einer Skulptur. Nur allzu leicht ist man versucht, sie mitten in den Garten zu stellen; in den meisten Fällen aber wäre das ein Fehler. In einem formalen Garten wirkt eine Skulptur am besten vor einem schlichten Hintergrund, etwa einer Hecke oder einer mit immergrünen Kletterpflanzen bedeckten Mauer. Auf diese Weise hebt sie sich am besten von der Umgebung ab. In einem eher naturnahen Garten macht sich ein Kunstobjekt am besten zwischen Pflanzen, wo das von Menschenhand geschaffene Werk besonders schön mit dem Blattwerk kontrastiert. In Vita Sackville-Wests berühmtem weißem Garten in Sissinghurst beispielsweise ist die hellgraue Bleistatue einer Vestalin unter dem Blätterdach einer silbrigen Weidenblättrigen Birne zu bewundern.

Auf einem Sockel zur Schau gestellt, erhält jede Skulptur – gleich welcher Art – sofort viel größere Bedeutung, da sie auf diese Weise ausdrücklich zum Kunstwerk erhoben wird. Dasselbe Werk einfach auf den Boden gestellt wirkt deutlich ungezwungener und ist für einen Überraschungseffekt gut.

OBEN **Die klaren Linien des verspiegelten Obelisken bilden einen verblüffenden Kontrast zu der naturbelassenen Wiese.**

GEGENÜBER OBEN **Eine Ansammlung kleiner, ganz unterschiedlicher Objekte kann sich in einem Garten sehr gut machen.**

GEGENÜBER UNTEN LINKS **Drei hölzerne, von einem Baum herabhängende Spiralen erzielen eine stärkere Wirkung als eine einzelne.**

GEGENÜBER UNTEN RECHTS **Ein großer Krug bietet mitten in einem Beet einen überraschenden Anblick.**

Natürlich muss nicht alles, was wie eine Skulptur wirken kann, ursprünglich als solche gedacht gewesen sein. Auch interessante Fundstücke machen sich in diesem Zusammenhang manchmal sehr gut.

Naturmaterialien zeigen häufig ein ausgesprochen skulpturales Erscheinungsbild, etwa Treibholzstücke, die vom Meer ausgebleicht und glatt gewaschen wurden. Solche Objekte sehen in einer naturnahen Umgebung fantastisch aus, wo sie Teil der Natur, zugleich aber auch Kunstwerk sind, oder auch, in mancher Hinsicht sogar noch besser, in einem formalen oder modernen Garten, wo der Kontrast zwischen kontrollierter Gestaltung und den freien Formen der Natur besonders deutlich zutage tritt. Der Wurzelstock eines großen, umgestürzten Baumes etwa, gründlich gereinigt und abgeschliffen, stellt eine interessante, ein wenig unheimlich wirkende organische Form dar, die an einen arthritischen Tintenfisch erinnert. Ähnlich verhält es sich mit Ästen, die oft nur minimal verändert werden müssen, um wie Krokodile oder Kanus auszusehen.

Zerklüftete Felsbrocken können ebenfalls wie Skulpturen wirken; sie passen gut in moderne Gärten oder solche im asiatischen Stil. Platzieren Sie sie auf einer Terrasse oder in einem Kiesgarten, liegend oder auch stehend wie alte Menhire. Auch große, glatte Flusssteine lassen sich ähnlich verwenden, entweder auf einem harten Bodenbelag, zu dessen rechtwinkligen Linien der Stein einen interessanten Kontrast bildet, oder zwischen Pflanzen, wo der massige, glatte Stein und die Formen und Texturen der Blätter einander wunderbar ergänzen.

Auch industriell produzierte Gegenstände können, richtig eingesetzt, sehr gut als „Skulpturen" im Garten fungieren. In einem modernen Garten macht sich beispielsweise eine Gruppe von Spiralstäben aus rostfreiem Stahl, die normalerweise als Stützen für Tomaten dienen, sehr gut, ebenso lange Streifen dünner Solarmodule, die sich im Wind bewegen. Letztere können an eine Batterie angeschlossen werden, um Strom für eine Brunnenpumpe oder die Gartenbeleuchtung zu liefern, und sind damit nicht nur schön, sondern auch funktional.

Auch eine ganze Reihe anderer Gebrauchsgegenstände eignen sich für diesen Zweck. Alte Gerätschaften aus Gartenbau und Landwirtschaft machen sich immer gut, auch wenn viele davon – alte Mühlsteine, Pflüge oder Gießkannen – mittlerweile als Antiquitäten gelten und zu entsprechenden Preisen gehandelt werden. Maschinenteile aus industrieller Produktion sind eine weitere Möglichkeit, denn viele davon sind überraschend formschön. Alte Zahnräder beispielsweise sehen nicht nur an einer alten Backsteinmauer, sondern auch an einer modernen, verputzten Wand sehr gut aus. Die ganz großen von bis zu 80 cm Durchmesser oder noch mehr sind besonders eindrucksvoll, allerdings auch entsprechend schwer, sodass ihre Platzierung genau überlegt sein will. Denkbar sind auch Maschinenteile aus rostfreiem Stahl wie Ventilatoren, Gehäuse oder auch Kugellager, die es in Größen von bis zu 1 m Durchmesser gibt – kreisrunde Teile aus rostfreiem Stahl, die auf den Bodenplatten eines minimalistischen Gartens eine verblüffende Wirkung erzielen.

Auch Hightech-Maschinenteile lassen sich auf diese Weise nutzen. Setzt man alte Computer-Diskettenlaufwerke zwischen Pflastersteine von ähnlicher Größe, ergibt sich eine „Einlegearbeit" mit interessanter Oberflächenstruktur. Und aus CDs lassen sich fantastische Mobiles konstruieren, die in Bäume gehängt die Sonnenstrahlen noch in den letzten Winkel des Gartens lenken. Nützlich sind sie außerdem, denn die CDs halten Vögel von essbaren Früchten fern.

OBEN **Uhrzeitlich mutet diese Gruppe in exakten Abständen aufgestellter Steine an. Das Spiel von Licht und Schatten auf den glatt geschliffenen Flächen verleiht dem Ensemble zusätzlichen Reiz.**

OBEN MITTE **Relikte des Industriezeitalters wie diese rostigen Eisenräder können einen Garten ebenso aufwerten wie jede Skulptur.**

OBEN LINKS **Witzige, pinkfarben lackierte Holztulpen setzen in ungemähtem Gras unerwartete Akzente.**

GEGENÜBER LINKS **Metallene Spiralstäbe für Tomaten – eine elegante und preiswerte Skulptur.**

GEGENÜBER RECHTS **Die kleinen Aufsätze aus Ton sollen normalerweise vor Verletzungen schützen, haben in diesem Gemüsebeet aber rein dekorative Funktion.**

Kübel und Co.

Das Gärtnern mit Kübelpflanzen beschert schnellstmöglichen Erfolg, damit ist es wie geschaffen für den ungeduldigen Gärtner. Einjährige Blumen, in großer Zahl in einen großen, schönen Topf gepflanzt, verwandeln einen kleinen Garten augenblicklich und sorgen die ganze Saison über für Farbe, während ein großer, auffälliger Strauch in einem Kübel nicht nur einen Sommer lang, sondern über viele Jahre Freude bereitet.

Wenn Ihnen lediglich ein Hinterhof, ein Balkon, eine Dachterrasse oder ein Kellerabgang zur Verfügung steht, können Sie Pflanzen ohnehin nur in Töpfen und Kübeln halten. Aber auch, wenn Sie einen „richtigen" Garten besitzen, können Topfpflanzen auf der Terrasse oder zwischen vernachlässigten Sträuchern in einem Beet als echter Blickfang dienen.

Um möglichst lang Freude an Blumenkübeln zu haben, wählt man am besten eine Kombination aus dauerhafter Bepflanzung und saisonalen Farbtupfern: Blumenzwiebeln im Frühling und später im Jahr Beetpflanzen. Möglich sind aber auch Pflanzen, deren Saison nur kurz, dafür umso spektakulärer ist, wie etwa Königslilien wegen ihres atemberaubenden Dufts im Hochsommer oder prächtige, Laub abwerfende Azaleen im Frühjahr. Haben sie ihre beste Zeit hinter sich, werden sie einfach aus dem Blickfeld gerückt – bis zum nächsten Jahr.

Wenn Sie häufig umziehen, sind Kübelpflanzen ausgesprochen nützlich, denn Sie können sie problemlos mitnehmen. Sie werden sich wahrscheinlich gut überlegen, ob Sie viel Geld für einen Baum ausgeben und ihn im Garten einpflanzen, wenn Sie womöglich nur ein oder zwei Jahre bleiben werden; in einem großen Kübel jedoch kann er ohne weiteres mit umziehen. Und wenn Sie sich dauerhaft niederlassen, pflanzen Sie ihn in den Garten.

Sie könnten sogar einen ganzen „mobilen Garten" aus leichtgewichtigen Pflanzgefäßen anlegen, komplettiert durch Rankgitter für Kletterpflanzen. Das alles wandert zusammen mit dem Rest Ihrer Habe in den Umzugswagen, und im neuen Garten fühlen Sie sich zwischen den vertrauten Pflanzen gleich zu Hause.

Kübel ermöglichen auch die Kultur von Pflanzen, die im Gartenboden nicht gedeihen würden. Säure liebende Pflanzen wie Rhododendren oder Kamelien brauchen kalkfreien Boden. Kann man ihnen das nicht bieten, sind Kübel ein Ausweg. Manche Arten aus dem Mittelmeerraum wie Rosmarin und Lavendel hassen schweren, feuchten Boden; pflanzen Sie sie in Töpfe in gut durchlässige, sandige Erde.

Nicht zuletzt können Sie in Kübeln Pflanzen ziehen, die im Winter Schutz vor der Kälte brauchen, etwa die stachlige, exotisch anmutende Agave oder frostempfindliche Pflanzen wie Geranien, Strauch- und Kapmargeriten. Haben Sie nicht genug Platz, um alle im Haus zu überwintern, können Sie die robusteren Arten auch in eine geschützte Ecke stellen und mit Sackleinen oder Noppenfolie umhüllen.

Meist werden nur Sommerblumen in Töpfen gezogen, doch im Prinzip lässt sich vom Kopfsalat bis zum Baum fast alles in Gefäßen kultivieren. Viele kleine Bäume wie Japanischer Ahorn, Eberesche, Mehlbeerbaum, Holzapfelbaum und Zierkirschen gedeihen sehr gut in Kübeln, und eine Reihe von Holzapfel- und Zierkirschensorten sind mittlerweile ebenso mit kleinen Wurzelballen erhältlich wie fruchttragende Apfel- und Kirschbäume. Auch Letztere sind, ebenso wie Pfirsich- und Aprikosenbäume, für die Kübelkultur geeignet.

Auch eine Reihe von Sträuchern, vor allem immergrüne, eignen sich für längerfristige Kübelhaltung, ebenso die speziell zu diesem Zweck gezüchteten Patio-Rosen sowie andere, größere Rosen, Bodendeckerrosen, Englische Rosen und sogar einige Kletterrosen.

Natürlich gedeihen auch einige Stauden gut in Pflanzgefäßen. Besonders Funkien bieten sich hier an, zumal die Aufzucht in Kübeln es leichter macht, Schnecken von den Pflanzen fern zu halten. Auch Farne und viele Gräser machen sich in Töpfen ganz prächtig.

Wasserpflanzen sind eine weitere Möglichkeit. Füllen Sie einen großen Kübel (ohne Abzugsloch) bis gut zur Hälfte mit Garten- oder spezieller Wasserpflanzenerde, geben Sie etwas Holzkohle zur Erde, damit sie nicht sauer und das Wasser nicht abgestanden wird, setzen Sie die Pflanze ein und füllen Sie mit Wasser auf. Dies ist eine äußerst pflegeleichte Lösung, denn erst nach einigen Wochen muss Wasser nachgefüllt werden.

Vergessen Sie nicht die Zwiebelpflanzen und die Frühjahrsblüher. Für ganzjährig bepflanzte Kübel empfehlen sich kleine Krokus-Wildformen oder Zwiebel-Iris, Mini-Narzissen und niedrige Tulpen. Haben Sie einen größeren Behälter für eine einzige Sorte großer Tulpen oder Narzissen übrig, danken es Ihnen diese im Frühjahr mit einem spektakulären Auftritt.

Essbare Pflanzen wie Kräuter und Salate – vor allem Schnittsalate – gedeihen ebenfalls gut in Töpfen. Kleine, eigens für die Topfkultur gezüchtete Tomaten können zusammen mit hellblauen Hängelobelien in einem Topf oder Hängekorb gezogen werden – eine so ungewöhnliche wie attraktive Kombination. Auch einige Sorten Paprika und Auberginen wurden speziell für Kübelkultur gezüchtet, und Chilischoten machen sich auf einer Terrasse richtig gut.

Da Kübel und Pflanzen gleichermaßen wichtig sind, gilt es die Gefäße sorgfältig auszuwählen (siehe Seite 96–101). Generell sollten Sie stets das größte Gefäß nehmen, das Sie sich leisten können. Ein großes Exemplar ist eindrucksvoller als mehrere kleine; zudem trocknet das Pflanzsubstrat in großen Töpfen oder Kübeln weniger rasch aus. Falls Sie trotzdem mehrere Pflanzgefäße bevorzugen, sollten alle in Stil und Material übereinstimmen sowie zu Gruppen arrangiert statt weiträumig verteilt sein.

Alle Töpfe und Kübel benötigen ausreichend große Abzugslöcher sowie zur besseren Drainage eine Schicht aus wasserdurchlässigem Material, die verhindert, dass die Erde durch die Löcher ausgeschwemmt wird. Traditionell werden dafür Tonscherben verwendet, aber natürlich können Sie ebenso gut auch große Kieselsteine oder zerbrochene Schieferplatten, Dachziegel oder Fliesen nehmen. Müssen Sie Gewicht sparen, kommt auch in handliche Stücke gebrochenes Verpackungsmaterial aus Styropor infrage. Als Pflanzsubstrat sollten Sie eine spezielle Kübelpflanzenerde verwenden, Gartenerde ist für Topfkultur nicht geeignet.

Besitzen Sie einen großen, besonders eindrucksvollen Pflanzkübel, können Sie ihn auch unbepflanzt lassen und wie eine Skulptur in ein Beet oder auf die Terrasse stellen.

UNTEN **Schlichte zylindrische Metallcontainer – ideal für diese moderne Dachterrasse. Sie sind groß genug für mehrstämmige Bäume, und ihre elegante Linienführung wird durch die Gräser unter den Bäumen noch zusätzlich betont.**

Romantische Pflanzgefäße

OBEN **Körbe geben schöne und preiswerte Pflanzgefäße für ein romantisches Umfeld ab, sofern sie mit Bootslack wetterfest gemacht wurden. Hier sorgen unterschiedliche Korbformen für Abwechslung.**

Tontöpfe passen in fast alle Gärten, besonders gut aber in ein nicht formales, romantisches Umfeld. Sie sind in den verschiedensten Stilrichtungen erhältlich, von schlichten, maschinell gefertigten Töpfen bis hin zu reich verzierten, handgetöpferten Exemplaren. Wofür Sie sich entscheiden, hängt von Ihrem Geschmack und Ihrem Geldbeutel ab. Beim Kauf teurer Tonwaren sollten Sie darauf achten, dass diese garantiert frostsicher sind.

Terrakotta-Imitationen aus Kunststoff kommen dem Original sehr nahe. Sie sind leicht und unzerbrechlich, allerdings altern sie natürlich nicht in derselben Weise. Mit bestimmten Farbeffekten können Sie sie sehr elegant gestalten – es gibt leicht zu verarbeitende Anstriche, die wie Grünspan, Zinn oder rostiges Eisen aussehen –, sofern Sie die Töpfe mit einer Acryl-Grundierung vorstreichen und am Ende mit einem wasserdichten Lack versiegeln.

Mittlerweile gibt es auch schon qualitativ sehr gute und dennoch relativ preiswerte frostfeste Keramiktöpfe. Zu den schönsten gehören schlichte chinesische Produktionen mit einer Glasur in kräftigem Dunkelblau oder hellerem Türkis. Darüber hinaus werden auch Keramiktöpfe mit Bambusmuster oder chinesischen Schriftzeichen angeboten, die gut in einen Garten im fernöstlichen Stil passen, in einem romantischen Ambiente dagegen eher deplatziert wirken. Große, klobige, braun glasierte Wasserfässer aus Thailand muten fast wie Skulpturen an, ob bepflanzt oder nicht.

Auch Holz ist ein geeignetes Material für Pflanzkübel in einem nicht formalen, romantischen Garten, vor allem in Form halbierter Fässer oder quadratischer Kübel aus grob zugesägten Hölzern.

Geflochtene Weidenkörbe geben großartige Pflanzgefäße ab, wenn sie zuvor mit mehreren Schichten farbiger Holzlasur oder mit wasserdichtem Bootslack gestrichen und vor dem Bepflanzen mit schwarzem Polyäthylen ausgelegt werden. Auch so halten sie zwar nicht ewig, aber für ein paar Jahre bekommen Sie auf diese Weise einen guten Gegenwert für Ihr Geld.

Beim Bepflanzen formaler und romantischer Kübel sollten Sie sich an eine einfache Faustregel halten: Je kunstvoller das Pflanzgefäß verziert ist, desto schlichter sollte die Bepflanzung ausfallen und umgekehrt.

Die attraktivsten Kübel sind stets die, die beinah über-
quellen mit Pflanzen. Kein Mensch will nackte Erde
anschauen, und auch von einem einfachen Topf oder
Kübel will niemand allzu viel sehen. Wählen Sie deshalb
Pflanzen mit unterschiedlichem Wuchs aus – hängen-
de, um die Ränder des Pflanzgefäßes zu kaschieren,
aufrecht wachsende, um eine gewisse Höhe zu erreichen, und buschige, um die Lücken zu füllen.

Auch die Farbgebung spielt eine wichtige Rolle. Für
die kleine Fläche eines Pflanzkübels empfiehlt sich ein
begrenztes Farbspektrum, denn zu viele Farben auf
engem Raum neutralisieren einander. Rot, Weiß und
Blau sind traditionell beliebt; zu romantischen Gärten
passen Pastelltöne wie Pink, Mauve, Blassblau und
Weiß in Verbindung mit silbrigem Laub. Auch einfarbige
Bepflanzung kann sehr reizvoll sein. Weiß wirkt stets
elegant; es lenkt die Aufmerksamkeit des Betrachters
auf die unterschiedlichen Blütenformen und -größen
sowie auf die Grüntöne des Laubs. Versuchen Sie es
einmal mit weißen Lobelien oder Schleierkraut, Fleißigen Lieschen und gefüllten Begonien.

OBEN **Die bunte Kollektion
unterschiedlichster Töpfe
erhält durch gleichartige
Bepflanzung mit architektonischen und überwiegend immergrünen Pflanzen sowie die
schlichte weiße Wand eine
einheitliche Linie.**

LINKS **Kübelpflanzen können
auch im Winter sehr attraktiv
sein. Diese Gruppe von Gräsern
und purpurblättrigen** Heuchera
**erhält durch die Reifschicht
einen ganz eigenen Reiz.**

Pflanzgefäße klassischen Stils können aus denselben Materialien bestehen wie alle anderen Behältnisse auch. Den entscheidenden Unterschied macht nicht nur ihre Form und ihre Bepflanzung aus, sondern auch die Art und Weise ihrer Platzierung. Ein Paar identischer Gefäße beiderseits einer Haustür oder einer Bank beispielsweise gibt dem Garten sofort eine strenge, formale Note, ebenso wie vier gleiche Pflanzkübel an den Ecken eines quadratischen oder rechteckigen Wasserbeckens.

Pflanzgefäße für formale Anlagen sind in der Regel recht großzügig dimensioniert. Riesige steinerne Urnen machen sich wunderbar in großen Gärten, wo sie Erinnerungen an die berühmten klassischen Gärten Italiens und Frankreichs wecken; sie können aber auch in sehr kleinen Stadtgärten einen verblüffenden Eindruck machen, weil sie dort aufgrund ihrer unverhältnismäßigen Größe äußerst dramatisch wirken. Ein qualitativ hochwertiges Pflanzgefäß großen Formats kann leicht den Preis eines Gebrauchtwagens erreichen. Preiswerter sind Imitate aus Kunststein, am billigsten solche aus Beton. Letztere sehen zwar eintönig und viel zu neu aus, lassen sich aber mit Hammer und Meißel und dunkelbrauner Emulsionsfarbe schnell „älter" machen. Wenn es nicht ganz so schnell gehen muss, empfiehlt sich ein Anstrich mit Joghurt oder Sauermilch oder sogar mit Jauche. Beides fördert das Wachstum von Algen und Flechten und damit die Entstehung einer natürlichen Patina.

Auch Terrakotta kann zu klassisch inspirierten Pflanzgefäßen verarbeitet werden, solange die Form stimmt. Schlichte Modelle wie Würfel oder Zylinder und alte, einfache Blumentöpfe wirken in einem streng geometrischen Umfeld am besten; Ziermuster sollten auf ein Minimum beschränkt bleiben.

Holz ist ein hervorragendes Material, sofern es aufwendig genug behandelt, also glatt gehobelt und gestrichen ist. Der quadratische Versailler Kasten mit kugelförmigen Aufsätzen auf den Ecken dürfte das bekannteste Beispiel für ein Pflanzgefäß dieses streng geometrischen Stils sein. Solche Kübel können in jeder Farbe gestrichen werden, wobei Schwarz, Weiß oder Dunkelgrün am gebräuchlichsten sind. Natürlich will Holz regelmäßig gepflegt sein, doch gibt es mittlerweile ein paar recht brauchbare und weitaus pflegeleichtere Imitationen aus Kunststoff oder Glasfiber. Die besten davon sind mithilfe von Gussformen aus echtem Holz hergestellt, sodass die Maserung selbst aus nächster Nähe betrachtet verblüffend echt wirkt.

Auch Metall eignet sich sehr gut; so passen etwa quadratische oder rechteckige Kästen aus Blei bestens in einen formalen Garten. Erstaunlich überzeugend wirken auch Imitate aus Glasfiber, die zudem viel leichter sind und keine gesundheitlichen Risiken in sich bergen. Andere Metalle wie Kupfer, Aluminium, Edelstahl und Zinkblech in schlichten, streng geometrischen Formen sehen in einem modernen Garten im gleichen Stil ebenfalls sehr gut aus.

Die Bepflanzung sollte alles in allem eher schlicht ausfallen. Architektonische Pflanzen – also solche mit sehr großen, auffällig geformten Blättern – eignen sich besonders für diesen Stil, weil sie die klaren geometrischen Formen der Pflanzbehälter selbst noch zusätzlich betonen. Die stachlige immergrüne Keulenlilie, der Neuseeländer Flachs oder großblättrige Funkien sind hier immer eine gute Wahl.

Formschnittpflanzen – kleinblättrige, in geometrischen Formen geschnittene immergrüne Sträucher wie Buchs, Spindelstrauch oder Stechpalme – passen ebenfalls hervorragend in Pflanzgefäße von klassischer Strenge. Hierbei erzielt schon ein einziger in einen Kübel gepflanzter Buchsbaum in Form einer Kugel mit oder ohne Stamm, einer Spirale oder einer Pyramide in jedem Garten eine unmittelbare Wirkung.

RECHTS **Identische Behälter mit gleichartigen Pflanzen, in gerader Linie aufgereiht, verfehlen nie ihre Wirkung. Die stachligen zweifarbigen Agaven in Eimern aus verzinktem Blech sind modern und formal zugleich.**

GEGENÜBER **Lavendelpflanzen in halbhohen Tontöpfen muten zwar weich und eher traditionell an, besitzen aber zugleich eine formale Ausstrahlung.**

Moderne Pflanzgefäße

In modernen Gärten können Pflanzgefäße wie Skulpturen eingesetzt werden, aber auch in eher formalem Sinn. Bepflanzen Sie doch einmal kleine Metalltöpfe mit Bubiköpfchen *(Soleirolia soleirolii)* und stellen Sie sie in Reih und Glied auf. Metall ist ein ideales Material für moderne Pflanzgefäße. Helles, glänzendes Aluminium, rostfreier Stahl, das weniger spiegelnde Kupfer und verzinktes Stahlblech eignen sich allesamt – vor allem in schlichten, strengen, geradlinigen Formen wie Würfel oder Zylinder.

Auch Glasbehälter sind eine gute Wahl, sofern das Glas dick genug und zusätzlich gehärtet ist. Versuchen Sie es beispielsweise bei der Papyrusstaude *(Cyperus papyrus)*: Ziehen Sie sie in Hydrokultur in mehreren Schichten aus verschiedenfarbigem Kies oder Kunststoffgranulat. Falls Sie Pflanzen auf „normale" Art in Gläsern kultivieren wollen, müssen in den Boden des Gefäßes Drainagelöcher gebohrt werden, am besten von einem Fachmann.

Auch Kunststoff, der sich ungeniert als solcher zu erkennen gibt, ist ein spannendes, modernes Material. Plastikbehälter in leuchtenden Farben und schlichten Formen finden Sie allerdings eher in Geschäften für Haushalt- und Bürowaren als in Gartencentern. Auch hier sind Drainagelöcher erforderlich.

In einem modernen Garten hat auch Terrakotta ihren Platz, allerdings in Form preisgünstiger, maschinell produzierter Töpfe, die in leuchtenden Farben gestrichen sind. Die hierfür besonders geeignete Spezi-

alfarbe ist nur in wenigen Farbtönen erhältlich; nehmen Sie deshalb einfach eine für den Außeneinsatz geeignete Acrylfarbe. Seien Sie bei der Farbwahl nicht ängstlich. Farben wie Magenta, Orange oder Limonengrün wirken am besten mit Pflanzen in einem kühlen Farbton wie Weiß oder Blau. Auch Schwarz kann sehr eindrucksvoll sein, vor allem neben anderen, mit Silberfarbe besprühten Gefäßen, die Pflanzen mit silbrigem oder schwarzem Laub enthalten. Wer künstlerisch veranlagt ist, kann auch Muster in kontrastierenden Farben aufmalen. Schlichte Kreise, Dreiecke oder Sterne passen hier besser als Blumen oder Wellenlinien.

Was die Pflanzen betrifft, empfehlen sich auch hier klare, strenge Formen. Neuseeländer Flachs, Keulenlilie oder silbrige Astelia eignen sich ebenso gut wie Ziergräser. Das schöne immergrüne Federgras *(Stipa arundinacea)* oder der stahlblaue Wiesenhafer *(Helictotrichon sempervirens)* überzeugen das ganze Jahr über. Wer es etwas kleiner mag, nimmt drei oder vier Exemplare des Blauschwingels *(Festuca glauca)* oder des Schwarzen Schlangenbarts *(Ophiopogon planiscapus* 'Nigrescens'), die sich in einem Fensterkasten aus verzinktem Stahlblech in minimalistischer Eleganz präsentieren. In modernen Behältern muss die Erde nicht restlos von Pflanzen verdeckt sein; Glas- oder Metallgranulat oder Plättchen aus rauchgrauem Schiefer eignen sich ebenso als Abdeckung und unterstreichen das moderne Design.

OBEN In kräftigen Farben lackierte Ölfässer bieten Pflanzen jede Menge Platz.

OBEN LINKS Die Agave mit ihrer Mulchschicht aus Schieferplättchen wirkt ausgesprochen modern und elegant. Im Winter wandert sie mitsamt Topf ins Haus.

GEGENÜBER LINKS Metallrohre als ungewöhnliche Behälter für einen kleinen Kräuter- und Gemüsegarten. Die Pflanzen stehen in Töpfen, die einfach in die Röhren gesteckt werden.

GEGENÜBER RECHTS Eine schlichte flache Porzellanschüssel mit Wasserabzugsloch betont das auffallende Laub dieses japanischen Grases *(Imperata cylindrica* 'Red Baron').

Topf-Dschungel

MATERIAL:

- 1 schwarzer Glasfiberkübel 60 x 60 x 40 cm
- 2 schwarze Glasfiberkübel 40 x 40 x 40 cm
- 2 schwarze Glasfiberkübel 30 x 30 x 30 cm
- 1 Schwarzer Bambus *(Phyllostachys nigra)*
- 1 Zimmeraralie *(Fatsia japonica)*
- 1 Paradiesvogelblume *(Strelitzia reginae)*
- 3 Blumenrohre *(Canna 'Durban')*
- 3 Seggen *(Carex flagellifera)*
- 12 Bacopen *(Bacopa 'Snowflake')*

Zebrastreifen und wilde Farben

Der Zaun um diese Dachterrasse ist mit seinen diagonal verlaufenden Brettern optisch sehr dominant, was durch die ursprünglich dunkelgrüne Farbe noch verstärkt wurde. Als Erstes erhielt er daher – samt der niedrigen Backsteinmauer darunter – einen neuen Anstrich in einem hellen Salbeigrün. Jetzt verschmilzt der Zaun mit dem Hintergrund, während die hohen Bäume hinter ihm weitaus besser zur Geltung kommen.

Um das richtige Dschungel-Feeling zu erzeugen, wählten wir in erster Linie Pflanzen mit exotisch wirkenden Blättern aus, wie etwa das in leuchtenden Rot- und Grüntönen gestreifte Blumenrohr (*Canna* 'Durban') und die Paradiesvogelblume *(Strelitzia reginae)* mit ihren eleganten blaugrünen paddelförmigen Blättern. Die Paradiesvogelblume bringt im Frühsommer leuchtend orangefarbene Blüten hervor, die verblüffend an einen Vogel erinnern, und das Blumenrohr trägt im Spätsommer Rispen mit feuerroten Blüten. Beide Pflanzen sind allerdings nicht frosthart. Die Rhizome des Blumenrohrs nimmt man im Herbst am besten aus den Kübeln heraus und überwintert sie frostfrei in einer Kiste mit Torf; die Paradiesvogelblume sollte den Winter in einem kühlen Raum im Haus verbringen.

Exotisch mutet auch die Zimmeraralie *(Fatsia japonica)* an mit ihren großen, glänzenden, immergrünen handförmigen Blättern und den im Herbst erscheinenden golfballähnlichen Blütenköpfen. Die kalte Jahreszeit über steht sie am besten im Wintergarten. Der elegan-te Schwarze Bambus *(Phyllostachys nigra)* verleiht der Pflanzung nicht nur Höhe, sondern auch eine eigene Geräuschkulisse, wenn der Wind durch seine Rohre pfeift. Nach dem Austrieb sind die neuen Bambusrohre zunächst meergrün; nach ihrer ersten Saison nehmen sie die charakteristische glänzend schwarze Färbung an. Um rasch Wirkung zu erzielen, sollten Sie eine große Pflanze kaufen, obgleich *Phyllostachys* sehr schnell wächst und innerhalb weniger Wochen um 3 m Höhe zulegt.

Außerdem pflanzten wir die immergrüne kupferfarbene Segge *Carex flagellifera,* die mit sehr attraktiven überhängenden Blüten und Samenköpfen in einem hellen Goldbraun aufwarten kann. Um die Unterpflanzung reizvoll zu gestalten, wählten wir eine Bacope (*Bacopa* – manchmal auch unter dem Namen *Sutera* geführt – 'Snowflake') – eine kriechende einjährige Pflanze mit grünen Blättern von schlichter Eleganz und schönen kleinen weißen Blüten.

Da auf einer Dachterrasse immer das Gewicht berücksichtigt werden muss, verwendeten wir leichte, dabei aber sehr stabile quadratische Behälter aus Glasfiber mit in den Boden gebohrten Drainagelöchern und ein leichtes Pflanzsubstrat. Die ideale Farbe für die Pflanzkübel ist hier Schwarz, weil es unaufdringlich ist und nicht mit der Bepflanzung konkurriert.

Ein Fest für das Auge

MATERIAL:
- 5 quadratische Metallbehälter 30 x 30 x 30 cm
- 1 2-Liter-Topf Rosmarin (*Rosmarinus* 'Miss Jessopp's Upright')
- 1 2-Liter-Topf (oder 4 9-cm-Töpfe) Salbei (*Salvia officinalis* 'Purpurascens')
- 1 2-Liter-Topf Minze
- 1 2-Liter-Topf Schnittlauch
- 1 2-Liter-Topf Fenchel (*Foeniculum vulgare* 'Purpureum')
- 4 9-cm-Töpfe Thymian (als Unterpflanzung zum Rosmarin)
- Blumenerde
- etwa 4,5 m Kanthölzer mit einem Querschnitt von 5 x 2,5 cm
- 4 Winkeleisen
- schwarzer Glanzlack für den Außenbereich
- Mulch zur Dekoration

Schachbrett mit Kräutern

Ein Kräutergarten, wie wir ihn hier vorstellen, ist genau das Richtige für ungeduldige Gärtner, die gern kochen, denn er ist praktisch vom ersten Tag nutzbar.

Wählen Sie aus dem großen Angebot an Kräutern diejenigen aus, die Sie am liebsten verwenden und die am besten mit den Bedingungen in Ihrem Garten zurechtkommen. Minze etwa mag es gern ein wenig schattig, während mediterrane Kräuter wie Thymian und Rosmarin viel Sonne brauchen. Und weil unser Kräutergarten auch dekorativ sein soll, empfehlen sich Arten und Sorten, die nicht nur schmecken, sondern auch gut aussehen. Statt einfarbig grünem Salbei oder Fenchel bieten sich rotblättrige Sorten an, also *Salvia officinalis* 'Purpurascens' und *Foeniculum vulgare* 'Purpureum'. Auch Thymian gibt es in vielen schönen buntblättrigen Sorten, alle mit dem gleichen intensiven Geschmack wie ihre schlichteren Verwandten.

Um auch im Winter einen hübschen Anblick zu haben, sollten Sie einige immergrüne Kräuter wie Rosmarin, Thymian und Salbei hinzunehmen. Minze, Schnittlauch und Fenchel sind mehrjährige Pflanzen, die im Herbst absterben, aber im nächsten Frühjahr wieder austreiben, während andere Kräuter wie Basilikum einjährig sind und Jahr für Jahr durch neue Pflanzen ersetzt werden müssen.

Als Pflanzkübel wählten wir für unseren modernen Kräutergarten schlichte, würfelförmige Behälter aus Metall, ordneten sie im Schachbrettmuster an und umgaben sie mit einem schwarz gestrichenen Holzrahmen. Dieser besteht aus Kanthölzern von etwa 5 x 2,5 cm, die mit Winkeleisen zusammengehalten werden.

Zwischen den Behältern wurde eine „Mulchschicht" aus zerbrochenen CDs ausgebracht. Die Scherben schaffen eine interessante Oberflächenstruktur, und ihr silbriger Glanz nimmt das Metall der Pflanzkübel wieder auf. Denkbar wären auch Aluminiumabfälle aus der Industrie, Glasgranulat, kleine Kiesel oder zerkleinerte Muschelschalen in Purpurrot, Stahlblau oder Hellgelb.

Pflanzen

Ohne Pflanzen geht's nicht

Pflanzen sind das Schlüsselelement in jedem Garten. Erst sie erwecken ihn zum Leben und verleihen ihm die Qualitäten, die ihn zu weit mehr machen als zu einem bloßen Raum im Freien. Pflanzen wachsen und verändern sich von Jahr zu Jahr, selbst für erfahrenere Gärtner halten sie immer wieder die eine oder andere Überraschung bereit.

Besitzer eines Neubaugrundstücks haben in puncto Bepflanzung praktisch freie Hand. Wahrscheinlich übernehmen Sie jedoch einen gewachsenen Garten; in diesem Fall heißt es entscheiden, welche Pflanzen Sie behalten und welche Sie entfernen möchten.

Der übliche Rat für Leute, die einen Garten übernehmen, lautet, erst einmal ein Jahr zu warten und zu sehen, was alles heranwächst. Sie aber sind ein ungeduldiger Gärtner. Was Sie sofort tun können, hängt zu einem gewissen Grad von der Jahreszeit Ihres Einzugs ab. Im späten Frühjahr oder Sommer lässt sich bereits recht gut überblicken, was im Boden alles steckt, und es gibt keinen Grund zu warten. Vom Spätherbst bis zum Ende des Winters aber wissen Sie nicht, welche Schätze sich unter der Erde verbergen; halten Sie sich an unsere jahreszeitlich bezogenen Tipps (siehe Seiten 30–33) und warten Sie mit größeren Umgestaltungen, bis es wärmer wird.

Selbst ein urwaldähnlicher Garten bietet Vorteile: ausgewachsene Pflanzen, die aufgrund ihrer Höhe Sichtschutz bieten und dem Garten Atmosphäre verleihen. Meist lassen sich diese Pflanzen relativ einfach stutzen. Bevor Sie also alles roden, sollten Sie erst einmal genauer hinsehen. Wer selbst kein Pflanzenkenner ist, lässt sich eben von einem Kundigen erklären, was was ist und ob es wert ist, weiter kultiviert zu werden.

Fangen Sie bei den Bäumen an. Überlegen Sie zweimal, bevor Sie einen Baum fällen – nicht nur, weil dies aufgrund kommunaler Bestimmungen verboten sein könnte, sondern auch, weil ein Baum viele Jahre braucht, bis er seine endgültige Höhe erreicht hat. Ist der Baum ein echtes Monstrum oder so übel zugerichtet, dass aus ihm nichts mehr zu machen ist, sollten Sie ihn opfern. Andernfalls empfiehlt es sich, ihn fachmännisch schneiden zu lassen. So wird er gesünder und schöner und wirft weniger Schatten. Außerdem kann ein Baum als Gerüst für Kletterpflanzen wie Rosen, Klematis und Geißblatt dienen.

Als Nächstes kommen die Sträucher an die Reihe. Wahrscheinlich ist unter ihnen zumindest einer der üblichen Verdächtigen wie Flieder oder Hortensie. Diese sind für kleine Gärten nicht sonderlich geeignet, da sie zwar ein paar Wochen im Jahr schön blühen, ansonsten aber eher reizlos sind. Reißen Sie sie trotzdem nicht einfach aus. Ausgewachsene Sträucher können sehr nützlich sein, indem sie beispielsweise einen Komposthaufen verdecken oder Sichtschutz zum Nachbarn bieten. Ist dies der Fall, sollten Sie die Sträucher zurückschneiden, um sie zu neuem Wachstum anzuregen. Tipps, wie sich solche Sträucher interessanter gestalten lassen, finden Sie auf den Seiten 110–111.

Denken Sie daran, dass Sie diese alten Sträucher keineswegs für alle Zeiten behalten müssen. Betrachten Sie sie einfach als vorübergehende Lösung, und wenn dann die von Ihnen selbst gepflanzten Sträucher groß genug sind, können Sie die alten ja herausnehmen.

Nicht alle Sträucher lassen sich jedoch wiederbeleben. Ein verholzter Geißklee *(Cytisus)* oder ein älterer Lavendel treiben nach einem kräftigen Rückschnitt nicht mehr aus. In solchen Fällen entfernt man den Strauch besser und beginnt mit jungen Pflanzen neu.

Manch vernachlässigte Kletterpflanze hingegen lässt sich durchaus zu neuem Leben erwecken. Geißblatt oder einige Klematis wie die im Frühjahr blühende *Clematis montana, C. alpina* oder die spät blühenden Viticella-Hybriden vertragen einen radikalen Rückschnitt. Bei Ersteren sollten Sie einige der jüngeren Triebe stehen lassen und wieder an die Kletterhilfe anbinden, während Letztere fast bis zum Boden zurückgenommen werden können. Da diese Pflanzen vielen kleinen Vögeln als Nistplätze dienen, sollten Sie mit dem Schnitt warten, bis alle Jungvögel ihr Nest verlassen haben.

Stauden – also Pflanzen, die im Frühjahr oder Sommer blühen, im Winter oberirdisch absterben und im folgenden Frühjahr neu austreiben – sind meist recht pflegeleicht. Sie können sie an Ort und Stelle belassen oder ausgraben und umsetzen. Teilen Sie sie, wenn sie zu groß geworden sind, und behalten Sie die kräftigeren neuen Triebe vom Rand des Wurzelballens.

Wer bei Null anfängt oder gar einem Gerüst älterer Sträucher neue hinzufügt, muss bei der Auswahl der Pflanzen verschiedenes berücksichtigen. Den ungeduldigen Gärtner interessiert natürlich, wie schnell die einzelnen Pflanzen zu voller Pracht heranwachsen. Aus diesem Grund ist das Pflanzenverzeichnis in drei Kategorien untergliedert – in Pflanzen, die sich schon im ersten Jahr voll entwickelt zeigen; solche, die erst nach ein oder zwei Jahren überzeugen, und wieder andere, die dafür drei oder mehr Jahre brauchen.

So mancher könnte nun beschließen, sich ausschließlich auf die „schnellen" Pflanzen zu stürzen und die anderen links liegen zu lassen. Tun Sie das bitte nicht. Ich empfehle Ihnen vielmehr, vorausschauend zu pflanzen und Arten aus allen drei Gruppen einzusetzen (siehe Seite 116–125).

Im ersten Jahr, wenn die Bühne vorwiegend den schnellwüchsigen Pflanzen gehört, wachsen die Arten der beiden anderen Gruppen im Stillen an. Im zweiten Jahr sind einige der „schnellen" Pflanzen bereits wieder entfernt, und es treten allmählich Arten in den Vordergrund, die ein bisschen Anlauf brauchen, während sich zugleich die „langsamen" noch immer auf ihren Auftritt vorbereiten. Und im dritten und vierten Jahr stehen die „mittelschnell" wachsenden noch immer in Saft und Kraft, während die „langsamen" allmählich zeigen, was in ihnen steckt. Sie werden also an dem, was Sie im ersten Jahr gepflanzt haben, mit wenig zusätzlichem Aufwand viele Jahre lang Freude haben.

Bei der Auswahl neuer Pflanzen sollten Sie die speziellen Bedingungen in Ihrem Garten berücksichtigen, um mit der Natur – und nicht gegen sie – zu arbeiten.

Ist Ihr Garten überwiegend schattig, hat es keinen Sinn, Pflanzen zu verwenden, die nur an vollsonnigen Standorten richtig gedeihen. Und wenn der Boden stark kalkhaltig ist, können Arten, die damit nicht zurechtkommen, nur in kalkfreier Erde in Kübeln gehalten werden.

Als ungeduldiger Gärtner brauchen Sie pflegeleichte Pflanzen, also solche, die nicht ständig geschnitten oder angebunden, geteilt oder vor Frost geschützt werden müssen. Meiden Sie alle Pflanzen, die bei Schädlingen besonders beliebt sind: Wer möchte schon erleben, wie eine prächtige Funkie über Nacht von Schnecken in ein grünes Skelett verwandelt wird oder eine von Sternrußtau befallene Rose plötzlich fast ohne Blätter dasteht?

Sofern Sie nicht ein leidenschaftlicher Pflanzensammler sind, sollten Sie immer daran denken, dass weniger mehr sein kann. Die größte Wirkung erzielen relativ wenige Arten oder Sorten, die in größeren Gruppen gepflanzt sind. In sehr kleinen Gärten darf es sogar noch weniger sein. Eine einzige, dafür aber umso auffälligere Pflanze – ein Japanischer Ahorn etwa – reicht hier oft schon völlig aus.

OBEN **Die markante architektonische Bepflanzung entspricht der strengen, rechtwinkligen Linienführung dieses kalifornischen Hauses.**

VORHERIGE SEITE **Auffallendstes Merkmal dieser Kosmee (Cosmos atrosanguineus) ist der kräftige Schokoladengeruch ihrer Blätter.**

Ohne Pflanzen geht's nicht **109**

Schnelle Ideen mit Pflanzen

In welchem Zustand der Garten auch immer sein mag, den Sie übernommen haben – einige Pflanzen eignen sich hervorragend für schnelle Verschönerungsmaßnahmen und passen dem ungeduldigen Gärtner damit genau ins Konzept. In vernachlässigten Gärten bieten sie dem Auge einen schönen Blickfang und Ablenkung vom Chaos (siehe Seite 24–25), und kahlen Neubaugrundstücken geben einjährige Blumen, entweder an Ort und Stelle ausgesät oder als junge Pflänzchen eingesetzt, in kürzester Zeit ein ganz anderes Gesicht.

Lösungen mit Kletterpflanzen

OBEN **Wicken, als kleine Setzlinge in Gartenmärkten erhältlich, beleben hier eine Hecke schon nach wenigen Wochen mit einer wahren Explosion an Farbe und Duft.**

Ihr Garten ist zwar nicht gerade eine Wildnis, aber auch nicht unbedingt so spannend, wie Sie es sich vorstellen? Dann versuchen Sie einfach auf dem Vorhandenen aufzubauen, um rasch Veränderungen zu sehen. So können ausgewachsene Sträucher, die immergrün sind oder nur für kurze Zeit im Winter, Frühling oder Frühsommer blühen, als Rankgerüst für Kletterpflanzen dienen. Viele der kleinblütigen Klematis sind für diesen Zweck hervorragend geeignet, weil sie sich nicht zu sehr ausbreiten, über einen langen Zeitraum Blüten tragen und nach der Blüte kräftig zurückgeschnitten werden können. Vom Hochsommer bis in den Herbst blühen Klematis-Sorten wie die weinrote 'Madame Julia Correvon', die grünweiße 'Alba Luxurians', die in einem hellen Blaulila gehaltene 'Betty Corning' oder die pinkfarbene 'Princess Diana'. Eine der allerbesten ist die gefüllte *Klematis viticella* 'Purpurea Plena Elegans' mit ihren wunderschönen flaumigen Blüten in zartem Purpurrot, verblichenem Samt ähnlich.

Auch die zur gleichen Zeit blühenden Texensis-Hybriden sind mit ihren tulpenförmigen Blüten in kräftigem Pink (*Clematis texensis* 'Duchess of Albany') oder leuchtendem Rot (*C. t.* 'Gravetye Beauty') sehr zu empfehlen. Ihre abgestorbenen Triebe müssen im Winter bis auf die erste Blattachsel unmittelbar über dem Boden zurückgeschnitten werden. Aus diesem Grund wird der „Wirts"-Strauch in der Zeit, in der er selbst in Blüte steht, in keiner Weise beeinträchtigt.

Mit einer Klematis lässt sich auch eine ansonsten reizlose Hecke beleben. Eine Art wie *Clematis flammula* mit ihren nach Mandeln duftenden, kleinen sternförmigen weißen Blüten im Spätsommer wäre eine gute Wahl, weil sie ein wenig an die einheimische Waldrebe *Clematis vitalba* erinnert, die in Hecken wächst. Über einer Koniferenhecke können Sie es auch mit der leuchtend scharlachroten Kapuzinerkresse *Tropaeolum speciosum* versuchen – eine jener launischen Pflanzen, die nur bei Idealbedingungen gedeihen. Sie verlangt tiefen,

feuchten Boden und braucht viel Sonne, während die Wurzeln im Schatten stehen müssen.

Auch einjährige Kletterpflanzen eignen sich für schnelle Verschönerungsaktionen, weil sie einerseits rasch wachsen, andererseits aber nur vorübergehend Platz beanspruchen. So ranken sich beispielsweise Gartenwicken bereitwillig durch ältere Sträucher. Allerdings muss regelmäßig alles Abgeblühte entfernt werden, um die Pflanzen zur Bildung neuer Blüten anzuregen – was so aufwendig aber auch wieder nicht ist. Die größeren Sorten der Kapuzinerkresse *(Tropaeolum majus)* eignen sich gut als Schmuck für Hecken; sie ziehen den relativ nährstoffarmen Boden, wie man ihn unter einer Hecke vorfindet, fetteren Böden vor. Ihr attraktiver Verwandter *Tropaeolum peregrinum* besitzt flaumige hellgelbe Blüten sowie hellgrüne Blätter. Und das Windende Löwenmaul *(Maurandya* 'Victoria Falls') gefällt von Frühsommer bis Herbst durch seine kirsch- bis purpurroten trompetenförmigen Blüten.

OBEN **Bei guten Wachstumsbedingungen erobert diese Kapuzinerkresse** *(Tropaeolum speciosum)* **in kürzester Zeit eine Eibenhecke.**

LINKS **Kleinblütige Klematis wie** *C. texensis* **'Gravetye Beauty' sind ideal für Schnell-Lösungen, weil sie rasch wachsen, sich aber nie zu stark ausbreiten, da sie Jahr für Jahr zurückgeschnitten werden.**

Mohn und Spiralen

MATERIAL:
- 2 Samen-Päckchen Mohn (*Papaver commutatum* 'Ladybird')
- 1 Samen-Päckchen Mähnengerste (*Hordeum jubatum*)
- 3 Plastikspiralen
- 3 Holzpflöcke, 30 cm lang und 2,5 x 2,5 cm stark

Lösungen mit Einjährigen

Einjährige Pflanzen, an Ort und Stelle ausgesät, stellen eine wunderbare Möglichkeit dar, schon im ersten Sommer Farbe in den Garten zu bringen. Sie kosten kein Vermögen und stehen längerfristigen Plänen nicht im Wege.

Natürlich können Sie eine bunte Mischung verschiedenster Einjähriger aussäen, eindrucksvoller wirkt jedoch eine größere Anzahl Pflanzen von einer oder höchstens zwei Sorten. Wir entschieden uns für den schönen einjährigen Mohn *Papaver commutatum* 'Ladybird', der durch seine farnartigen Blätter und leuchtend roten Blüten mit je einem schwarzen Fleck pro Blütenblatt besticht. Über die gesamte Fläche wurde außerdem ein Streifen der attraktiven einjährigen Mähnengerste *(Hordeum jubatum)* gesät.

Den letzten Touch geben drei Plastikspiralen in leuchtenden Farben – eine in Rot, zwei in Orange –, die wie moderne Skulpturen wirken. Zur Befestigung wurden drei Holzpflöcke in Längsrichtung eingesägt und zwischen den Pflanzen unsichtbar in den Boden geschlagen. In jeden Spalt kam eine Spirale. Die Spiralen sind biegsam, sodass sie sich schön im Wind bewegen. Falls Sie solche Spiralen nirgendwo auftreiben können, nehmen Sie als Ersatz rostfreie, eigentlich für Tomaten gedachte Spiralstäbe oder unterschiedlich hohe, dünne hölzerne Stangen, die Sie in kräftigen Farben streichen.

Die Samen werden gegen Ende des Frühjahrs ausgesät, natürlich erst nach entsprechender Bodenvorbereitung – also Umgraben, Jäten und Harken. Für den unwahrscheinlichen Fall, dass es um diese Jahreszeit sehr trocken ist, sollten Sie die Erde ein paar Stunden vor der Aussaat wässern. Wenn Sie zu früh säen, keimen die Samen gar nicht oder nur mit Mühe.

Da Mohnsamen so klein sind, dass ein einziges Tütchen gleich mehrere hundert enthält, sollten Sie sie zur

Erleichterung der Aussaat mit ein wenig Silbersand mischen. Säen Sie nicht zu dicht, damit Sie später nicht allzu stark ausdünnen müssen. Für den Streifen mit der Mähnengerste ziehen Sie am besten mit einem Stock im Boden eine geschwungene Linie, der Sie anschließend bei der Aussaat folgen.

Nach der Keimung müssen Sie die Sämlinge verziehen, um kräftige Pflanzen zu erhalten. Der Abstand zwischen den Mohnblumen sollte rund 20 cm und der zwischen den Gräsern etwa 15 cm betragen.

Ein ähnlicher Effekt lässt sich auch mit vorgezogenen Pflänzchen aus dem Gartencenter erzielen. Das ist allerdings erheblich teurer, und möglicherweise bekommen Sie nicht immer alle gewünschten Sorten.

Lösungen mit Gruppenpflanzungen

OBEN Die silbrigen Blätter des Silber-Wermuts (*Artemisia stelleriana* 'Silver Brocade') harmonieren gut mit dem limonengrünen Laub und den magentafarbenen Blüten des Storchschnabels (*Geranium* 'Ann Folkard').

OBEN RECHTS Blaue Jungfer im Grünen (*Nigella*), locker zwischen stachligen silbernen Edeldisteln (*Eryngium* x *oliverianum*) ausgesät, ist eine ideale Füllpflanze für das erste Jahr, das die Distel als „Anlaufzeit" braucht.

GEGENÜBER Dieses vernachlässigte Rosenbeet erhielt in nur einer Saison ein neues Gesicht: Die Rosen wurden kräftig zurückgeschnitten, um sie zur Bildung gesunder neuer Triebe anzuregen, und mit Reitgräsern (*Calamagrostis* x *acutiflora* 'Overdam') durchwebt.

Wer einen Garten übernimmt, „erbt" damit meist auch gemischte Rabatten mit ein paar Sträuchern im Hintergrund und Unmengen von Stauden. Oft sind solche Beete nach Spontankäufen und ohne allzu große Überlegung bepflanzt worden, sodass das Ganze wie Stückwerk wirkt und einen alles andere als befriedigenden Eindruck macht.

Trotzdem ist es nicht unbedingt erforderlich, gleich alles auszugraben und ganz von vorn zu beginnen. Eine Möglichkeit, dem Beet inneren Zusammenhang zu geben, besteht darin, eine Pflanzenart oder -sorte wiederholt zu verwenden, und zwar in mehreren größeren Gruppen. Je nach Fläche braucht man je eine Gruppe an den Enden des Beetes und eine oder mehrere in der Mitte. Natürlich sollten die Gruppen nicht in schnurgerader Linie oder allzu regelmäßig angeordnet sein.

Alternativ könnten Sie auch ein langes „Band" dieser Pflanzen durch das gesamte Beet ziehen. Markieren Sie die gewünschten Stellen mit Stöcken; entspricht dann alles Ihren Vorstellungen, graben Sie Pflanzen, die im Weg stehen, einfach aus, um sie anderswo einzusetzen oder zu verschenken.

Für ein sonniges Beet, dem es an Höhe fehlt, wäre eine Verbene (*Verbena bonariensis*) die ideale Ergänzung. Sie wird bis zu 2 m hoch und bildet auf steifen, schlanken Stängeln kleine Büschel tief violetter Blüten aus. Aufgrund ihres offenen und luftigen Wuchses macht sie sich im Vordergrund eines Beets ebenso gut wie weiter hinten. Sie verleiht dem Beet auch noch im Winter Struktur, wenn die Blüten längst abgestorben und braun geworden sind. Eine andere schöne Möglichkeit für diese Situation wäre eine Perowskie (*Perovskia* 'Blue Spire'). Sie ist mit etwa 1,2 m nicht ganz so hoch, gefällt dafür aber durch ihre fast weißen, filzigen

Stängel, ihre silbrigen Blätter und Rispen kleiner lavendelblauer Blüten.

Pflanzen mit silbrigem Laub eignen sich besonders gut für schnelle Lösungen, weil sie zu Pastelltönen ebenso passen wie zu „warmen" Farben. Die Beifuß-Sorte *Artemisia* 'Powis Castle' mit ihren äußerst feingliedrigen Blättern macht sich gut in mehrfach wiederholten Gruppen, während sich die Strohblume (*Helichrysum petiolare*) schön zwischen anderen Pflanzen hindurchwindet und buchstäblich alles zusammenwebt. Auch einige winterharte Storchschnabelgewächse können diese Rolle übernehmen.

Sehr effektvoll ist es auch, eine etablierte Pflanzung mit Einjährigen zu durchsetzen. Dazu genügt schon ein Päckchen der guten alten blauen Jungfer im Grünen (*Nigella damascena*) oder der weißen Kornrade (*Agrostemma githago* 'Ocean Pearl'), wenn Sie diese in Wellenlinien quer durchs ganze Beet säen. Ist es für die Aussaat schon zu spät, sollten Sie größere einjährige Blumen wie Schmuckkörbchen oder Ziertabak kaufen.

Auch ein hohes, aufrecht wachsendes Gras wie das Reitgras (*Calamagrostis*) macht sich recht gut in Gruppen, während sich das kleinere zarte Federgras *Stipa tenuissima* durch das gesamte Beet ziehen und so den übrigen Pflanzen optisch Halt geben kann.

In einem schattigen Beet bilden ledrige immergrüne Bergenien ansehnliche Gruppen, ebenso immergrüne Farne, etwa der Schildfarn *Polystichum setiferum*, oder kleine Sträucher wie der panaschierte Spindelstrauch *Euonymus fortunei* 'Emerald Gaiety'. An Höhe gewinnt das Beet mit japanischen Anemonen wie der weißen *Anemone* x *hybrida* 'Honorine Jobert' oder der pinkfarbenen *A.* x *h.* 'Queen Charlotte', die vom Hochsommer bis in den Herbst blühen.

Vorausschauend pflanzen

Ein ungeduldiger Gärtner will rasch Ergebnisse sehen, und wer bereit ist, Geld auszugeben, kann tatsächlich einen „Instant-Garten" bekommen, sei es durch Verwendung von Einjährigen oder durch Kauf ausgewachsener Pflanzen. Einjährige sind an sich nicht schlecht; sie bringen im Sommer jede Menge Farbe, sterben aber natürlich im Herbst ab, und für den nächsten Sommer muss alles wieder neu angelegt werden. Der Kauf sehr großer ausgewachsener Pflanzen gibt dem Garten auf der Stelle „Reife"; den ganzen Garten auf diese Weise zu füllen kostet allerdings ein Vermögen. Abgesehen davon wachsen kleinere Pflanzen oft besser an und holen dann schnell auf. Damit will ich jedoch keineswegs für die althergebrachte Methode plädieren, sehr kleine Sträucher in korrekten Abständen zu setzen und dann fünf Jahre zu warten, bis etwas halbwegs Ansehnliches dabei herauskommt. Mein Vorschlag geht

vielmehr dahin, gezielt mit unterschiedlich schnell wachsenden Pflanzen zu arbeiten und so die Vorteile beiden Extreme zu nutzen.

Um dies zu vereinfachen, habe ich die Pflanzen nach ihrem Wuchs in drei Kategorien eingeteilt: „schnell", „mittelschnell" und „langsam". Als „schnell" wachsend betrachte ich Arten oder Sorten, die bereits im ersten Jahr ein schönes Bild abgeben und Lücken füllen, ohne außer Kontrolle zu geraten; im Großen und Ganzen aber sind es keine Pflanzen, die man länger als ein oder zwei Jahre behalten wird. Nicht in diese Kategorie aufgenommen habe ich solche Plagen wie den Russischen Wein, der zwar sehr schnell wächst, aber auch nie wieder damit aufhört, oder die gigantische Leylandzypresse.

Zu den „mittelschnell" wachsenden Pflanzen rechne ich solche, die nicht ganz so rasant aus den Start-

OBEN **Die Kollektion junger Japanischer Ahorne und Keulenlilien in Töpfen wird mit der Zeit zu einem dichteren Sichtschutz heranwachsen. Dahinter liegt ein von einer Buchsbaumhecke eingefasstes Beet mit Lauchgewächsen, die sich bereits im Frühsommer zu voller Pracht entfalten.**

löchern kommen, sich dafür aber im zweiten oder dritten Jahr umso besser entwickeln. Und „langsame" Pflanzen schöpfen ihr volles Potenzial erst nach mehreren Jahren aus, obwohl sie auch schon vorher ihren Beitrag im Garten leisten. Einige langsam wachsende Pflanzen sind für den ungeduldigen Gärtner sogar von besonderem Wert – vor allem, wenn er wenig Platz hat und öfter umzieht. Ein Japanischer Ahorn etwa oder ein buntblättriger Klebsame sehen vom ersten Tag an großartig aus und geben sich über viele Jahre mit einem kleinen Beet oder einem Kübel zufrieden.

Das Schöne am gleichzeitigen Anpflanzen unterschiedlich schnell wachsender Arten besteht darin, dass Sie die Hauptarbeit gleich zu Beginn hinter sich bringen und sich dann jahrelang an den Früchten Ihrer Arbeit freuen können. Sie müssen in den Folgejahren nur die eine oder andere „schnelle" Pflanze, die ihren

Zweck erfüllt hat, herausnehmen, hin und wieder ein wenig schneiden und altes Holz entfernen sowie zu groß gewordene Wurzelballen von Stauden teilen.

Die Auswahl von Pflanzen für den eigenen Garten richtet sich zunächst nach den Standortbedingungen: Alle ausgewählten Arten sollten ähnliche Boden- und Lichtverhältnisse bevorzugen. Auch die farbliche Zusammenstellung ist ein wichtiger Gesichtspunkt. In kleinen Gärten beschränkt man sich am besten auf wenige Farben. Entscheiden Sie sich aber auf jeden Fall für kräftige Farben wie Rot, Orange und Gelb, und zwar konsequent, ohne zusätzlich blasse Pastelltöne unterzumischen. Falls Sie genug Platz haben, können Sie Letztere in einem anderen Teil des Gartens verwenden, oder Sie ändern die Farbpalette je nach Jahreszeit: zarte Blau-, Pink- und Malventöne für den Frühsommer, später leuchtendes Rot oder Goldtöne.

OBEN **Das links abgebildete Beet wirkt weniger als vier Monate später wie verwandelt dank der riesigen, im späten Frühjahr ausgepflanzten einjährigen Wunderbäume (Ricinus) und des frostempfindlichen blaugrauen Honigstrauchs (Melianthus major).**

Symphonie in Mauve und Pink

MATERIAL:

- 1 Waldrebe (*Clematis* 'Prince Charles')
- 1 Klebsame (*Pittosporum* 'Silver Queen')
- 1 Rose (*Rosa* 'Mary Rose')
- 3 Lavendel (*Lavandula angustifolia* 'Hidcote')
- 1 Kardone *(Cynara cardunculus)*
- 6 blaue Duftwicken (*Lathyrus odoratus*)
- 3 Prunkwinden (*Ipomoea indica*)
- 1 Samen-Päckchen Jungfer im Grünen (*Nigella damascena* 'Miss Jekyll')
- hellgraue Holzlasur

Vorausschauend pflanzen • Sonne

Unser sonniges Beet wird auf drei Seiten begrenzt, und zwar von einem Zaun, einem Rankgitter und – etwa in der Mitte des schmalen, langen Gartens – einem Bogen. Das Rankgitter war ursprünglich in einem dunklen Rostbraun gehalten. Um es besser an unser Farbschema von Pink-, Blau- und Silbertönen anzupassen, frischten wir es mit einer hellgrauen Holzlasur auf. Das etwa 2,20 m lange Beet bot aufgrund seiner geringen Tiefe von nur 45 cm nicht genug Platz für halbwegs ansehnliche Sträucher. Wir opferten deshalb einen Streifen Rasen und konnten so die Tiefe des Beets beinahe verdoppeln.

Unsere „langsame" Pflanze ist ein Klebsame (*Pittosporum* 'Silver Queen') – ein attraktiver immergrüner kegelförmiger Strauch mit graugrünen Blättern, die so dicht mit silbrig weißen Flecken überzogen sind, dass die Pflanze insgesamt silbern wirkt. Da der Strauch jedoch nicht überall den Winter übersteht, ist in kühlen Gegenden unter Umständen eine buntblättrige Stechpalme (*Ilex aquifolium* 'Silver Queen') die bessere Wahl.

Zu den „mittelschnell" wachsenden Pflanzen zählt die Klematis 'Prince Charles', die das Rankgitter im Hintergrund erklimmt. Sie trägt vom Hochsommer bis weit in den Herbst hinein sehr attraktive kleine Blüten in einem zarten Lavendelblau. Falls die Pflanze, die Sie kaufen, nur einen oder zwei Triebe hat, sollten Sie diese bis unmittelbar oberhalb des ersten Knospen- oder Blattpaars zurückschneiden. Das mag zunächst widersinnig klingen, ist aber leicht erklärt: Der Schnitt regt die Pflanze zur Bildung von mehr Trieben von unten heraus an, was letztlich zu einem schnelleren und dichteren Bewuchs des Rankgitters führt. Und da es sich um eine Klematis handelt, die an den diesjährigen Trie-

ben blüht, dürfen Sie bereits im ersten Sommer mit ansehnlicher Blütenpracht rechnen.

Als „mittelschneller" Strauch fungiert eine Englische Rose, 'Mary Rose'. Sie bildet einen dichten Busch von bis zu 1,2 m x 1 m, der über Monate hinweg vom Sommer bis in den Frühherbst immer wieder duftende gefüllte rosafarbene Blüten hervorbringt.

Unter den schnellwüchsigen Pflanzen sind auch einige, die nicht nur einen Sommer lang glänzen. Lavendel – hier der robuste *Lavandula angustifolia* 'Hidcote' – beeindruckt mit seinen silbrig grünen Blättern und dunkelvioletten Blütenständen zwar schon im ersten Jahr; bei regelmäßigem Rückschnitt im Frühjahr, der einen allzu langbeinigen Wuchs verhindern soll, hält er sich aber auch in den folgenden Jahren noch gut.

Die kurzzeitige Attraktion unseres sonnigen Beets ist eine Kardone, die gut 2 m hoch werden kann. Sie besitzt lange, tief eingeschnittene silbrige Blätter von bis zu 1 m Länge und tief purpurrote distelartige Blüten. Sie stirbt im Herbst ab und kommt im nächsten Jahr wieder; bis dahin aber hat sie ihren Zweck in diesem Beet erfüllt, und Sie können sie herausnehmen.

Als Lückenfüller in der ersten Saison sind winterharte Einjährige äußerst nützlich. Unübertroffen für diesen Zweck ist Jungfer im Grünen (*Nigella damascena* 'Miss Jekyll') mit ihrem feingliedrigen Blattwerk, das sich perfekt in die dauerhafte Bepflanzung einfügt. Sie bringt tiefblaue Blüten hervor, auf die nicht minder attraktive Samenkapseln folgen. Als Füllpflanzen im Rankgerüst wählten wir Duftwicken in verschiedenen Blauschattierungen sowie tief purpurrote Prunkwinden. Letztere wurden als junge Pflanzen gekauft und ausgepflanzt, sobald keine Frostgefahr mehr bestand.

OBEN Ein schattiges Beet mit einem weinroten Perückenstrauch (*Cotinus* 'Grace'), Storchschnabel und einer weißgrünen Funkie (*Hosta* 'Francee').

OBEN RECHTS Ideale Gehölzunterpflanzung: Der Storchschnabel *Geranium macrorrhizum* 'Bevan's Variety'.

GEGENÜBER LINKS Der Streifenfarn (*Asplenium scolopendrium*) – ein attraktiver Bodendecker.

GEGENÜBER RECHTS Farbe bringen die Neuguinea-Hybriden des Fleißigen Lieschens (*Impatiens*).

In vielen Stadtgärten werfen benachbarte Häuser oder Bäume reichlich Schatten. Das muss aber nicht zwangsläufig zum Problem werden; es bietet vielmehr die Chance, eine kühle grüne Umgebung zu schaffen. Und da es unsinnig ist, gegen die Natur zu arbeiten, brauchen wir dazu Pflanzen, die gut mit Schatten leben können, und das sind überwiegend Blattpflanzen.

Für Mauer oder Zaun empfiehlt sich eine „langsame" Pflanze wie der großblättrige Kolchische Efeu (*Hedera colchica* 'Variegata') mit seiner graugrünen und cremefarbenen Blattzeichnung. Da er aber ein paar Jahre Anlaufzeit braucht, sollten Sie gleichzeitig auch den „schnellen" Goldhopfen (*Humulus lupulus* 'Aureus') setzen, der schon früher überzeugt. Pflanzen Sie ihn aber ans hintere Ende des Beets, damit er den Efeu nicht allzu sehr bedrängt.

Immergrüne Sträucher bilden das Gerüst unseres schattigen Beets, und unter den nicht ganz so schnellen findet sich hier die Zimmeraralie (*Fatsia japonica*). Sie besitzt große, handförmige Blätter, deren glänzende Oberfläche in einer schattigen Ecke gut das Licht spiegelt, sowie merkwürdige weiße, an Golfbälle erinnernde

Blüten, die sich in schwarze Beeren verwandeln. Im mitteleuropäischen Klima hält man sie am besten im Kübel, ebenso wie die Orangenblume (*Choisya ternata*), eine weitere sehr schöne Struktur gebende immergrüne Pflanze, insbesondere ihre zartblättrige Sorte 'Aztec Pearl'. Sie wächst zu gleichmäßig runder Form heran und bildet im späten Frühjahr und im Frühsommer – und oft noch einmal im Herbst – große weiße Blüten aus. Gerade in schattigen Lagen sind weiße Blüten ideal, weil sie hier besser zur Geltung kommen als dunklere Farben.

Unter den Stauden setzt der Akanthus (*Acanthus mollis*) mit seinen großen gezackten Blättern und helmförmigen, purpurroten und weißen Blüten einen deutlichen Akzent. Gleiches gilt für die Korsische Nieswurz (*Helleborus argutifolius*) mit ihren apfelgrünen Blüten im Spätwinter oder frühem Frühjahr und gezackten, ledrigen grünen Blättern, die sogar den Winter überstehen, aber besser entfernt werden, wenn sich die neuen Blätter zeigen.

Farne gedeihen im Schatten gut und sind deshalb als „mittelschnell" wachsende Pflanzen an einem sol-

chen Standort eine ausgezeichnete Wahl, vor allem immergrüne wie der fein gefiederte Schildfarn (*Polystichum setiferum* Divisilobum-Gruppe) oder den Streifenfarn (*Asplenium scolopendrium*).

Im ersten Jahr brauchen Sie natürlich auch ein paar raschwüchsige Pflanzen, um die Lücken im Bewuchs zu füllen. Der winterharte Felsenstorchschnabel (*Geranium macrorrhizum*) ist in schattigen Lagen – vor allem in trockenem Schatten – einer der besten Bodendecker überhaupt. Er bildet dichte, rund 30 cm hohe Matten duftender zarter immergrüner Blätter, durch die kein Unkraut dringt, und bringt im Frühjahr weiße, pink- oder magentafarbene Blüten hervor. Auch der Waldmeister (*Galium odoratum*) ist im Schatten ein attraktiver Bodendecker.

Unter den relativ wenigen Beetpflanzen, die Schatten vertragen, ist zum Glück auch das Fleißige Lieschen (*Impatiens*). In Weiß, Pink oder Apricot hebt es sich unübersehbar von seiner Umgebung ab, und die großen Neuguinea-Hybriden bringen mit ihrem leuchtenden Scharlachrot, Orange oder Magenta Tropen-Feeling in den Garten.

LINKS Eine schlichte Terrakotta-Urne, bepflanzt mit hängendem Hornklee (*Lotus berthelotii*), gibt einen wunderbaren Blickfang ab. Daneben Perowskie (*Perovskia*), Silberwinde (*Convolvulus cneorum*), Thymian, purpurroter Salbei und Katzenminze.

Vorausschauend pflanzen • Kiesgärten

Kiesgärten sind genau das Richtige für Ungeduldige, denn die Pflanzen sind zwar eher klein, doch trägt der Kies selbst – anders als die Erde in einem Beet – viel zum Gesamtbild bei. Daher sieht ein Kiesgarten auch von Anfang an gut aus – was aber nicht heißen soll, dass er nicht noch schöner wird, wenn die Pflanzen erst einmal richtig eingewachsen sind und sich ausgebreitet haben.

Architektonische Pflanzen passen sehr gut in einen Kiesgarten, daher kommt als „langsame" Pflanze beispielsweise eine stachlige Keulenlilie ein Frage. Falls es Ihre finanzielle Lage erlaubt, können Sie gleich ein ausgewachsenes Exemplar kaufen. Eine kleinere Pflanze tut es aber auch; nach drei oder vier Jahren hat sie den Rückstand aufgeholt. Yuccas sind ebenfalls eine gute Wahl; im mitteleuropäischen Klima gehören sie, wie auch die Keulenlilie, im Winter ins Haus. Auch Pflanzen mit silbrigem Laub machen sich gut: Ein schöner größerer Strauch für den Hintergrund ist die Ölweide *Elaeagnus* 'Quicksilver', deren elegante Blätter ihre helle silberne Farbe bis in den Herbst hinein behalten.

Auch in der Kategorie der nicht ganz so Schnellen finden sich sehr schöne silberblättrige Pflanzen. Die Silberwinde (*Convolvulus cneorum*) etwa ist in milden Gegenden immergrün und hat kleine, schlanke, löffelförmige Blätter mit perlmuttartigem Glanz sowie trompetenförmige weiße Blüten, die sich aus leicht pinkfarben getönten Knospen öffnen. Der Wollziest (*Stachys byzantina*) eignet sich mit seinem pelzigen grauen Laub ebenfalls gut für Kiesgärten. Sollten Ihnen seine rosa Blüten nicht gefallen, schneiden Sie sie einfach ab, was die Pflanze mit dem Austrieb frischer neuer Blätter belohnt. Purpurroter Salbei bildet zu silbrigem Blattwerk einen herrlichen Kontrast. Schneiden Sie beide

am besten im Frühjahr zurück. Die Liste stachliger Pflanzen lässt sich mit der Binsenlilie *Sisyrinchium striatum* 'Variegatum' fortsetzen, die hübsche Horste blassgrün und cremefarben gefärbter Blätter sowie im Sommer Rispen mit runden weißen Blüten bildet. Sie versamt sich sehr großzügig selbst, aber im Kies lassen sich überzählige Sämlinge ja leicht entfernen.

Die schnellwüchsige Königskerze *Verbascum olympicum* entfaltet im ersten Jahr eine große Rosette grauer filziger Blätter, über denen sich im zweiten hohe gelbe Blütentrauben erheben. Kaufen Sie deshalb nach Möglichkeit einjährige Pflanzen, um sie bereits im ersten Jahr in voller Pracht genießen zu können. Es handelt sich hier jedoch um Schönheiten auf Zeit, die nach der Blüte meist absterben. Falls nicht, sollten Sie sie spätestens dann herausnehmen, wenn sie den dauerhafteren Pflanzen den Platz streitig machen.

Die Perowskie (*Perovskia*) ist mit ihren hohen lavendelblauen Blütenständen und fast weißen Stängeln mit schlanken, gezackten grauen Blättern ein attraktiver und dankbarer Halbstrauch. Schon im ersten Jahr erreicht sie fast volle Höhe, um sich in den Folgejahren immer mehr auszubreiten, bis sie zu einem ansehnlichen Busch geworden ist. Schneiden Sie die Pflanze jedes Frühjahr beim Neuaustrieb kräftig zurück. Katzenminze (*Nepeta x faassenii*) schmückt den Kiesgarten mit ihren graugrünen Blättern und ihren blauen bis malvenfarbenen Blüten. Schneiden Sie sie nach der Blüte zurück, damit sie einen ansehnlichen Wuchs behält. Und wenn Sie schon im ersten Sommer kräftige Farbakzente setzen möchten, ist Kalifornischer Mohn (*Eschscholzia californica*) in kräftigen Orange- oder Rotschattierungen oder blasseren Pink- oder Cremetönen kaum zu schlagen.

GEGENÜBER Stachelspitzige zweifarbige Binsenlilien machen sich in Kies besonders gut, während purpurrote Kapmargeriten vorübergehend für ein paar sommerliche Farbtupfer sorgen.

Ein Dschungelgarten lässt sich relativ schnell anlegen. In gemäßigten Klimazonen besteht das Geheimnis in einer Mischung aus exotischen Pflanzen, die ausreichend winterhart sind, um in einem geschützten Garten zu überleben, und vollständig frostharten Pflanzen, die wie Urwaldpflanzen wirken. Ein solcher Garten ist praktisch auf der Stelle „fertig", wenn Sie sehr große Baumfarne *(Dicksonia antarctica)*, winterharte Palmen wie die Hanfpalme *(Trachycarpus fortunei)* und Neuseeländer Flachs *(Phormium)* kaufen. Mit Pflanzen in bezahlbarer Größe lässt sich jedoch schon nach wenigen Jahren der gleiche Effekt erzielen.

Die frostempfindlichen Baumfarne zählen mit nur 2,5 cm Wachstum im Jahr zweifellos zu den „langsamen" Pflanzen, doch sind selbst kleine Exemplare schon sehr eindrucksvoll. Setzen Sie einen kleinen Baumfarn in einen großen Topf, so wirkt er gleich etwas größer. Zwischen anderen Pflanzen platziert, fällt der Topf nicht weiter auf. Die Hanfpalme *(Trachycarpus fortunei)* kommt ebenfalls etwas langsam in Gang, doch dann macht sie rasch Fortschritte.

Unter den Pflanzen mit mittelschnellem Wuchs bietet sich der Neuseeländer Flachs *(Phormium tenax)* an. Er hat schwertförmige Blätter und bringt, wenn er älter wird, eigenartige Rispen mit rostbraunen Blüten hervor. Wie ein Dschungelgewächs wirkt die Zimmeraralie *(Fatsia japonica)*. Beide Arten eignen sich in kühleren Gegenden am besten als Kübelpflanzen. Weniger auffällig, aber ein idealer Lückenfüller ist der immergrüne Lorbeer-Schneeball *(Viburnum tinus)*. Für Farbtupfer sorgen im Frühjahr ein purpurroter Rhododendron und im Herbst das Laub eines Ahorns.

Noch mehr Dramatik bringen schnellwüchsige Pflanzen wie der Medizinalrhabarber *(Rheum palmatum)* mit seinen riesigen gezähnten Blättern oder der Stachel-Akanthus *(Acanthus spinosus)* mit seinen helmförmigen, purpurroten und weißen Blüten an hohen Trieben. Winterharte Farne wie der Streifenfarn *(Asplenium)* und der Tüpfelfarn *(Polypodium)* eignen sich ebenfalls gut als Füllpflanzen. Farbe ins Bild bringen, zumindest für kurze Zeit, Fleißige Lieschen (Impatiens-Neuguinea-Hybriden) mit ihren scharlachroten, magenta-, pink- und orangefarbenen Blüten.

RECHTS **Der kurz geschorene Rasen mit einer Umrandung aus Backsteinen ist ein idealer Vordergrund für das vielfältige, dschungelähnlich wirkende Blattwerk. Solche Pflanzungen lassen rasch ein grünes Refugium mit ganz privatem Charakter entstehen.**

Schneller Wuchs

★ kurzzeitige Attraktion
▲ dauerhafte Pflanze

Die hier vorgestellten Pflanzen geben schon im ersten Jahr eine überzeugende Vorstellung, denn fast alle legen schnell an Höhe zu, ohne gleich außer Kontrolle zu geraten. Bei einigen handelt es sich um Sträucher, die man vorübergehend als Lückenfüller einsetzt und im zweiten oder dritten Jahr wieder herausnimmt, sobald sich die endgültige Bepflanzung ausgebreitet hat. Andere gedeihen sehr gut bei einem kräftigen jährlichen Rückschnitt und lassen sich auf diese Weise im Zaum halten. Wieder andere sind Stauden, die alljährlich im Herbst absterben und im folgenden Frühjahr neu austreiben; sie wachsen nie über die Höhe hinaus, die sie in einem Sommer erreichen. Manche spielen ihre Rolle nur vorübergehend und werden entfernt, sobald die übrigen Pflanzen groß genug sind; andere bekommen einen festen Platz im Beet. Naturgemäß hängt die Höhe, die eine Pflanze im Lauf eines Sommers erreicht, weitgehend von ihrer Größe beim Kauf ab; im Folgenden gehe ich davon aus, dass Sie die größte Pflanze kaufen, die Sie in einem durchschnittlichen Gartencenter bekommen.

Zu jeder Pflanze finden Sie Angaben zur voraussichtlichen Größenentwicklung; die erste Zahl entspricht der Höhe, die zweite der Breite.

KLETTERPFLANZEN

Kletterpflanzen sind für den ungeduldigen Gärtner in mehrfacher Hinsicht von unschätzbarem Wert. An Obelisken oder zeltartig aufgestellten Stangen gezogen, verleihen sie Pflanzungen rasch eine gewisse Höhe; darüber hinaus können sie Mauern oder Zäune verschönern. Sie eignen sich auch hervorragend dazu, Sträucher oder Hecken, die zwar ihren Zweck erfüllen, ansonsten aber eher reizlos sind, attraktiver zu gestalten. Im Folgenden finden Sie Beispiele für Kletterpflanzen, die bereits im Jahr der Pflanzung eine gute Figur machen.

Kardone (Cynara cardunculus)

▲ Clematis armandii

Waldrebe, Klematis

Größe nach einem Sommer: 1,8 x 1,8 m
Ausgewachsen: 7,5 x 7,5 m

Diese immergrüne Klematis passt gut in einen Garten in der Stadt; sie bringt lange, schlanke, ledrige Blätter hervor und im Frühling Unmengen weißer ('Snowdrift') oder rötlich weißer ('Apple Blossom'), duftender Blüten. Sie eignet sich hervorragend für Mauern oder zum Beranken eines älteren Baums. Obwohl sie Temperaturen von bis zu -15°C aushält, ist sie für Schutz vor kalten Winden dankbar. Wie alle Waldreben fühlt sie sich am wohlsten mit dem „Kopf" in der Sonne, während der Wurzelbereich beschattet sein sollte. Sie gedeiht auf sauren wie auf alkalischen Böden, sofern diese gut durchlässig und genügend frisch sind. Damit ihre Blattranken Halt finden, braucht die Waldrebe eine Kletterhilfe, etwa ein Drahtspalier. Wer es sich bequem machen will, bespannt einfach Zaun oder Mauer mit grobmaschigem Drahtgeflecht. Die Pflanze muss nicht zurückgeschnitten werden, solange sie nicht zu groß wird; bei älteren Stämmen kann jedoch ein Rückschnitt ratsam sein; er regt zu verstärktem Neuaustrieb an.

▲ Eccremocarpus scaber

Schönranke

Größe nach einem Sommer: 2 x 2 m
Ausgewachsen: 3 x 5 m

Diese eindrucksvolle Kletterpflanze trägt von Frühsommer bis Herbst Unmengen kleiner, orangeroter röhrenförmiger Blüten sowie attraktive mittelgrüne Blätter. In warmen, geschützten Gärten kann sie mehrere Jahre alt werden; ein kräftiger Rückschnitt im Frühjahr ist angeraten, um vom Frost beschädigte Triebe vor dem Neuaustrieb zu entfernen. In kühlen Gegenden behandelt man die Schönranke gewöhnlich wie eine einjährige Pflanze. Sie liebt einigermaßen durchlässige Böden sowie einen sonnigen Standort. An einem Zaun oder einer Wand gezogen, benötigt sie ein Rankgitter oder Drahtspalier als Kletterhilfe; oder man lässt sie in einen ansonsten vielleicht etwas weniger reizvollen Strauch ranken.

▲ Humulus lupulus 'Aureus'

Goldhopfen

Größe nach einem Sommer: 2,5 x 2,5 m
Ausgewachsen: 6 x 6 m

Dieser ausdauernde Kletterer besitzt große dreilappige Blätter, die in Sonne oder Halbschatten goldgelb wirken, in tieferem Schatten limonengrün. Im Spätsommer erscheinen üppige Hopfendolden. Wenn im Herbst die oberirdischen Teile absterben, schneidet man auf etwa 25 cm über dem Boden zurück. Vor dem Neuaustrieb im Frühjahr wird bis auf Bodenhöhe zurückgeschnitten, was für zahlreiche neue Triebe sorgt. Als Schlingpflanze benötigt Hopfen zum Klettern gut erreichbare, an Zaun oder Wand gespannte Drähte oder Maschendraht. Der Goldhopfen ist recht genügsam; er verträgt Sonne und Schatten gleichermaßen und gedeiht auf den meisten Böden. Dank seiner goldgelben Farbe eignet er sich sehr gut als Hintergrund für blaue oder weiße Blumen.

▲ Lonicera japonica 'Halliana'

Japanisches Geißblatt

Größe nach einem Sommer: 2 x 2 m
Ausgewachsen: 9 x 9 m

Eine ausgezeichnete Wahl ist dieses halbimmergrüne Geißblatt mit seinem frisch grünen Laub und den weißen, in kräftiges Gelb übergehenden Blüten, die den Strauch von Früh- bis zum Hochsommer zieren. Die Blüten verströmen zudem einen betörenden Duft. L. j. 'Halliana' liebt sehr nahrhafte Böden, nimmt jedoch auch mit schlechteren Bedingungen vorlieb. Sie gedeiht in der Sonne wie im Halbschatten, am besten aber im lichten Schatten. Gegen Ende des Winters sieht sie vielleicht etwas mitgenommen aus, doch schon bald zeigen sich im Frühling frische neue Triebe. Regelmäßiger Rückschnitt ist nicht erforderlich, aber nach etwa fünf Jahren sollten allzu vorwitzige Triebe nach der Blüte gestutzt werden.

▲ Passiflora caerulea

Passionsblume

Größe nach einem Sommer: 2 x 2 m
Ausgewachsen: 6 x 6 m

Die Passionsblume ist ein starkwüchsiger Kletterer mit attraktiven handförmigen Blättern und exotisch anmutenden weißen, purpurnen und blauen Blüten vom Hochsommer bis zum Herbst. Im Spätsommer und Herbst trägt sie Früchte, die jedoch nicht sehr schmackhaft sind (nicht zu verwechseln mit der Passionsfrucht!). Als Schlingpflanze wächst sie am besten an Drähten oder Gittern. P. caerulea zählt zu den härtesten Arten und kann an sehr geschützten Standorten unter Umständen im Freien überwintern. Sicherer ist Kübelpflanzung und ein kühles Winterquartier im Haus. Kräftigen Rückschnitt verträgt die Passionsblume gut. Sie bevorzugt volle Sonne, kommt aber auch im Halbschatten zurecht und gedeiht auf allen Bodentypen mit Ausnahme sehr trockener oder sehr kalkhaltiger.

▲ Solanum jasminoides 'Album'

Jasmin-Nachtschatten

Größe nach einem Sommer: 2,5 x 2,5 m
Ausgewachsen: 5 x 5 m

Eine starkwüchsige, weiß blühende Verwandte der Kartoffel, ideal für eine Pergola oder einen Baum, mit schönen mittelgrünen Blättern sowie vom späten Frühjahr bis Frühherbst kleinen weißen Blüten mit hellgelben Staubblättern. Der Jasmin-Nachtschatten verträgt zwar kurzzeitige Fröste, eignet sich aber eher für die Kübelhaltung. An warmen, geschützten Standorten oder im Wintergarten ist er beinah immergrün. Er gedeiht in jedem Boden, der nicht extrem trocken ist, in voller Sonne wie im Halbschatten. Als Schlingpflanze benötigt er ein Spalier aus Drähten oder ein kräftiges Rankgitter. An einer Pergola umwickelt man die senkrecht nach oben wachsenden Triebe anfangs am besten mit feinem Maschendraht.

STRÄUCHER

Sträucher, ob immergrüne oder Laub abwerfende, bilden das Rückgrat eines jeden Gartens. Bei beengten Verhältnissen sollten Sie Exemplare wählen, die sich durch attraktives Blattwerk oder lange Blüte auszeichnen oder zu mehr als einer Jahreszeit einen Blickfang bilden – zunächst durch Blüten, später im Jahr durch schöne Beeren oder leuchtende Herbstfärbung. Von Sträuchern, die zwei Wochen blühen und die übrige Zeit eher reizloses Laub tragen – Flieder etwa – lässt man besser die Finger. Die folgenden Beispiele sind bereits im ersten Jahr ihr Geld wert und entwickeln sich im Lauf der Zeit noch besser.

▲ Buddleja 'Lochinch'

Schmetterlingsstrauch

Größe nach einem Sommer: 2 x 1,2 m
Ausgewachsen: 2,5 x 3 m
Ein hervorragender Strauch, der schnell wächst, aber leicht im Zaum zu halten ist. Er trägt lange silbrige Blätter sowie vom Sommer bis in den Herbst hinein 15 cm lange, blauviolette Blütenstände, die nach Honig duften. Zu Frühlingsanfang sollten Sie die Triebe des Vorjahrs bis auf etwa 2,5 cm vom Hauptstamm aus zurückschneiden, um das Wachstum zu begrenzen und die Ausbildung von mehr und kräftigeren Blüten zu fördern. Den Namen „Schmetterlingsstrauch" trägt er zu Recht, denn bei Schmetterlingen ist er in der Tat sehr beliebt. Er bevorzugt sonnige Standorte, verträgt aber auch ein wenig Schatten und kommt mit allen Bodenverhältnissen zurecht, abgesehen von sehr trockenen oder morastigen.

▲ Buddleja fallowiana var. alba

Schmetterlingsstrauch

Ein weiterer ausgezeichneter Strauch, mit noch intensiver silbrigen Blättern als *B.* 'Lochinch'. Die ebenfalls nach Honig duftenden Blüten weisen ein orangefarbenes Auge auf. Größe und Standortansprüche wie bei *B.* 'Lochinch' beschrieben.

▲ Caryopteris x clandonensis 'Heavenly Blue'

Blaue Bartblume

Größe nach einem Sommer: 45 x 60 cm
Ausgewachsen: 60 x 80 cm
Dieser dichte, kuppelförmige Strauch trägt neben duftenden, lanzettförmigen, graugrünen Blättern vom Spätsommer bis zum Frühherbst kleine, intensiv blau gefärbte Blüten. Er sollte jedes Frühjahr bis zum Boden zurückgeschnitten werden. Die Bartblume braucht guten Winterschutz und sieht im Frühling oft etwas mitgenommen aus; gegen Ende des Sommers bietet sie jedoch ein anderes Bild. Sie liebt gut durchlässige Böden und einen geschützten, sonnigen Standort.

▲ Ceratostigma willmottianum

Willmotts Hornnarbe

Größe nach einem Sommer: 45 x 45 cm
Ausgewachsen: 1 x 1 m
Ein weiterer spät blühender Strauch mit kleinen, blauvioletten Blüten vom Spätsommer bis weit in den Herbst. Die kleinen hellgrünen Blätter werden im Herbst leuchtend rot. Am besten gedeiht die Hornnarbe in tiefem, nahrhaftem Boden, sie toleriert aber auch trockenere oder feuchtere Bedingungen. Sie braucht einen sonnigen Platz, etwas Winterschutz und für einen schönen Wuchs einen alljährlichen Rückschnitt im Frühjahr bis auf Bodenhöhe. Pflanzen Sie sie einzeln oder in Dreier- bis Fünfergruppen; auch als Kübelpflanze macht sie sich gut.

▲ Ceanothus 'Puget Blue'

Säckelblume

Größe nach einem Sommer: 1,5 x 1,2 m
Ausgewachsen: 3 x 3 m
Ein schöner immergrüner Strauch mit dunkelgrünen Blättern, der vom späten Frühjahr bis in den Frühsommer hinein von tiefblauen Blüten bedeckt ist. Er bevorzugt volle Sonne, verträgt aber auch etwas Schatten und benötigt einen sehr fruchtbaren Boden. Nährstoffarme alkaline Böden mag er nicht. Für zusätzlichen Reiz sorgt eine spät blühende Klematis wie *C.* 'Alba Luxurians' oder *C. viticella* 'Purpurea Plena Elegans'. Nach der Blüte können Sie das Holz, das Blüten getragen hat, einkürzen, allzu starker Rückschnitt empfiehlt sich jedoch nicht. Die Säckelblume stirbt häufig schon nach rund zehn Jahren ab.

▲ Cornus alba 'Elegantissima'

Tatarischer Hartriegel

Größe nach einem Sommer: 1,5 x 1,2 m
Ausgewachsen: 3 x 4 m
Hartriegel sind für kleine Gärten besonders geeignet, da sie zu mehr als einer Jahreszeit Zierwert besitzen und leicht kontrollierbar sind. Sie werden in erster Linie wegen der bunten, bei *C. a.* 'Elegantissima' tief rubinroten Winterrinde gepflanzt. Mit ihren im Frühling und Sommer weißgrünen Blättern gibt diese Sorte einen schönen Hintergrund für andere Sträucher oder Stauden ab, aber auch für eine kleinblütige Klematis. Die leuchtendste Rinde zeigt der Neuaustrieb am vorjährigen Holz, daher sollte alljährlich im Frühjahr auf rund 15 cm über dem Boden zurückgeschnitten werden. Dadurch wird zudem die Ausbildung größerer und stärker panaschierter Blätter gefördert und das Wachstum im Rahmen gehalten. Der Strauch gedeiht auf allen Böden, bei Sonne bis Halbschatten.

▲ Fuchsia magellanica 'Alba'

Scharlachfuchsie

Größe nach einem Sommer: 60 x 60 cm
Ausgewachsen: 1,2 x 1,5 m
Anders als die großblütigen Fuchsien-Hybriden ist *F. magellanica* auch in Mitteleuropa recht winterhart. Die Sorte 'Alba' trägt den ganzen Sommer über Unmengen kleiner, schlichter, rötlich weißer Blüten. Sie bildet einen attraktiven, überhängenden Strauch und wird am besten im Frühjahr zurückgeschnitten, um den Neuaustrieb zu fördern. Der Boden sollte gut durchlässig sein und der Standort möglichst sonnig, obwohl auch etwas Schatten vertragen wird.

▲ Hebe 'Pewter Dome'

Strauchveronika

Größe nach einem Sommer: 25 x 40 cm
Ausgewachsen: 45 x 60 cm
Diese Strauchveronika bildet eine gleichmäßige Kuppel graugrünen Laubs mit kleine weiße Blütenständen im späten Frühling und Frühsommer. Der immergrüne Strauch braucht im mitteleuropäischen Klima einen geschützten, sonnigen Standort und Winterschutz. Am besten gedeiht er in gut durchlässigem, nicht zu fettem Boden.

▲ Lavandula angustifolia 'Hidcote'

Lavendel

Größe nach einem Sommer: 30 x 45 cm
Ausgewachsen: 45 x 50 cm

Dieser schöne Lavendel mit intensiv duftenden blauen Blüten im Sommer und graugrünen Blättern eignet sich ausgezeichnet als Beeteinfassung, Hecke oder auch für Gruppenpflanzungen in einem einfachen formalen Garten. Am besten schneidet man gleich nach der Blüte leicht zurück, um die verwelkten Blütenstände zu entfernen. Das Kappen der äußersten Spitzen der frischen Triebe im Frühling hält die Pflanze kompakt und buschig. Der Lavendel bevorzugt gut durchlässigen Boden und volle Sonne.

★ Lavatera 'Barnsley'

Strauchmalve

Größe nach einem Sommer: 1 x 1 m
Ausgewachsen: 2 x 2 m

Diese Strauchmalve ist ein ausgezeichneter temporärer Lückenfüller mit Unmengen offener weißer Blüten mit rotem Auge vom Frühsommer bis zum ersten Frost. Ihre mittelgroßen graugrünen Blätter bilden einen schönen Hintergrund für die Blüten. Schneiden Sie am besten im Frühjahr zurück und entfernen Sie dabei sämtliche Blütentriebe des Vorsommers, um das Wachstum in Grenzen zu halten und eine kräftigere Blüte anzuregen. Die Strauchmalve ist nur bedingt winterhart und wird am besten im Kübel gehalten.

★ Lavatera 'Rosea'

Strauchmalve

Diese Strauchmalve trägt zartrosa Blüten und ist *L. 'Barnsley'* (siehe oben) im Wuchs sehr ähnlich, wird jedoch eher ein wenig größer als diese.

▲ Salix exigua

Weide

Größe nach einem Sommer: 1,5 x 1,2 m
Ausgewachsen: 4 x 5 m

Diese Weide mit ihren schlanken, silbrigen Blättern, die sich in der leichtesten Brise wiegen, gehört zu den wenigen silberblättrigen Pflanzen, die in sehr feuchtem Boden gedeihen. Sie bevorzugt volle Sonne oder Halbschatten; alle drei bis vier Jahre empfiehlt sich im Spätwinter ein kräftiger Rückschnitt, der den Austrieb besonders leuchtender neuer Blätter fördert. Dabei verliert

man zwar die blassgelben Weidenkätzchen, doch das junge Laub macht diesen Verlust allemal wett.

▲ Sambucus racemosa 'Sutherland's Gold'

Traubenholunder

Größe nach einem Sommer: 1,5 x 1,2 m
Ausgewachsen: 3 x 3 m

Dieser Traubenholunder besticht durch sein feingliedriges, leuchtend goldgelbes Laub, das sich am diesjährigen Holz am schönsten präsentiert. Schneiden Sie den Strauch daher jedes Frühjahr kräftig zurück, anderenfalls müssen Sie sich mit kleineren, weniger filigranen und weniger leuchtenden Blättern begnügen. An den Boden stellt der Traubenholunder keine besonderen Ansprüche. Die vorgestellte Sorte gedeiht am besten im Halbschatten, obgleich sie mehr Sonne verträgt als andere goldgelbe Sorten.

▲ Santolina pinnata 'Edward Bowles'

Gefiederte Heiligenblume

Größe nach einem Sommer: 45 x 45 cm
Ausgewachsen: 75 cm x 1 m

Anders als die meisten Heiligenblumen mit ihren leuchtend gelben, pomponartigen Blüten, die sich für manches Auge mit dem grauen Blattwerk eher „beißen", weist diese Sorte gedämpft cremefarbene Blüten auf. Die kleinen, gefiederten Blätter sind immergrün, im mitteleuropäischen Winter friert die Heiligenblume jedoch häufig stark zurück und ist nur mit ausreichendem Schutz hart. Als mediterrane Pflanze liebt sie gut durchlässige Böden und volle Sonne.

STAUDEN

Nicht wenige Stauden – vor allem solche, die im Spätsommer und im Frühherbst blühen – sind bereits im ersten Jahr durchaus ansehnlich. Somit können sie als schnellwüchsige Pflanzen gelten, auch wenn die meisten im zweiten und dritten Jahr noch an Attraktivität gewinnen. Um rascher die gewünschte Wirkung zu erzielen, ist es in fast allen Fällen ratsam,

gleich drei, fünf oder nach Möglichkeit sogar sieben Pflanzen in Gruppe zu setzen.

▲ Achillea 'Terracotta'

Schafgarbe

Größe nach einem Sommer: 60 x 30 cm
Ausgewachsen: 60 x 60 cm

Diese Sorte präsentiert im Sommer über mehrere Monate hinweg ihre flachen Blütenköpfe in hellem Ziegelrot. Auch andere Sorten in Gelb-, Lachs-, Pink- und Rottönen sind eine Überlegung wert. Alle besitzen attraktives, farnartiges grünes Laub. Die weiße Schafgarbe *A. ptarmica* (The Pearl Grp.), durch kleine, knopfartige Blüten gekennzeichnet, breitet sich sehr rasch aus, was unter Umständen zum Problem werden kann. Schafgarben bevorzugen einen sonnigen Standort und kommen mit den meisten Böden zurecht, auch wenn sie in zu schweren und nassen Böden im Winter leicht faulen.

▲ Artemisia absinthium 'Lambrook Silver'

Wermut

Größe nach einem Sommer: 45 x 45 cm
Ausgewachsen: 60 x 60 cm

Eine hervorragende Blattschmuckpflanze für sonnige Beete, mit ihren zartgliedrigen, silbrig glänzenden Blättern der ideale Hintergrund für zarte Pastell- oder leuchtende Rottöne. Anders als die eher schmutzig gelben Blüten anderer Artemisien, die man am besten schon beim Austrieb entfernt, fallen die winzigen grauen Blüten von ‚Lambrook Silver' kaum ins Auge. Die Pflanze bevorzugt gut durchlässige, aber nicht zu trockene Böden und volle Sonne. Einen Rückschnitt im Frühjahr dankt sie mit frischen, besonders leuchtenden silbrigen Blättern.

▲ Aster x frikartii 'Mönch'

Aster

Größe nach einem Sommer: 45 x 30 cm
Ausgewachsen: 70 x 40 cm

Dies ist eine der unkompliziertesten Astern. Ihre lavendelblauen Blüten mit goldgelben Herzen zeigen sich vom Spätsommer bis weit in den Herbst. Im Gegensatz zu anderen Astern ist sie nicht anfällig für Mehltau, und dank ihrer kräftigen Stängel neigt sie weniger zum Umfallen. Die Pflanze liebt gut durchlässigen, nicht zu nährstoffreichen Boden in voller Sonne.

★ Crambe cordifolia
Riesenschleierkraut

Größe nach einem Sommer: 1,8 x 1 m
Ausgewachsen: 2,5 x 1,5 m
Eine große und sehr ausdrucksvolle Pflanze mit tiefgrünen Grundblättern und einer Wolke winziger, duftender weißer Blüten, bei Bienen äußerst beliebt. Am besten eignet sie sich als vorübergehender Lückenfüller in einem kleinen Beet; ist mehr Platz vorhanden, passt das Riesenschleierkraut auch sehr gut zu Rosen.

★ Cynara cardunculus
Kardone

Größe nach einem Sommer: 2,5 x 1,2 m
Mit ihren riesigen, gezackten silbrigen Blättern von bis zu 60 cm Länge und den leuchtend purpurroten Distelblüten von der Größe einer Grapefruit stellt diese Verwandte der Artischocke einen eindrucksvollen Miniatur-Baumersatz auf Zeit dar. Sie stirbt im Herbst ab, treibt aber im nächsten Frühjahr wieder aus. Da sie viel Raum einnimmt, ist sie bei begrenzten Platzverhältnissen eher als Blickfang für nur eine Saison geeignet. Die Kardone bevorzugt einen sonnigen Standort und fruchtbaren, gut durchlässigen Boden sowie Schutz vor starkem Wind.

▲ Filipendula rubra 'Venusta'
Mädesüß

Größe nach einem Sommer: 1,5 x 1 m
Ausgewachsen: 2,5 x 4 m
Über auffallenden, großen, gezackten hellgrünen Blättern erheben sich federige rosafarbene Blüten, die mit zunehmendem Alter immer mehr verblassen. Das Mädesüß gedeiht am besten an einem sonnigen Standort, verträgt aber auch ein wenig Schatten und bevorzugt feuchte Böden. Auch neben einer Wasserfläche kommt es sehr gut zur Geltung.

▲ Knautia macedonica
Witwenblume

Größe nach einem Sommer: 45 x 30 cm
Ausgewachsen: 60 x 45 cm

Mit ihren weinroten, grasnelkenartigen Blüten ist diese Staude zu Recht sehr in Mode, denn sie steht im Sommer monatelang in Blüte. Um sie schön kompakt zu halten, sollten Sie ihr einen gut durchlässigen, nicht zu fetten Boden an einem sonnigen Standort gönnen.

▲ Macleaya cordata
Federmohn

Größe nach einem Sommer: 1,8 m x 60 cm
Ausgewachsen: 2,5 x 1 m
Eine Pflanze für den hinteren Teil des Beets, weil sie offen und luftig wirkt und auf die leiseste Brise reagiert. Der Federmohn bringt vom Hoch- bis Spätsommer große Büschel kleiner, bräunlich weißer Blüten hervor, doch allein schon seine attraktiven, großlappigen, graugrünen Blätter lohnen die Anschaffung. Er bevorzugt Sonne und feuchten, aber durchlässigen Boden, toleriert aber ein wenig Schatten ebenso wie andere Bodentypen.

▲ Penstemon 'Stapleford Gem'
Bartfaden

Größe nach einem Sommer: 45 x 30 cm
Ausgewachsen: 60 x 45 cm
Dieser Bartfaden, einer der robustesten, trägt vom Frühsommer bis in den Herbst hinein purpurrote und blassviolette fingerhutartige Blüten. Es sind zahlreiche Sorten erhältlich in Farben von tiefem Weinrot über Pinktöne und Weiß bis hin zu Blau. Alle blühen etwa gleich lang, doch sind einige nicht zuverlässig winterhart und brauchen Schutz vor der Kälte. Die Staude bevorzugt gut durchlässigen, fruchtbaren Boden und volle Sonne oder Halbschatten.

▲ Perovskia 'Blue Spire'
Perowskie

Größe nach einem Sommer: 1 m x 45 cm
Ausgewachsen: 1,2 m x 60 cm
Ein auffallender, luftiger Halbstrauch mit silbrig grauen Blättern und fast weißen, pudrigen Stängeln, an denen er vom Hochsommer bis in den Herbst hinein unzählige kleine, lavendelblaue Blüten trägt. Die hohen, drahtigen Stiele geben im Winter Struktur; lassen Sie sie deshalb bis zum Neuaustrieb im Frühjahr stehen und

schneiden Sie erst dann bis auf Bodenhöhe zurück. Die Perowskie liebt durchlässige, eher magere Böden und volle Sonne.

▲ Phlomis russeliana
Brandkraut

Größe nach einem Sommer: 60 x 90 cm
Ausgewachsen: 1 x 1,2 m
Diese immergrüne, sich ausbreitende Pflanze bringt große, behaarte, salbeigrüne Blätter hervor, die das Aufkommen von Unkräutern unterdrücken. Im Frühsommer erscheinen hohe Blütenstände mit Quirlen blässlich schwefelgelber, später rostbrauner Blüten. Sie sollten an der Pflanze belassen werden, da sie dem Beet im Winter Struktur verleihen. Schneiden Sie deshalb erst zurück, wenn sich im Frühjahr die neuen Triebe zeigen. Das Brandkraut bevorzugt etwas durchlässigen Boden und Sonne oder Halbschatten.

▲ Rheum palmatum
Medizinalrhabarber

Größe nach einem Sommer: 1 x 1,2 m
Ausgewachsen: 2 x 2 m
Dieser Zierrhabarber bildet große, gelappte grüne Blätter aus, die bis zu 90 cm Länge erreichen, sowie im Frühsommer bis zu 2 m hohe Blütenstände mit cremerosafarbenen bis roten Einzelblüten. Wenn diese absterben, nehmen sie ein kräftiges Kupferbraun an und sollten ruhig an der Pflanze verbleiben. Die etwas kleinere 'Ace of Hearts' besitzt rot geaderte Blätter und blassrosa Blüten. Beide bevorzugen Sonne oder Halbschatten und einen fruchtbaren, feuchten Boden – je mehr Sonne, desto feuchter sollte der Boden sein.

▲ Rudbeckia fulgida var. deamii
Sonnenhut

Größe nach einem Sommer: 60 x 30 cm
Ausgewachsen: 70 x 45 cm
Diese Staude, die im Spätsommer und Herbst für Farbe sorgt, besitzt große, margeritenartige, tiefgelbe Blüten mit dunkelbrauner Mitte. Besonders beeindruckt sie in Kombination mit der lavendelblauen *Aster* x *frikartii* 'Mönch'. Am besten gedeiht der Sonnenhut in feuchten Böden, obwohl diese Art Trockenheit besser ver-

trägt als die meisten anderen. Die Pflanze liebt volle Sonne, kommt aber auch im Halbschatten zurecht.

▲ Verbena bonariensis

Verbene

Größe nach einem Sommer: 1,5 m x 20 cm
Ausgewachsen: 1,8 x 30 cm
Diese hohe, schlanke Pflanze trägt kleine Dolden kräftig violetter Blüten auf steifen, dünnen Stängeln, wodurch sie sich für den Beetvorder- wie -hintergrund eignet. Sie blüht den ganzen Sommer, und im Winter bilden die rostbraunen Samenstände einen Blickfang. Die Verbene samt sich selbst aus, vermehrt sich jedoch nicht übermäßig stark. Sie liebt Sonne oder Halbschatten sowie einen halbwegs durchlässigen Boden.

BODENDECKER

Diese Pflanzen breiten sich rasch flächig aus, was einem neu angelegten Garten nicht nur schnell ein „gereiftes" Aussehen verleiht, sondern auch Unkräuter unterdrücken hilft und somit den Pflegeaufwand verringert. Bodendecker sollten je nach Platz in Gruppen von drei, fünf oder sieben Stück gepflanzt werden. Schon nach kurzer Zeit verweben sie sich miteinander und bilden einen undurchdringlichen Teppich.

▲ Campanula poscharskyana 'E. H. Frost'

Hängepolster-Glockenblume

Höhe und Ausbreitung nach einem Sommer: 15 x 40 cm
Ausgewachsen: 20 cm x 1 m
Diese Glockenblume bildet Polster frisch grüner Blätter, aus denen lange Triebe wachsen, die sehr schnell den Boden überziehen. Das Wachstum lässt sich jedoch leicht eindämmen, indem man einfach das „Zuviel" mit der Hand ausrupft und so den Ausbreitungsdrang bremst, ohne die Polster selbst zu beschädigen. Anders als bei der Art mit ihren sternförmigen malvenblauen Blüten sind die Blüten der Sorte 'E. H. Frost' eisblau. Zudem breitet sie sich weniger stark aus als die Art selbst. Sie wächst in der Sonne oder im Halbschatten

und in den meisten Böden, außer sehr nassen. Auch in Mauerritzen oder in den Fugen zwischen Pflastersteinen fühlt sie sich recht wohl.

▲ Galium odoratum

Waldmeister

Größe nach einem Sommer: 15 x 45 cm
Ausgewachsen: 15 cm x unendlich
Dieser hervorragende Bodendecker wächst sehr rasch in die Breite und bildet schon bald einen Teppich aus schönen, frisch grünen Blattquirlen. Im späten Frühjahr und im Frühsommer entwickeln sich duftende, sternförmige weiße Blüten. Da sich der Waldmeister unentwegt ausbreitet, müssen Sie mit dem Spaten eingreifen, wenn er das ihm zugedachte Revier verlässt. Als Waldpflanze liebt er feuchten Boden und lichten Schatten. Waldmeister eignet sich gut für formale Pflanzungen, etwa für ein rundes, von Ziegelsteinen begrenztes Beet, oder auch nicht formal als Unkraut unterdrückender Bodendecker unter Gehölzen.

▲ Geranium macrorrhizum

Felsenstorchschnabel

Größe nach einem Sommer: 25 x 30 cm
Ausgewachsen: 20 cm x 1,2 m
Dieses Mitglied der robusten Familie der Storchschnabelgewächse eignet sich besonders gut für den schwierigsten aller Standorte, den trockenen Bereich im Baumschatten. Die Pflanze besitzt attraktive, bogig gelappte Blätter, die beim Zerreiben einen moschusartigen Geruch verströmen und im Herbst oft einen rötlichen Ton annehmen. Im späten Frühjahr erscheinen je nach Sorte kleine Blüten in Magenta ('Bevan's Variety'), Pink ('Ingwersen's Variety') oder Rötlichweiß ('Album'). Sie gedeiht in den meisten Böden und bei allen Lichtverhältnissen.

GRÄSER

Gräser stellen genau das richtige „Material" für den ungeduldigen Gärtner dar, denn sie wachsen schnell, breiten sich aber bis auf wenige Ausnahmen nicht unmäßig aus. Ob immergrün oder nicht, eines ist allen

Gräsern gemeinsam: Sie behalten ihren Zierwert über einen langen Zeitraum. Selbst im Winter sind die abgestorbenen Stängel noch sehr dekorativ. Auch als Kübelpflanzen lassen sich Gräser sehr gut einsetzen.

▲ Calamagrostis x acutiflora 'Karl Foerster'

Moor-Reitgras

Größe nach einem Sommer: 1,8 m x 30 cm
Ausgewachsen: 1,8 m x 60 cm
Ein straff aufrecht wachsende Gras mit zartem mittelgrünem Laub. Im Frühsommer trägt es bräunlich pinkfarbene Blüten, die nach und nach ins Braungelbe übergehen. Die verwelkten Stängel und Blätter nehmen ein attraktives blasses Goldgelb an und geben dem Garten im Winter Struktur. Mit Reif bedeckt, bieten sie im Licht der Wintersonne einen wunderbaren Anblick. Schneiden Sie alles Abgestorbene zurück, sobald sich im Frühjahr die ersten neuen Triebe zeigen.

▲ Miscanthus sinensis 'Silberfeder'

Chinaschilf

Größe nach einem Sommer: 2 m x 30 cm
Ausgewachsen: 2,5 x 1,2 m
Ein attraktives Gras mit schlanken, überhängenden mittelgrünen Blättern, über denen sich im Spätsommer und Frühherbst aufrechte silbrige Blütenstände erheben. Sie verbleiben den Winter über an der Pflanze und geben dem Garten mehr Struktur. Entfernen Sie im Frühjahr alles Abgestorbene. Das Chinaschilf bevorzugt Sonne und feuchten, aber durchlässigen Boden. Es verträgt auch trockenere Böden, allzu nassen hingegen nicht.

▲ Miscanthus sinensis 'Malepartus'

Chinaschilf

Diese Sorte des Chinaschilfs ähnelt 'Silberfeder' (siehe oben); ihre Blütenstände zeigen jedoch eine kräftige rostrote Färbung, die im Herbst in einen Goldbraun-Ton übergeht. Außerdem gewöhnt 'Malepartus' sich nach der Pflanzung am neuen Standort etwas schneller ein.

▲ *Molinia caerulea* subsp. *arundinacea* 'Windspiel'

Rohr-Pfeifengras

Größe nach einem Sommer: 1,8 m x 20 cm
Ausgewachsen: 2,5 m x 30 cm

Ein weiteres ausdauerndes, hohes und schlankes Gras mit mittelgrünen Blättern. Es bildet vom Frühsommer an spitze, purpurrot bis braun gefärbte Blütenähren aus, die sich im Herbst goldbeige verfärben. Den Namen 'Windspiel' trägt die Sorte zu Recht, denn die Blütenstände wiegen sich in der zartesten Brise. Die Pflanze liebt feuchten, aber durchlässigen Boden sowie Sonne oder Halbschatten.

▲ *Stipa arundinacea*

Federgras

Größe nach einem Sommer: 60 x 60 cm
Ausgewachsen: 1 x 1,2 m

Dieses eindrucksvolle immergrüne Gras gleicht einer Fontäne aus hellgrünen, orangefarben gestreiften Blättern; von Hochsommer bis Frühherbst kommen noch Wolken zarter, kupferfarbener Samenstände hinzu. Am schönsten färbt es sich an einem sonnigen Standort, gedeiht aber auch im Schatten. Es fühlt sich in den meisten Böden wohl außer in sehr schweren, nassen.

ZWIEBELGEWÄCHSE

Zwiebelgewächse eignen sich für Ungeduldige besonders gut, denn viele sind bereits in voller Blüte als Topfpflanzen erhältlich – man sieht also gleich, was man kauft. Nehmen Sie den Wurzelballen vorsichtig aus dem Topf und setzen Sie ihn in die Erde oder in ein dekoratives Pflanzgefäß. Sie können den Topf aber auch mit eingraben und die Zwiebeln nach der Blüte auspflanzen. Sofern Ihre Ungeduld es zulässt, können Sie auch schon im Herbst die Zwiebeln von Frühlingsblühern einsetzen, um einige Monate später die farbenprächtigen Früchte Ihrer Arbeit zu ernten. Frühlingsblühende Zwiebelgewächse sind überall dort ideal, wo der Platz begrenzt ist, denn sie ziehen nach der Blüte ihre Blätter ein (was man ihnen erlauben muss, weil die Blätter die Nahrung für die Blüten des

Folgejahres bilden) und schaffen so Raum für Sommerblumen.

▲ *Allium christophii*

Sternkugel-Lauch

Größe nach einem Sommer: 60 x 15 cm
Ausgewachsen: 60 x 15 cm

Lauchgewächse sind nicht ohne Grund in Mode; sie setzen zweifelsohne in jedem Beet interessante Akzente. Diese Art hat lange schlanke Stängel, auf denen im späten Frühjahr und im Frühsommer grapefruitgroße Blütenkugeln sitzen, jede aus einer Unzahl kleiner, silbrig malvenfarbiger sternförmiger Blüten bestehend. Sobald diese absterben, nehmen die Köpfe ein zartes Hellbraun an. Sie büßen dabei kaum an Attraktivität ein, sodass sie ruhig an der Pflanze bleiben dürfen. Dieser Lauch benötigt einen einigermaßen durchlässigen Boden sowie einen sonnigen Standort. Da er nur wenig Platz einnimmt, passt er gut zwischen andere Pflanzen.

▲ *Anemone blanda* 'White Splendour'

Balkan-Windröschen

Größe nach einem Sommer: 15 x 15 cm

Genau genommen keine Zwiebel, sondern eine Knolle. Sie bringt sich ausbreitende Polster frisch grüner, gefiederter Blätter hervor, über denen im Frühling große weiße margeritenartige Blüten erscheinen. Unter günstigen Bedingungen entsteht so rasch ein dichter Teppich, der im Frühsommer einzieht und im nächsten Frühjahr wiederkehrt.

▲ *Iris reticulata*

Kleine Netzblattiris

Größe nach einem Sommer: 10–15 x 5 cm

Eine sehr attraktive Miniatur-Schwertlilie mit tiefblauen samtigen Blüten und einem goldenen Fleck auf jedem Blütenblatt. Mitunter blüht sie schon im Januar. Besonders gut wirkt sie zwischen niedrigen Bodendeckern wie Elfenblumen oder Immergrün. Auch in Töpfen bietet sie in ausreichend großer Zahl einen bezaubernden Anblick.

▲ *Narcissus* 'Hawera'

Narzisse

Größe in einer Saison: 25 x 7,5 cm

Eine ausgezeichnete Zwergnarzisse für kleine Gärten oder Pflanzgefäße, die im späten Frühjahr Büschel nickender kanariengelber Blüten hervorbringt. Setzen Sie die Zwiebeln am besten in großer Zahl und lassen Sie den Blättern nach der Blüte sechs Wochen Zeit, um einzuziehen, damit sie der Zwiebel genügend Nährstoffe für die Blüte des Folgejahres zuführen können. Unter Laub abwerfenden Sträuchern oder zwischen Stauden gepflanzt, lenken diese Zwergnarzissen von dem trockenen Laub ab.

EINJÄHRIGE

Einjährige Pflanzen wachsen in einem einzigen Gartenjahr heran, blühen, bilden Samen und sterben ab. Sie bringen schnell und unkompliziert Farbe in einen neuen Garten oder in existierende Beete. Winterharte einjährige Pflanzen, die direkt in die Erde gesät werden, sind sehr leicht zu ziehen und blühen oft schon nach 10–12 Wochen. Frostempfindliche Einjährige sind auch als vorgezogene Pflänzchen erhältlich; sie dürfen aber erst ins Freiland, wenn keine Frostgefahr mehr besteht.

★ *Calendula* 'Indian Prince'

Ringelblume

Größe in einer Saison: 45–60 x 25 cm

Als eine der schnellsten Einjährigen braucht die Ringelblume von der Aussaat bis zur Blüte nur etwa acht Wochen. Diese Sorte hat kräftig orangefarbene Blüten und sieht sowohl allein als auch neben tiefblauen Blumen wie Jungfer im Grünen oder Kornblumen wunderschön aus. Ihre Blüten sind essbar und geben jedem Salat einen optischen „Kick". Die Ringelblume samt sich sehr leicht selbst aus.

★ *Centaurea cyanus* 'Black Ball'

Kornblume

Größe in einer Saison: 60–90 x 20 cm

Diese moderne Ausgabe der altbekannten und beliebten Cottage-Garten-Pflanze zieren sehr dunkelrote, fast schon schwarze Blüten – ein derzeit sehr moderner Farbton. Im Unterschied zur blauen Kornblume verblassen die Blüten mit zunehmendem Alter nicht.

★ *Eschscholzia californica*

Kalifornischer Mohn

Größe in einer Saison: 25 x 20 cm
Eine ausgezeichnete Einjährige für magere, trockene Böden oder Kiesböden in der Sonne. Sie besitzt farnartige graue Blätter und papierähnliche Blüten in Feuerrot bis Cremeweiß. Der Kalifornische Mohn samt sich leicht im Boden und in Pflasterfugen aus, und in sehr milden Wintern können durchaus ein paar Pflanzen überleben. Ausgezeichnete Sorten sind die scharlach-rot-orangefarbene 'Inferno', die leuchtende 'Orange King' und die eher blasse 'Jersey Cream'. Als kleinere Sorte empfiehlt sich auch die blassgelbe 'Moonlight'.

★ *Helianthus annuus*

Sonnenblume

Größe in einer Saison: 2 m x 30 cm
Die beste schnell wachsende Einjährige überhaupt. Neben der klassischen, großen gelben Variante lohnen sich auch die mahagonifarbene 'Velvet Queen' oder die limonengelbe 'Italian White'; beide bleiben mit rund 1,5 m Höhe etwas kleiner. Säen Sie die Samen in der Frühjahrsmitte direkt in den Boden oder in einem ausreichend großen Topf aus.

★ *Limnanthes douglasii*

Sumpfblume

Größe in einer Saison: 15 x 10 cm
Diese einjährige Pflanze bringt kleine, in der Mitte leuchtend gelbe, am Rand weiße Blüten hervor. Besonders gut macht sie sich im vorderen Teil eines Beets an einem sonnigen Standort. Auch sie samt sich selbst aus; einmal ausgesät, brauchen Sie sich um Folgesaaten nie mehr zu kümmern.

★ *Lupinus* subsp. *cruckshanski* 'Sunrise'

Lupine

Größe in einer Saison: 1 m x 25 cm
Über blaugrünem Blattwerk erscheinen hohe Blütenähren in Blau, Weiß und Gelb. In großen Gruppen wirkt diese Lupine am besten. An Licht- und Bodenverhältnisse stellt sie keine besonderen Ansprüche.

★ *Nigella damascena* 'Miss Jekyll'

Jungfer im Grünen

Größe in einer Saison: 45 x 15 cm
Mit ihrem fein gefiederten Laub und den tiefblauen Blüten, gefolgt von hellbraunen, wie filigran eingefasste Edelsteine anmutenden Samenkapseln stellt die Jungfer im Grünen eine der besten winterharten Einjährigen dar. Sie bevorzugt volle Sonne und samt sich selbst aus. Wer sie im nächsten Jahr möglichst früh in Blüte sehen möchte, sät sie schon im Herbst aus.

★ *Papaver rhoeas* 'Mother of Pearl' und 'Angels' Choir'

Klatschmohn

Größe in einer Saison: 30 x 10 cm/ 70–90 x 15 cm
Diese Mischungen zeichnen sich durch Blüten in zarten Pastelltönen aus, von Weiß und Blassrosa über Pfirsichfarben, Hellblau und Lavendel bis hin zu Grau. Heben Sie Samenkapseln Ihrer Lieblingsfarben für die Aussaat im nächsten Jahr auf. Der Klatschmohn liebt gut durchlässigen Boden und volle Sonne.

ESSBARE ZIERPFLANZEN

★ Feuerbohne

Größe in einer Saison: 2,5 m
Diese attraktive einjährige Kletterpflanze besticht durch feuerrote Blüten und hellgrüne Blätter und ist natürlich essbar. Ziehen Sie sie zu Frühjahrsbeginn aus Samen oder ein paar Wochen später aus Jungpflanzen und lassen Sie sie entweder an einem Zaun oder an zeltartig aufgestellten Stangen hochranken.

★ Zucchini

Größe in einer Saison: 45 x 80 cm
In einem neuen Garten sind Zucchini hervorragende Lückenfüller mit ihren großen, eindrucksvollen Blättern, den essbaren orangefarbenen Blüten und nicht zuletzt ihren Früchten. Sie lassen sich auch in großen Pflanzkübeln mit nährstoffreicher Erde ziehen.

DIE UNBEZÄHMBAREN – SCHNELLWÜCHSIGE PFLANZEN, DIE MAN BESSER MEIDET

Die hier aufgeführten Pflanzen gehören unleugbar zu den besonders Schnellwüchsigen. Ihr Ausbreitungsdrang kennt jedoch kaum Grenzen, was rasch zu Problemen führen kann.

Akebia quinata
[Fingerblättrige Akebie]

x Cupressocyparis leylandii
[Leylandzypresse]

Fallopia baldschuanica
[Schlingknöterich]

Lamium galeobdolon
[Echte Goldnessel]

Miscanthus sacchariflorus
[Chinaschilf]

Rosa filipes 'Kiftsgate'
[Kletterrose 'Kiftsgate']

Sedum acre
[Scharfer Mauerpfeffer]

Mittelschneller Wuchs

Viele Pflanzen hinterlassen bereits im ersten Gartenjahr einen akzeptablen Eindruck, entwickeln ihre volle Leistung aber erst im zweiten und dritten Jahr. Auch hier hängt die Größe nach dem ersten Sommer zu einem gewissen Teil von der Größe beim Pflanzen ab, allerdings in geringerem Maße als bei den schnellwüchsigen Pflanzen.

KLETTERPFLANZEN/ STRÄUCHER FÜR MAUERN

Von den vielen verschiedenen Klematis-Arten und -Sorten, die als Pflanzen von „mittelschnellem" Wuchs gelten können, habe ich die unkompliziertesten ausgesucht. Alle bevorzugen fruchtbaren, feuchten, aber nicht nassen Boden, den „Kopf" in der Sonne und die Wurzeln im Schatten. Darüber hinaus habe ich noch ein paar andere Kletterer ausgewählt, die ebenfalls zu dieser Kategorie gerechnet werden können.

Clematis alpina 'Frances Rivis'
Alpenwaldrebe
Größe nach 2 bis 3 Jahren: 2 x 1,5 m
Ausgewachsen: 3 x 2 m
Eine sehr schöne frühlingsblühende Klematis mit nickenden Glockenblüten, außen blau und in der Mitte weiß. Sie hat leuchtend grüne, farnartige Blätter. Rückschnitt ist kaum erforderlich – entfernen Sie abgestorbene oder beschädigte Triebe und schneiden Sie ansonsten nur, wenn die Pflanze zu groß wird. Der Schnitt sollte nach der Blüte erfolgen. Diese Klematis eignet sich auch gut zum Beranken hoher Sträucher oder Rosen.

Clematis 'Bill MacKenzie'
Waldrebe
Größe nach 2 bis 3 Jahren: 5 x 2 m
Ausgewachsen: 7 x 3 m
Dies ist eine Waldrebe von sehr viel stärkerem Wuchs; sie trägt vom Hochsommer an unzählige kleine, offene, glockenförmige hellgelbe Blüten. Nach dem Abblühen verwandeln sich diese in silbrige, flaumige

Jungfernrebe (Parthenocissus henryana)

Fruchtstände. Ohne Rückschnitt wird diese Klematis leicht zu einem verholzten Gestrüpp; kürzen Sie sie deshalb im Frühjahr um zwei Drittel ein, denn so bilden sich rasch neue Triebe, die noch im selben Sommer reichlich Blüten tragen.

Clematis macropetala
'Markham's Pink'
Waldrebe

Größe nach 2 bis 3 Jahren: 2 x 1,5 m
Ausgewachsen: 3 x 2 m
Diese Waldrebe ähnelt *C. alpina* in Form und Blütezeit sehr. Die Sorte blüht rosa, aber es gibt auch blauweiße oder ganz weiße. Wachstumsbedingungen und Pflege entsprechen weitgehend denen von *C. alpina*.

Clematis texensis
'Gravetye Beauty'
Waldrebe

Größe nach 2 bis 3 Jahren: 2,5 x 1 m
Ausgewachsen: 2,5 x 1 m
Eine weitere spät blühende Klematis mit nickenden, kräftig rubinroten tulpenförmigen Blüten. Wo sie sich wohl fühlt, blüht diese Waldrebe überreichlich. Behandeln Sie sie wie *C. viticella* (siehe unten).

Clematis viticella
'Purpurea Plena Elegans'
Waldrebe

Größe nach 2 bis 3 Jahren: 3 x 1 m
Ausgewachsen: 3 x 1 m
Diese besonders schöne Klematis besitzt kleine, wie gekräuselt wirkende, pomponförmige Blüten in kräftigem Purpur, die an verblichenen Samt erinnern. Sie blüht vom Hochsommer bis in den Herbst. Es gibt noch andere gute Viticella-Hybriden, etwa die weiße 'Alba Luxurians', die blasslilafarbene 'Betty Corning' und die weinrote 'Madame Julia Correvon'. Die Viticella-Hybriden sind sehr leicht zu schneiden. Nehmen Sie sie einfach zu Frühjahrsbeginn bis auf das erste Paar dicker Knospen rund 15 cm über dem Boden zurück, und die Pflanzen wachsen im folgenden Sommer ebenso üppig wie im Vorjahr. Sie sind bestens zum Beranken von Sträuchern geeignet, die im Frühling oder im Frühsom-mer blühen. Da die Klematis im Frühjahr bis auf Bodenhöhe zurückgeschnitten werden, kommen sie den Blüten dieser Sträucher nicht in die Quere.

Cytisus battandieri
Geißklee

Größe nach 2 bis 3 Jahren: 3,5 x 3,5 m
Ausgewachsen: 7,5 x 7,5 m
In milden Gebieten entwickelt sich diese Pflanze zu einem sehr großen Strauch, der gut vor eine hohe Mauer passt. Vom Früh- bis zum Hochsommer schmücken ihn neben den filzigen, silbrig grünen Blättern auch Trauben goldgelber, nach reifer Ananas duftender Blüten. Der Geißklee mag es nicht, wenn sein altes Holz zurückgeschnitten wird; falls nötig, sollten Sie deshalb besser die neuen Triebe unmittelbar nach der Blüte kappen. Der Strauch mag gut durchlässigen, aber feuchten und nicht zu nährstoffreichen Boden. Er braucht einen warmen Standort mit genügend Sonne und Schutz vor kalten Winden.

Hedera helix 'Goldheart'
Efeu

Größe nach 2 bis 3 Jahren: 2,5 x 1,5 m
Ausgewachsen: 7,5 x 6 m
Dieser Efeu ist ideal für schattige Mauern oder Zäune, denn der goldene Fleck in der Mitte der dunkelgrünen, dreilappigen immergrünen Blätter bringt gewissermaßen seinen eigenen Sonnenschein mit. Nur die jungen Triebe können mit ihren Haftwurzeln klettern; lassen Sie bei neu gekauften Pflanzen daher den Stab stecken, der die vorhandenen Triebe stützt, bis sich die neuen selbst anheften können. Das Pflanzenkleid wächst rascher, wenn Sie ein paar Triebe unter der Mauer bzw. dem Zaun auf den Boden legen. An jedem Blattpaar bilden sich Wurzeln, aus denen bald neue Triebe sprießen, die nach oben klettern. Der Efeu benötigt feuchten Boden und wächst in voller Sonne wie im tiefen Schatten, wenn auch buntblättrige Sorten im Schatten etwas weniger leuchtend ausfallen. Schneiden Sie den Efeu nur, wenn er sich zu sehr ausbreitet oder um ältere aufrechte Triebe zu entfernen, deren Blätter sich deutlich von denen der jungen, kletternden unterscheiden. Außerdem sollten Sie alle einfarbig grünen Triebe sofort abschneiden.

Jasminum officinale
Echter Jasmin

Größe nach 2 bis 3 Jahren: 3,5 x 3,5 m
Ausgewachsen: 11 x 11 m
Vom Hochsommer bis in den Frühherbst trägt der Jasmin seine herrlich duftenden weißen Blüten. Zwar wächst er im ersten Jahr eher langsam, doch kann er später in einem einzigen Sommer bis zu 3 m zulegen. Mit seinem unregelmäßigen Wuchs empfiehlt sich der Jasmin eher für nicht formale Pflanzungen – etwa an einem Baum statt sauber über einen Rankbogen geführt. Er mag volle Sonne oder allenfalls ein wenig Schatten und kommt an allen Standorten zurecht, außer an sehr stark exponierten. Er wächst in den meisten Böden, am besten jedoch in feuchten, aber gut durchlässigen. Geben Sie dem Jasmin eine Kletterhilfe, etwa ein Spalier, und sorgen Sie im Winter für ausreichenden Schutz vor der Kälte.

Lonicera periclymenum
'Graham Thomas'
Waldgeißblatt

Größe nach 2 bis 3 Jahren: 2 x 2 m
Ausgewachsen: 7 x 7 m
Die vorgestellte Sorte erfreut vom Frühsommer bis in den Herbst durch ihre stark duftenden, gelbweißen Blüten. Ebenso empfehlenswert sind – wegen der langen Blütezeit besonders in einer gemeinsamen Pflanzung – 'Belgica' und 'Serotina', beide mit cremeweißen, von Rot beziehungsweise dunklem Purpurrot durchzogenen Blüten. Alle genannten Sorten benötigen zum Klettern Drähte oder Rankgitter. Als Waldpflanzen bevorzugen sie lichten Schatten, vertragen aber auch volle Sonne, solange die Wurzeln einigermaßen beschattet sind. Nach drei Jahren – und von da ab in jedem Folgejahr – sollten Sie ein Drittel des alten Holzes bis hinunter zur Basis herausnehmen. Dadurch erhalten Sie nicht nur eine dauerhaft kräftige Pflanze, sondern verhindern auch einen allzu wirren Wuchs.

Parthenocissus henryana

Jungfernrebe

Größe nach 2 bis 3 Jahren: 2,5 x 2,5 m
Ausgewachsen: 6 x 6 m

Diese Jungfernrebe besticht nicht nur durch ihre intensive orangerote Herbstfärbung, sondern auch durch attraktive, tief gelappte Blätter in kräftigem Samtgrün, von silbrigen Adern durchzogen. Dank der Haftscheiben an ihren Ranken benötigt sie keine Kletterhilfe. Wird sie an einer Mauer gezogen, nimmt man im zeitigen Frühjahr das Holz des Vorjahrs bis auf wenige Augen über dem alten Stamm zurück, um einen fächerförmigen Wuchs zu fördern. Ansonsten ist kein Rückschnitt erforderlich. Die Jungfernrebe bevorzugt einen schattigen Standort; sie braucht nährstoffreichen, feuchten Boden und sollte im Kalthaus überwintert werden. Robuster ist der Wilde Wein (*P. quinquefolia*), der zudem besonders spektakuläre Herbstfarben aufweist.

Pyracantha

Feuerdorn

Größe nach 2 bis 3 Jahren: 2 x 1,2 m
Ausgewachsen: 4 x 3 m

Der Feuerdorn, ein immergrüner Strauch, ist ein bevorzugtes Gehölz für schattige Lagen. Neben den glänzenden Blättern, die ihn das ganze Jahr über zieren, schmücken ihn im Frühsommer schöne weiße Blüten und schließlich im Herbst und Winter Büschel gelber, orangefarbener oder scharlachroter Beeren. Am besten kommt der Strauch flach an einer Mauer oder einem Zaun gezogen zur Geltung; spannen Sie deshalb Drähte zum Anbinden der Seitentriebe und entfernen Sie gegen Ende des Winters alle Triebe, die nach vorn oder hinten weisen. Der Feuerdorn lässt sich auf diese Weise leicht als Spalier oder in Fächerform erziehen. Er fühlt sich in voller Sonne ebenso wohl wie im Schatten, wo er allerdings weniger reich blüht; exponierte Standorte schätzt er jedoch nicht.

KLETTERROSEN

Kletterrosen blühen zwar bereits im ersten Jahr, sie brauchen jedoch noch ein oder zwei Jahre mehr, um sich voll zu entwickeln. Es gibt Hunderte von Sorten; ich habe aus dem riesigen Angebot einige ausgesucht, die sich zum einen durch eine lange Blütezeit auszeichnen, zum anderen durch Krankheitsresistenz. Was den Rückschnitt anbelangt, gilt für alle das Gleiche: Entfernen Sie in den ersten drei oder vier Jahren lediglich das abgestorbene Holz und danach zu Frühjahrsbeginn rund ein Drittel des alten Holzes bis knapp über dem Boden. Wiederholen Sie diese Prozedur alle zwei oder drei Jahre. Junge Triebe sollten Sie nicht einfach senkrecht nach oben wachsen lassen, sondern stets waagerecht oder zumindest in eine seitliche Richtung ziehen. Dadurch werden sie angeregt, auf ganzer Länge Blüten tragende Seitentriebe zu bilden.

Alle vorgestellten Rosen blühen am besten in voller Sonne oder allenfalls sehr leichtem Schatten. Sie wachsen in den meisten Böden, sofern diese genügend Nährstoffe enthalten und nicht zu kalkhaltig sind; geben Sie deshalb jedes Frühjahr reichlich organischen Dünger oder anorganischen Rosendünger. Zusätzlich sollten Sie eine dicke Schicht Kompost oder gut verrotteten Mist um die Wurzeln verteilen.

Rosa 'Altissimo' ®
(syn. *R.* 'Delmur')

Größe nach 2 bis 3 Jahren: 2,2 x 1,5 m
Ausgewachsen: 3 x 1,8 m

Diese Rose, die sich bestens für eine Säule oder ein Rankgitter eignet, bringt vom Frühsommer bis in den Herbst hinein zwischen dunkelgrünen Blättern Büschel zart duftender, ungefüllter roter Blüten hervor. Gegenüber Krankheiten ist sie relativ unempfindlich.

Rosa 'Compassion'

Größe nach 2 bis 3 Jahren: 2,5 x 1,5 m
Ausgewachsen: 3 x 1,8 m

Vom Frühsommer bis zum Herbst besticht diese Rose durch große, lachsrosa- bis apricotfarbene Blüten sowie durch stark glänzendes, dunkelgrünes Laub. Mit ihrem eher steifen Wuchs eignet sie sich für Säulen, kann aber ebenso gut fächerförmig an einer Mauer oder einem Zaun gezogen werden, wenn man die neuen Triebe anbindet, solange sie noch biegsam sind. Gegen die meisten Krankheiten ist sie resistent.

Rosa 'Golden Showers'

Größe nach 2 bis 3 Jahren: 2,5 x 1,5 m
Ausgewachsen: 3 x 1,8 m

Eine der besten gelben Kletterrosen überhaupt mit offenen, lockeren Blüten, die von Dottergelb zu Creme verblassen. Sie blüht den ganzen Sommer über bis in den Frühherbst hinein und trägt attraktives dunkelgrün glänzendes Laub. 'Golden Showers' verträgt mehr Schatten als die meisten anderen Rosen und gibt sich auch hinsichtlich der Bodenverhältnisse nicht allzu wählerisch.

Rosa 'Madame Alfred Carrière'

Größe nach 2 bis 3 Jahren: 3 x 3 m
Ausgewachsen: 4,5 x 3 m

Diese stark duftende Rose trägt den ganzen Sommer über Unmengen weißer bis hellrosafarbener Blüten. Mit ihrem kräftigen Wuchs kann sie in einen hohen Baum klettern, sie lässt sich aber auch an einer Mauer oder einem Zaun ziehen, wo sie reicher blüht, wenn ihre Triebe waagerecht verlaufen. Die Sorte kommt mit den meisten Böden zurecht und gedeiht sogar im Schatten recht ordentlich.

Rosa 'New Dawn'

Größe nach 2 bis 3 Jahren: 2,5 x 2 m
Ausgewachsen: 3 x 2,5 m

Eine weitere intensiv duftende Rose mit unzähligen blassrosafarbenen Blüten, die den ganzen Sommer über bis in den Frühherbst hinein erscheinen.

Rosa 'Zéphirine Drouhin'

Größe nach 2 bis 3 Jahren: 2,5 x 1,5 m
Ausgewachsen: 3 x 1,8 m

Eine Rose ohne Dornen – genau das Richtige für Rosenbögen oder Pergolen in Gärten, in denen Kinder spielen, denn es besteht keine Verletzungsgefahr. Sie trägt vom Frühsommer bis in den Herbst hinein stark duftende Blüten in sattem Kirschrosa, und ihre jungen Blätter leuchten im Frühjahr in kräftigem Bronzerot.

STRÄUCHER

Atriplex halimus
Melde
Größe nach 2 bis 3 Jahren: 1,2 x 1,2 m
Ausgewachsen: 1,2 x 1,8 m
Ein sehr attraktiver halbimmergrüner Strauch mit silbrigen Blättern. Die im Spätsommer erscheinenden kleinen Blüten sind eher unscheinbar. Die Melde wächst wild auf Klippen und ist wegen ihrer Salz-Toleranz besonders für Gärten in Meeresnähe geeignet. Sie bevorzugt einen sonnigen Standort und durchlässigen Boden.

Choisya 'Aztec Pearl'
Orangenblume
Größe nach 2 bis 3 Jahren: 1,2 x 1,2 m
Ausgewachsen: 2 x 2 m
Diese Sorte des beliebten immergrünen Strauchs weist schlankere Blätter und größere Blüten auf als die Art. Die Blüten erscheinen von Frühjahr bis Frühsommer und noch einmal im Herbst. Mit ihrem schönen Wuchs, den duftenden Blättern und ihren Blüten empfiehlt sich die Orangenblume speziell für kleinere Gärten. Nach drei Jahren schneidet man etwa ein Drittel der Haupttriebe bis zum Boden zurück. Frost verträgt die Orangenblume kaum, man hält sie daher am besten im Kübel. Sie wächst in Sonne oder Halbschatten und bevorzugt nahrhaften Boden, der die Feuchtigkeit gut hält.

Cistus x corbariensis
Zistrose
Größe nach 2 bis 3 Jahren: 60 x 60 cm
Ausgewachsen: 90 x 90 cm
Ledriges, dunkelgrünes Laub und kleine weiße offene Blüten mit goldgelber Mitte kennzeichnen diesen immergrünen mediterranen Strauch. Er schätzt einen sonnigen Standort sowie durchlässige, aber feuchte Böden und benötigt Winterschutz.

Cotinus 'Grace'
Perückenstrauch
Größe nach 2 bis 3 Jahren: 2 x 2 m
Ausgewachsen: 6 x 5 m
Wolken winziger Blüten und purpurfarbene Blätter, die sich im Herbst leuchtend scharlachrot färben, machen diesen Strauch so beliebt. Er kann sehr groß werden, lässt sich jedoch gut unter Kontrolle halten. Alljährlicher starker Rückschnitt im Frühjahr regt zu kräftigem Neuaustrieb mit besonders leuchtendem Blattwerk an, zieht allerdings auch den Verlust der Blüten nach sich. Gut angewachsene Pflanzen bringen es auf bis zu 2 m Wachstum im Jahr. Das Laub färbt sich am schönsten in voller Sonne. Der Perückenstrauch wächst auf den meisten Böden, am wohlsten fühlt er sich aber in feuchtem, doch gut durchlässigem Untergrund.

Cytisus x kewensis
Zwerg-Elfenbeinginster
Größe nach 2 bis 3 Jahren: 30 x 80 cm
Ausgewachsen: 30 cm x 1,5 m
Ein kleinwüchsiger Strauch mit langen, überhängenden Zweigen, die im Frühjahr über und über mit cremeweißen Blüten bedeckt sind. Nach der Blüte verliert er deutlich an Reiz; in kleinen Gärten kann eine spät blühende Klematis – etwa eine Viticella-Hybride – den Strauch umranken und ihm im Hoch- und Spätsommer zusätzliche Attraktivität verleihen. Ebenso eignet sich die ohnehin nicht allzu langlebige Pflanze als Lückenfüller, den man nach ein paar Jahren wieder entfernt. Der Strauch bevorzugt volle Sonne und wächst auf den meisten Böden außer auf sehr flachem, kalkhaltigem Untergrund.

Elaeagnus x ebbingei 'Limelight'
Größe nach 2 bis 3 Jahren: 1,5 x 1,2 m
Ausgewachsen: 3 x 3 m
Diese Ölweide ist ein hübscher immergrüner Strauch mit gelbbunten Blättern. Sie gedeiht in der Sonne wie im Halbschatten, wo sie ihre Umgebung im Winter ein wenig aufhellt. Im Herbst bildet sie kleine, unscheinbare, aber wohlriechende Blüten aus. Ein Rückschnitt im Frühjahr hält den Strauch unter Kontrolle und fördert einen buschigeren Wuchs. Abgesehen von sehr kalkigen oder trockenen Böden kommt die Ölweide mit fast jedem Substrat zurecht.

Elaeagnus 'Quicksilver'
Ölweide
Größe nach 2 bis 3 Jahren: 1,2 x 1,2 m
Ausgewachsen: 3 x 3 m
Eine sommergrüne Ölweide mit eleganten, schlanken, lanzettförmigen Blättern, deren intensives Silber vor dem Laubfall im Herbst in Gelb übergeht. Die kleinen gelben Blüten besitzen zwar keinen großen Zierwert, verströmen aber im Sommer einen köstlichen Duft. Der Strauch wächst in allen Böden, die nicht zu trocken sind, und benötigt einen sonnigen Standort. Er gedeiht zwar auch bei weniger Sonne, wächst dann aber zum Licht hin.

Fatsia japonica
Zimmeraralie
Größe nach 2 bis 3 Jahren: 1,8 x 1,5 m
Ausgewachsen: 4 x 4 m
Diese immergrüne Pflanze bringt einen Hauch von Dschungel in jeden schattigen Garten. Sie besitzt große, glänzende, handförmige Blätter und eigenartige, an Golfbälle erinnernde weiße Blüten, auf die Büschel schwarzer Beeren folgen. Die Zimmeraralie braucht an sich keinen Rückschnitt; sollte sie jedoch zu groß werden, erholt sie sich selbst von einer radikalen Kürzung recht schnell. Als frostempfindliche Pflanze hält man sie am besten im Kübel; sie bevorzugt Schatten oder Halbschatten und verträgt die meisten Böden.

Forsythia x intermedia 'Lynwood'
Forsythie
Größe nach 2 bis 3 Jahren: 2 x 1,5 m
Ausgewachsen: 4 x 3,5 m
Mit ihrem Feuerwerk leuchtend gelber Blüten, die schon vor dem Austrieb der Blätter erscheinen, gehört die Forsythie zu den beliebtesten Frühlingsblühern unter den Sträuchern. Damit sie nicht zu sehr ausufert, entfernt man nach drei bis vier Jahren unmittelbar nach der Blüte etwa ein Drittel des alten Holzes. Die Forsythie fühlt sich in voller Sonne oder lichtem Schatten wohl und gedeiht auf den meisten Böden.

Genista aetnensis

Ätna-Ginster

Größe nach 2 bis 3 Jahren: 2 x 2 m
Ausgewachsen: 4,5 x 4,5 m

Dieser offen wirkende, anmutig überhängende Strauch ist vom Hoch- bis in den Spätsommer von duftenden gelben Schmetterlingsblüten bedeckt. Er hat schlankes, eher spärliches graugrünes Laub und gibt dem Garten auch außerhalb der Blüte einen mediterranen Touch. Da er Rückschnitt nicht schätzt, gesteht man ihm von Anfang an genügend Raum zu, zumal er als Solitär ohnehin am schönsten ist. Der Ätna-Ginster bevorzugt volle Sonne und leichten, durchlässigen Boden.

Hebe 'Marjorie'

Strauchveronika

Größe nach 2 bis 3 Jahren: 80 cm x 1 m
Ausgewachsen: 1,2 x 1,5 m

Diese Sorte, eine der robustesten der immergrünen Spezies, trägt vom Hochsommer bis zum Frühherbst blauviolette Blütentrauben. Sie bildet einen kompakten, rundlichen Strauch, der keinen Rückschnitt erfordert; lediglich alles Abgeblühte sollte entfernt werden. Wie alle Strauchveroniken gedeiht sie am besten in durchlässigem, nicht zu trockenem Boden und braucht einen sonnigen oder halbschattigen, warmen Standort sowie im Winter Schutz vor der Kälte.

Hydrangea arborescens 'Annabelle'

Hortensie

Größe nach 2 bis 3 Jahren: 1 x 1 m
Ausgewachsen: 2 x 2,5 m

'Annabelle' bildet sehr große, cremeweiße Blütenstände, die in den ersten ein, zwei Jahren fast zu schwer sind. Leichter Schatten ist günstig; an vollschattigen Plätzen werden die Blüten grünstichig. Die Pflanze bevorzugt einen geschützten Standort und nahrhaften, feuchten, aber durchlässigen Boden. Rückschnitt ist nicht erforderlich – die Blütenstände dürfen von selbst abfallen, denn darunter sitzen schon die Knospen, aus denen sich die Blüten des nächsten Jahres entfalten.

Hypericum 'Hidcote'

Johanniskraut

Größe nach 2 bis 3 Jahren: 60 x 60 cm
Ausgewachsen: 1,2 x 1,5 m

Vom Hochsommer bis in den Frühherbst zieren diese Johanniskraut-Hybride Unmassen flacher gelber Blüten. Ein regelmäßiger Rückschnitt ist nicht erforderlich; fällt jedoch im Winter der eine oder andere Trieb dem Frost zum Opfer, sollten Sie diese zu Beginn des Frühjahrs natürlich entfernen.

Lonicera nitida 'Baggesen's Gold'

Heckenkirsche

Größe nach 2 bis 3 Jahren: 1 x 1,2 m
Ausgewachsen: 1,5 x 1,5 m

Diese goldgelbe, kleinblättrige Immergrüne ist ein nützliches Gehölz für Hecken; kuppel- oder würfelförmig geschnitten, kann sie aber auch im winterlichen Garten zu einem echten Blickfang werden. Sein schönstes Goldgelb entwickelt das Laub bei voller Sonneneinstrahlung; im Schatten nimmt es eher eine limonengrüne Färbung an. Die Pflanze kommt in den meisten Böden zurecht, sofern diese nicht extrem nass oder trocken sind.

Melianthus major

Honigstrauch

Größe nach 2 bis 3 Jahren: 1,5 x 1,5 m
Ausgewachsen: 2,5 x 2 m

Diese attraktive immergrüne Blattpflanze aus Südafrika braucht einen warmen Sommer, um ihr Potenzial voll auszuschöpfen. Auffallend schön sind ihre großen blaugrünen, tief gesägten Blätter. Nach einem heißen und trockenen Sommer erscheinen im Folgejahr eigenartige, rostbraune Blütenstände. Der Honigstrauch braucht einen warmen, geschützten Standort, etwa in voller Sonne vor einer Mauer, und durchlässigen, aber feuchten Boden. Wegen seiner Frostempfindlichkeit nimmt man ihn in kühleren Gegenden im Winter besser aus dem Boden.

Philadelphus 'Manteau d'Hermine'

Sommerjasmin, Pfeifenstrauch

Größe nach 2 bis 3 Jahren: 75 x 75 cm
Ausgewachsen: 90 cm x 1,2 m

Einer der kleinsten Pfeifensträucher, gut geeignet für einen durchschnittlich großen Garten, mit den gleichen typischen, köstlich duftenden Blüten wie die größeren Verwandten. Hier sind sie cremeweiß und gefüllt und öffnen sich in großer Zahl im Früh- und Hochsommer. Ist die Pflanze drei Jahre alt, sollten Sie jeden Sommer unmittelbar nach der Blüte rund ein Drittel des alten Holzes entfernen, um den Strauch kräftig und jung zu erhalten. Der Pfeifenstrauch wächst in voller Sonne wie im Halbschatten und verträgt die meisten Böden mit Ausnahme extrem trockener oder nasser Untergründe.

Phormium tenax 'Variegatum'

Neuseeländer Flachs

Größe nach 2 bis 3 Jahren: 1 x 1 m
Ausgewachsen: 2 x 2 m

Dank der schwertförmigen Blätter und der charakteristischen Silhouette in jedem Garten ein Blickfang. Die Sorte 'Variegatum' zeigt gelb und grün gestreifte Blätter. Erwachsene Exemplare bringen im Sommer hohe kastanienbraune Blütenrispen hervor. Der Neuseeländer Flachs benötigt durchlässigen Boden und einen sonnigen Standort; Staunässe und Schatten mag er nicht. Wegen seiner Frostempfindlichkeit eignet er sich am besten als Kübelpflanze. Alte, abgestorbene Blätter sollten hin und wieder entfernt werden. Es gibt weitere Sorten mit farbigen Blättern, von tief purpurroten (Purpureum-Gruppe) über pinkfarbene und cremeweiße bis hin zu weinroten (*P.* 'Dazzler').

Phyllostachys nigra

Schwarzer Bambus

Größe nach 2 bis 3 Jahren: 3 x 1 m
Ausgewachsen: 5 x 3 m

Eine sehr auffällige Pflanze mit kleinen hellgrünen Blättern an überhängenden Halmen, die sich im zweiten und dritten Jahr schwarz färben. Sie gibt einen guten Sichtschutz ab, lässt dabei aber noch reichlich Licht durch, da sie sich schon in der leichtesten Brise wiegt. Sie gedeiht auch gut in einem großen Kübel und benötigt ansonsten einen nährstoffreichen, feuchten, aber zugleich durchlässigen Boden in der Sonne oder in lichtem Schatten. Bei ausreichendem Schutz übersteht der Schwarze Bambus den Winter im Freien.

Pittosporum tenuifolium 'Silver Queen'

Klebsame

Größe nach 2 bis 3 Jahren: 1 x 1 m
Ausgewachsen: 3,5 x 2 m
Ein eleganter immergrüner Strauch mit kleinen, ovalen, graugrünen Blättern mit silbrig weißem Rand und schwarzen Trieben. Da er nicht frosthart ist, verwendet man ihn am besten als Kübelpflanze. Der Strauch benötigt gut durchlässigen Boden und einen hellen Platz; die bunte Zeichnung der Blätter tritt bei voller Sonne deutlicher hervor als bei schattigeren Bedingungen. Regelmäßiger Rückschnitt ist nicht erforderlich.

Potentilla fruticosa 'Daydawn'

Fingerstrauch

Größe nach 2 bis 3 Jahren: 60 x 60 cm
Ausgewachsen: 1 x 1,2 m
Dank seiner unzähligen kleinen Blüten; die ihn den ganzen Sommer über schmücken, ist dieser Strauch sein Geld allemal wert. 'Daydawn' hat pfirsichfarbene Blüten, es gibt aber auch Sorten in anderen Farben, von Weiß über Gelb bis hin zu Orange, Rot oder Pink. Fingersträucher verzweigen sich sehr stark und sollten in jedem Frühjahr um etwa ein Drittel zurückgeschnitten werden. Sie vertragen die meisten Böden außer extrem trockenen oder feuchten und mögen volle Sonne. Die rote 'Red Ace', die orangefarbene 'Sunset' und die pinkfarbene 'Princess' stehen allerdings besser im Halbschatten.

Ribes sanguineum 'King Edward VII'

Blutjohannisbeere

Größe nach 2 bis 3 Jahren: 1,2 x 1 m
Ausgewachsen: 2,2 x 2,5 m
Diese rot blühende Sorte zeigt einen weit kompakteren Wuchs als die Art. Sie bevorzugt volle Sonne oder leichten Schatten und nimmt mit den meisten Böden vorlieb, abgesehen von extrem feuchten oder trockenen. Hat die Pflanze ein Alter von drei Jahren erreicht, entfernt man unmittel-

bar nach der Blüte ein Drittel des alten Holzes. So treibt sie kräftig neu aus und blüht auch im nächsten Jahr wieder reichlich.

Salvia officinalis (Purpurascens-Gruppe)

Echter Salbei

Größe nach 2 bis 3 Jahren: 60 x 75 cm
Ausgewachsen: 75 x 75 cm
Die purpurblättrige Form des Salbeis ist nicht nur ein Küchenkraut, sondern auch eine attraktive Blattpflanze, sehr schön für ein Beet mit Rosa-, Blau- und Silbertönen. Im Sommer erscheinen zudem blauviolette Blüten. Um einen kräftigen, buschigen Wuchs und intensive Laubfarbe zu erzielen, schneidet man im Frühling etwa die Hälfte des vorjährigen Holzes zurück. Der Salbei bevorzugt volle Sonne und nahrhaften, feuchten Boden, toleriert aber auch magerere und trockenere Böden. Nassen, morastigen Boden verträgt er nicht.

Spiraea thunbergii

Spierstrauch

Größe nach 2 bis 3 Jahren: 1 x 1 m
Ausgewachsen: 2 x 2 m
Ein Strauch von anmutigem, überhängendem Wuchs, dessen Zweige im Frühling mit kleinen weißen Blüten bedeckt sind, einer Schneeschicht ähnlich. Sehr attraktiv ist auch das Laub – schlanke, gezähnte, hellgrüne Blätter, die sich im Herbst gelb färben. Entfernen Sie nach der Blüte rund ein Drittel der Blütentriebe, um einen kompakten, buschigen Wuchs zu fördern. Der Spierstrauch bevorzugt einen sonnigen Platz, gedeiht jedoch auch im Halbschatten. Die Bodenansprüche sind gering, zu kalkhaltig sollte das Substrat jedoch nicht sein.

Weigela florida 'Variegata'

Weigelie

Größe nach 2 bis 3 Jahren: 1,2 x 1,2 m
Ausgewachsen: 2,2 x 2,2 m
Diese Weigelie trägt im späten Frühjahr und Frühsommer hübsche blassrosa fingerhutähnliche Blüten, und ihr buntes, grün- und cremefarbenes Blattwerk ziert auch nach der Blüte. Sie ist ein gutes „Klettergerüst" für eine spät blühende, kleinblütige Klematis wie die kirschrosa

'Princess of Wales' oder die blaue 'Prince Charles'. Blüten und Blattfärbung entwickeln sich am besten in der Sonne, leichter bis mittlerer Schatten wird jedoch auch vertragen. An den Boden stellt die Weigelie keine besonderen Ansprüche. Für einen kompakten, kräftigen Wuchs schneidet man im dritten Jahr gleich nach der Blüte ein Drittel des alten Holzes aus.

STRAUCHROSEN

Das Angebot ist so groß, dass es fast unmöglich ist, eine Auswahl zu treffen. Besonders ans Herz legen möchte ich Ihnen David Austins Englische Rosen, die die Farben und Blütenformen der Alten Rosen und die Vorteile neuerer Züchtungen – kompakter Wuchs, mehrmals blühend („remontierend") und widerstandsfähiger gegen Krankheiten – in sich vereinen. Herausragende Sorten sind etwa die gelbe 'Graham Thomas', die zartrosa 'Heritage', die flieder- bis pinkfarbene 'Geoff Hamilton' und die rosarote 'Dark Lady'. Für kleinere Gärten und für Kübel eignen sich zahlreiche Zwergbuschrosen oder Patio-Rosen wie 'The Fairy' mit ihren sehr kleinen, pomponförmigen Blüten in kräftigem Pink, 'Queen Mother' mit offeneren hellrosa Blüten und 'Little White Pet' mit weißen, pomponförmigen Blüten, die aus roten Knospen hervorgehen. Diese Sorten blühen den ganzen Sommer über bis weit in den Herbst hinein.

Rosa chinensis 'Mutabilis'

China-Rose

Größe nach 2 bis 3 Jahren: 1,2 x 1,2 m
Ausgewachsen: 2 x 2 m
Eine nahezu vollkommene Rose. Sie blüht überreich vom Frühsommer an; aus kupfer- bis scharlachroten Knospen gehen karmesinrote Blüten hervor, die allmählich zu einem hellen Apricot verblassen, sodass immer drei Farbtöne gleichzeitig zu bewundern sind. Die jungen Blätter und Triebe sind rot überlaufen, und die Rose bildet einen Strauch von schöner, runder Form. 'Mutabilis' verträgt auch Schatten, doch die größten und schönsten Blüten entwickeln sich an einem sonnigen,

geschützten Ort, und am besten gedeiht sie vor einer warmen Mauer. Im Winter braucht sie etwas Schutz. An das Substrat stellt sie keine besonderen Ansprüche; wie die meisten Rosen mag sie jedoch keine flachen, kalkhaltigen Böden.

STAUDEN

Die meisten Stauden, die zwischen Hoch- und Spätsommer blühen, entwickeln sich nach der Pflanzung im Frühjahr noch im selben Jahr sehr ansehnlich. Arten und Sorten, die bereits im Frühsommer zur Blüte kommen, können dagegen im zweiten Jahr eher überzeugen. Wieder andere brauchen noch länger, bis sie ihr ganzes Potenzial ausschöpfen können. Die meisten der im Folgenden aufgelisteten Stauden erreichen nach drei Jahren ihre volle Größe und müssen danach geteilt werden, um kräftigen Wuchs und reiche Blüte zu erhalten.

Acanthus mollis
Akanthus
Größe nach 2 bis 3 Jahren: 1,5 m x 90 cm
Eine im wahrsten Sinne des Wortes „architektonische" Pflanze, denn ihre großen, gezackten Blätter fanden sich in der klassischen Baukunst über Jahrtausende wieder. Vom späten Frühjahr bis in den Frühsommer hinein erscheinen hohe Blütentriebe mit helmförmigen, purpurroten und weißen Blüten. Der Akanthus gedeiht in voller Sonne wie im Halbschatten und stellt keine besonderen Ansprüche an den Boden; am besten entwickelt er sich jedoch auf tiefen, nahrhaften und feuchten Böden.

Campanula persicifolia 'Telham Beauty'
Pfirsichblättrige Glockenblume
Größe nach 2 bis 3 Jahren: 90 x 30 cm
Im Sommer erscheinen hohe Triebe mit becherförmigen, hellblauen Blüten. Schneidet man den mittleren heraus, sobald alle Blüten verwelkt sind, entwickeln sich unter Umständen blühende Seitentriebe. Diese Glockenblume bevorzugt fruchtbaren, feuchten, aber durchlässigen Boden und

Sonne oder Halbschatten; die Blütenfarbe hält sich im Halbschatten am besten.

Crocosmia 'Lucifer'
Montbretie
Größe nach 2 bis 3 Jahren: 1 m x 25 cm
Tropen-Flair verbreitet die Montbretie mit ihren scharlachroten Blüten, die sich im Hochsommer entfalten und wie exotische Vögel wirken, und den grünen, schwertförmigen Blättern. Sie sprießt aus einer Knolle, die sich im Lauf der Jahre vermehrt; stehen die Triebe zu dicht, gräbt man die Knolle aus und teilt sie. In kalten Gebieten nimmt man die Knollen im Winter besser aus dem Boden. Die Montbretie bevorzugt feuchten, aber durchlässigen Boden und wächst in Sonne wie Halbschatten. Besonders gut wirkt sie neben bronzefarbenem Fenchel oder exotischen immergrünen Partnern wie Palmen, Bananen und Bambus.

Dicentra 'Pearl Drops'
Herzblume
Größe nach 2 bis 3 Jahren: 30 x 45 cm
Diese Pflanze gefällt durch attraktive, farnartige blaugrüne Blätter und im Frühjahr und Frühsommer perlweiße, wie Medaillons wirkende Blüten. Da ihr Laub dazu neigt, im Spätsommer abzusterben, pflanzt man sie am besten zusammen mit einer später blühenden Staude, etwa *Aster x frikartii* 'Mönch'. Als Waldbewohner bevorzugt die Herzblume feuchten, fruchtbaren Boden und wächst am besten im Halbschatten.

Eryngium x oliverianum
Edeldistel
Größe nach 2 bis 3 Jahren: 90 x 45 cm
Eine auffällige Edeldistel mit sehr stachligen, skelettartigen Blättern und vom Hochsommer bis in den Herbst silbrig blauen, distelartigen Blütenköpfen. Ihr eindrucksvoller Wuchs kommt in einem Kiesgarten ebenso gut zur Geltung wie in einer gemischten Rabatte. Die Edeldistel liebt eher mageren, trockenen Boden und volle Sonne.

Euphorbia characias
Wolfsmilch
Größe nach 2 bis 3 Jahren: 1,2 x 1 m
Eindrucksvoll ist auch diese immergrüne Pflanze mit ihren blaugrünen Blättern und – vom Frühling bis zum Frühsommer – großen, kuppelförmigen Köpfen limonengrüner, wie Blüten wirkender Hochblätter. Sie mag durchlässigen Boden und volle Sonne; im Winter braucht sie Schutz vor der Kälte. Schneiden Sie Triebe mit verwelkten Scheinblüten aus, aber ziehen Sie feste Handschuhe an, denn der Milchsaft der Pflanze reizt die Haut stark.

Helleborus argutifolius
Korsische Nieswurz
Größe nach 2 bis 3 Jahren: 75 x 60 cm
Ausgewachsen: 1,2 m x 90 cm
Obwohl streng genommen keine immergrüne Pflanze, behält die Nieswurz doch den ganzen Winter ihre stachelzähnigen, ledrigen, dunkelgrünen Blätter. Im Frühjahr sind diese allerdings so unansehnlich, dass man sie am besten entfernt, sobald die Pflanze neu austreibt. Vom Spätwinter bis zum Frühjahr trägt die Nieswurz blass apfelgrüne Blüten. Sie bevorzugt fruchtbaren, etwas feuchten Boden und Schatten.

Hemerocallis 'Stella de Oro'
Taglilie
Größe nach 2 bis 3 Jahren: 30 x 45 cm
Eine Miniatur-Taglilie mit besonders langer Blütezeit – von Früh- bis Hochsommer erscheinen Unmengen goldgelber Blüten. Ihre schmalen, riemenförmigen Blätter sind immergrün. Sie gedeiht am besten in feuchtem, durchlässigem Boden bei voller Sonne. Nach drei Jahren sollte man die Pflanze teilen, um einen kräftigen Wuchs zu erhalten.

Hosta sieboldiana var. elegans
Blaublattfunkie
Größe nach 2 bis 3 Jahren: 45 x 45 cm
Ausgewachsen: 1 x 1,2 m
Eine der spektakulärsten Funkien mit riesigen, gerundeten, gerippten blaugrünen Blättern und hohen Blütentrieben mit blasslilafarbenen, kurz gestielten Blüten. Sie eignet sich auch sehr gut für einen

großen Pflanzkübel, wo sie zudem besser vor Schneckenfraß geschützt werden kann. Die Pflanze bevorzugt tiefen, nährstoffreichen Boden, der nie völlig austrocknet, und wächst sowohl in der Sonne als auch im Halbschatten.

Liriope muscari

Größe nach 2 bis 3 Jahren: 30 x 30 cm
Ausgewachsen: 30 x 45 cm
Eine wertvolle Pflanze für schattige Standorte, die vom Spätsommer bis in den Herbst hinein blüht. Mit ihren lavendelblauen Blütenähren erinnert sie an die Traubenhyazinthe (Muscari). Attraktiv sind auch die stachligen, immergrünen, ein wenig wie Grashalme wirkenden Blätter. Die Pflanze bevorzugt einen ausreichend feuchten, aber durchlässigen Boden, verträgt aber auch trockenere Bedingungen. Am besten entwickelt sie sich im Schatten oder Halbschatten.

Sedum 'Herbstfreude'

Fetthenne

Größe nach 2 bis 3 Jahren: 60 x 60 cm
Diese Sorte besitzt ähnlich blasse, blaugrüne, fleischige Blätter wie die Art, doch ihre flachen, im Spätsommer und Frühherbst erscheinenden Blütenstände zeigen einen Bronze-Pink-Ton statt des hellen Mauve-Pink. Auf Bienen üben die Blütenstände große Anziehungskraft aus. Die Fetthenne liebt gut durchlässige Böden und viel Sonne, verträgt aber auch ein wenig Schatten. Belassen Sie die abgestorbenen Blütenstände den Winter über an der Pflanze; sie verleihen dem winterlichen Garten Struktur und schützen die jungen Triebe, die um diese Zeit bereits aus dem Boden spitzen.

Stipa gigantea

Riesenfedergras

Größe nach 2 bis 3 Jahren: 2 m x 75 cm
Ausgewachsen: 2,5 x 1,2 m
Dieses spektakuläre Gras bringt bereits im ersten Jahr einige sehr hohe Blütenrispen hervor; zu voller Wirkung kommt es jedoch erst als großer Horst mit einer ganzen Reihe von Blütenständen, die sich in der sanftesten Brise wiegen. Außer in sehr kalten Wintern ist das Riesenfedergras immergrün; die abgestorbenen Blütenstände sollte man den Winter über stehen lassen, um dem Beet Struktur und Höhe zu geben. Die Pflanze bevorzugt leichten, fruchtbaren und durchlässigen Boden sowie einen sonnigen Standort.

Verbascum chaixii 'Album'

Königskerze

Größe nach 2 bis 3 Jahren: 90 x 45 cm
Diese attraktive Königskerze bildet vom Hoch- bis zum Spätsommer hohe Blütenstände mit kleinen weißen Einzelblüten mit rötlich malvenfarbener Mitte. Die Pflanze mag nährstoffarmen, kalkhaltigen Boden und volle Sonne. Königskerzen sind nicht sehr langlebig; etwas länger halten sie sich, wenn man den Horst alle drei Jahre im Frühjahr teilt.

BODENDECKENDE STRÄUCHER

Helianthemum 'Fire Dragon'

Sonnenröschen

Größe nach 2 bis 3 Jahren: 20 x 30 cm
Ausgewachsen: 30 x 60 cm
Dieser bodendeckende immergrüne Strauch hat kleine graugrüne Blätter und trägt vom späten Frühjahr bis in den Hochsommer kleine, offene, orangerote Blüten. Er bevorzugt einen fruchtbaren, feuchten, aber gut durchlässigen Boden und volle Sonne. Nach der Blüte vorsichtig zurückschneiden, damit er seinen gleichmäßigen, buschigen Wuchs behält.

Vinca minor 'Gertrude Jekyll'

Kleines Immergrün

Größe nach 2 bis 3 Jahren: 15 x 40 cm
Ausgewachsen: 15 x 80 cm
Ein nicht allzu stark wucherndes Immergrün mit kleinen weißen Blüten vom Frühjahr bis in den Frühherbst. Es besitzt blassgrüne, glänzende immergrüne Blätter und eignet sich gut als Bodendecker unter Gehölzen. Es wächst in der Sonne wie im Schatten und stellt keine großen Bodenansprüche; lediglich schwere Lehm- oder sehr trockene Böden bereiten Probleme. Das Immergrün wächst zunächst langsam, doch gegen Ende des zweiten Jahres bildet es bereits einen schönen, dichten Teppich.

BODENDECKENDE KRAUTIGE PFLANZEN

Bergenia 'Bressingham White'

Bergenie

Größe nach 2 bis 3 Jahren: 25 x 30 cm
Ausgewachsen: 40 x 60 cm
Mit ihren großen, ledrigen, immergrünen Blättern ist die Bergenie eine wertvolle Strukturpflanze. Die reinweißen Blüten dieser Sorte setzen sich schön von dem dunkelgrünen Laub ab. Sie gedeiht in voller Sonne oder Halbschatten sowie in gut durchlässigem, aber feuchtem Boden.

Matteuccia struthiopteris

Straußfarn

Größe nach 2 bis 3 Jahren: 1 m x 30 cm
Ausgewachsen: 1,7 x 1 m
Mit seinen langen, anmutigen, hellgrünen Wedeln, in charakteristischer Trichterform angeordnet, eignet sich dieser sommergrüne Farn bestens für einen feuchten, schattigen Standort.

Pulmonaria officinalis 'Sissinghurst White'

Lungenkraut

Größe nach 2 bis 3 Jahren: 30 x 45 cm
Diese Sorte zeichnet sich durch lange, hellgrüne, weiß gefleckte Blätter und reinweiße Blüten gegen Ende des Winters und zu Frühjahrsanfang aus. Sie gedeiht am besten im Halbschatten, kommt aber auch in vollem Schatten oder Sonne zurecht, sofern der Boden ausreichend feucht ist.

Stachys byzantina 'Silver Carpet'

Wollziest

Größe nach 2 bis 3 Jahren: 45 x 60 cm
Diese Pflanze verdankt ihre Beliebtheit nicht ihren Blüten, sondern den attraktiven, pelzartigen, silbrigen Blättern; daher kommt diese nicht blühende Sorte besonders gut an. In gut durchlässigem, sandigem oder kiesigem Boden an einem sonnigen Standort ist der Wollziest ein attraktiver Bodendecker.

Langsamer Wuchs

BÄUME

Ein Baum wird zwar schon bei seiner Pflanzung das höchste Gewächs im Garten sein, doch habe ich die hier aufgeführten Bäume vor allem wegen ihrer langfristigen Wirkung ausgewählt, die sich erst nach einigen Jahren einstellt. Vielleicht haben Sie das Gefühl, nicht so lange warten zu können, doch die Zeit vergeht viel schneller, als Sie glauben. Wir jedenfalls haben die ersten drei Jahre in unserem ersten Garten damit zugebracht, uns wieder und wieder gegenseitig zu versichern, dass es keinen Sinn habe, Spargel zu pflanzen, weil man ihn erst nach drei Jahren genießen kann …

Pflanzen Sie also einen Baum für später, und halten Sie sich zugleich für unmittelbare Erfolgserlebnisse an die Listen der schneller wachsenden Pflanzen. Und falls es Ihnen doch unsinnig erscheint, Bäume zu pflanzen, weil Sie kaum lange genug in Ihrem Haus wohnen werden, um noch etwas davon zu haben? Nun, dann pflanzen Sie eben einen kleinen Baum in einen großen Kübel und nehmen ihn später beim Umzug einfach mit. Ebenso gut können Sie den Baum aber auch in den Garten setzen; Ihre Nachfolger werden es Ihnen danken. Vielleicht sorgt die ausgleichende Gerechtigkeit ja dafür, dass auch Sie selbst Ihren nächsten Garten von jemandem übernehmen, der ähnlich altruistisch eingestellt war. Alle hier genannten Bäume eignen sich für kleine Gärten, obwohl etliche davon schließlich – nach etwa 25 Jahren – gut 10 m hoch sein können. Was Sie aber höchstwahrscheinlich nicht mehr selbst mitbekommen werden …

Acer capillipes

Roter Schlangenhaut-Ahorn
Größe nach 5 Jahren: 3 x 1,5 m
Ausgewachsen: 9 x 6 m
Dieser Baum ist vor allem wegen seiner attraktiven Rinde beliebt: Sie zeigt eine weiße Aderung auf grünem Grund, einer

Zaubernuss *(Hamamelis x intermedia 'Pallida')*

Schlangenhaut ähnlich, die mit zunehmendem Alter des Baumes immer markanter wird. Seine typischen Ahornblätter färben sich im Herbst leuchtend rot. Der rundliche Wuchs des Ahorns macht sich auch im Winter gut, wenn nur die kahlen Äste zu sehen sind. Er gedeiht in fast allen Böden und benötigt, wie die meisten Bäume, in den ersten Jahren sehr viel Wasser.

Acer palmatum var. dissectum

Fächerahorn

Größe nach 5 Jahren: 80 cm x 1 m
Ausgewachsen: 1,5 m x 2 m

Dieser kleinwüchsige Baum eignet sich wie kaum ein anderer für sehr kleine Gärten – vor allem, wenn diese einen japanischen Touch haben. Er wächst auch sehr gut in einem Pflanzkübel und macht somit zur Not auch Umzüge problemlos mit. Seine zarten, feingliedrigen Blätter färben sich im Herbst entweder goldgelb oder rot. Es gibt eine ganze Reihe sehr schöner Sorten, die zum Teil grüne Blätter haben und zum Teil kräftig purpurfarbene, wie etwa A. p. 'Garnet' oder A. p. var. dissectum 'Crimson Queen'. Ideal für den Fächerahorn ist ein windgeschützter Standort, weil ansonsten der Wind die jungen Blätter ausdörren kann, sowie ein relativ schattiger Platz, an den höchstens hin und wieder ein paar Sonnenstrahlen dringen.

Amelanchier x grandiflora 'Ballerina'

Felsenbirne

Größe nach 5 Jahren: 3 x 3 m
Ausgewachsen: 6 x 6 m

Als kleiner Baum ebenso schön wie als Strauch, ist die Felsenbirne ihr Geld wert mit ihren kupferfarbenen jungen Blättern im Frühjahr, die fast gleichzeitig mit den weißen Blüten erscheinen, und der tiefroten bis purpurfarbenen Herbstfärbung. Am besten gedeiht sie in einem feuchten, aber gut durchlässigen kalkfreien Boden in der Sonne wie auch im Halbschatten. Regelmäßiger Rückschnitt ist nicht erforderlich, doch kann nach der Blüte eingekürzt werden, falls die Felsenbirne mit der Zeit zu groß wird.

Betula jacquemontii

Weißrindige Himalajabirke

Größe nach 5 Jahren: 6 x 1,5 m
Ausgewachsen: 12 x 1,5 m

Diese Birke ist ein sehr hoher Baum, doch zugleich schlank und offen im Wuchs, sodass sie keinen allzu starken Schatten wirft. Sie wirkt sehr gut als vielstämmiger Baum oder, bei genügend Platz, in einer Gruppe. Im Winter zeichnet sie sich durch eine besonders leuchtend weiße Rinde aus, die Helligkeit in den Garten bringt. Im Frühjahr schmücken den Baum gelbe Kätzchen, bevor er seine mittelgrünen, im Herbst goldenen Blätter entfaltet.

Magnolia stellata

Sternmagnolie

Größe nach 5 Jahren: 1,2 x 1,5 m
Ausgewachsen: 2,5 x 3,5 m

Diese reizende kleine Magnolie trägt bereits Unmengen sternförmiger Blüten, bevor im Frühjahr die Blätter austreiben. Die erste Blüte erfolgt meist schon binnen zwei Jahren. Für eine spät blühende, kleinblütige Klematis stellt die Sternmagnolie ein ideales „Klettergerüst" dar. Sie kommt auf den meisten Böden zurecht, außer auf extrem kalkhaltigen, und steht am besten an einem Platz, den die erste Morgensonne nicht erreicht, weil eine zu rasche Erwärmung den Blüten schaden kann.

Malus floribunda

Vielblütiger Apfel

Größe nach 5 Jahren: 3 x 2,5 m
Ausgewachsen: 7 x 8 m

Die bis zum Boden herabhängenden Äste ausgewachsener Exemplare bilden im Frühjahr ein wahres Meer von Blättern und Blüten. Besonders attraktiv sind die pinkfarbenen Blüten, die sich aus roten Knospen entfalten und später zu Weiß verblassen. Auf die Blüten folgen winzige, erbsengroße gelbe Früchte. Am besten fruchtet die Sorte 'John Downie', während 'Royalty' die schönsten purpurnen Blätter besitzt und sowohl Blüten als auch Früchte in einem hellen Purpurrot trägt. Der Baum wächst in den meisten Böden außer in extrem nassen oder extrem trockenen und kommt auch mit ein wenig Schatten zurecht.

Prunus x subhirtella 'Autumnalis'

Kirsche

Größe nach 5 Jahren: 2,5 x 2 m
Ausgewachsen: 8 x 8 m

Ein Baum von unschätzbarem Wert, denn er blüht, wenn es kaum ein anderer tut – vom Herbst bis in den Frühling, sofern das Wetter mild genug ist. Er trägt am kahlen Geäst halbgefüllte rötlich weiße Blüten; im Herbst färben sich die Blätter gelb. Dank seines offenen Wuchses wirft er nicht allzu viel Schatten. Er gedeiht fast überall mit Ausnahme sehr dünner, nährstoffarmer Böden. Bis diese Kirsche sich entschließt zu wachsen, vergehen ein paar Jahre, doch das Warten lohnt sich.

Prunus 'Taihaku'

Kirsche

Größe nach 5 Jahren: 3,5 x 2,5 m
Ausgewachsen: 8 x 9 m

Es ist ein überwältigender Anblick, wenn Unmengen großer, ungefüllter, rein weißer Blüten die Zweige dieses Kirschbaums bedecken, dazwischen junges Laub, oft noch mit leichtem Kupferton, bevor es sein normales Hellgrün annimmt. Abgesehen von sehr magerem Substrat kommt der Baum mit den meisten Böden zurecht und gedeiht am besten in voller Sonne, toleriert aber auch leichten Schatten.

Pyrus calleryana 'Chanticleer'

Birne

Größe nach 5 Jahren: 3 x 2 m
Ausgewachsen: 8 x 4 m

Ein Ziergehölz für kleine Gärten, das mit seinem schlanken, säulenförmigen Wuchs wenig Raum einnimmt. Schon zu Frühjahrsbeginn trägt diese Birne zahllose weiße Blüten, denen glänzend hellgrüne Blätter folgen, die meist bis in den Spätherbst am Baum bleiben und vor dem Abfallen ein leuchtendes Orange annehmen. Der Baum verträgt mit Ausnahme der magersten fast alle Böden, wächst aber am besten in fruchtbarem, feuchtem, aber durchlässigem Boden und voller Sonne.

Sorbus vilmorinii

Eberesche

Größe nach 5 Jahren: 2,5 x 1,5 m
Ausgewachsen: 5 x 4 m

Dieser Baum, prädestiniert für kleine Gärten, zeichnet sich durch attraktive, farnartige Blätter aus, die im Herbst schöne Orange- und Rottöne annehmen. Aus weißen Blüten, die sich im späten Frühjahr entfalten, entstehen rosa Beeren, die den Baum im Herbst und Winter zieren. Dank seines offenen, luftigen Wuchses wirft er nur wenig Schatten. Er wächst in den meisten Böden. Herbstlaub wie Beeren zeigen in voller Sonne die intensivste Färbung.

Sorbus cashmiriana

Eberesche

Größe nach 5 Jahren: 2 m x 90 cm
Ausgewachsen: 4 x 4 m

Noch eine Eberesche – warum nicht? *S. cashmiriana* ist noch kleiner als *S. vilmorinii*; die Blätter, die sich im Herbst gelb färben, sind sehr ähnlich. Aus weißen Blüten entwickeln sich bis zum Herbst perlweiße Beeren. Die Wachstumsbedingungen entsprechen in etwa denen von *S. vilmorinii*.

KLETTERPFLANZEN

Hedera colchica 'Dentata Variegata'

Kolchischer Efeu

Größe nach 5 Jahren: 2,2 x 2,2 m
Ausgewachsen: 7,5 x 7,5 m

Ein Efeu mit großen, herzförmigen, ledrigen immergrünen Blättern, teils graugrün, teils cremefarben. Er ist ideal für eine große schattige Mauer oder zum Bekleiden von Schuppen oder Garagen. Er bevorzugt leichten Schatten, kommt aber auch mit weniger oder mehr Licht zurecht, sofern der Boden nur feucht genug ist. Der Efeu wächst auf fast allen Böden. Da nur junge Triebe sich selbst anheften können, benötigen die bei der Pflanzung bereits vorhandenen eine Stütze. Rückschnitt ist nicht erforderlich, wird aber problemlos vertragen.

Hydrangea anomala subsp. petiolaris

Kletterhortensie

Größe nach 5 Jahren: 1,8 x 1,8 m
Ausgewachsen: 12 x 12 m

Eine ausgezeichnete Pflanze für eine schattige Mauer. Der Neuaustrieb im Frühjahr zeigt sich in frischem Hellgrün, im Frühsommer trägt sie – einmal eingewöhnt – flache weiße Blütenstände, die allmählich in Pink übergehen und im Herbst ein ebenso kräftiges Rostbraun annehmen wie die nackten Stängel nach dem Laubfall. Die Kletterhortensie wächst in der Sonne wie im Schatten und auf allen Böden, solange sie in der Jugend genügend Feuchtigkeit zur Verfügung hat.

Trachelospermum jasminoides

Sternjasmin

Größe nach 5 Jahren: 1,5 x 1,5 m
Ausgewachsen: 4,5 x 4,5 m

Der Sternjasmin ist ein attraktiver immergrüner Kletterstrauch für eine Süd- oder Südwestmauer. Da er nur bedingt winterhart ist, wird er gern als Kübelpflanze gehalten. Er trägt glänzende, elliptische immergrüne Blätter und im Sommer kleine, weiße, wohlriechende Blüten. Zum Klettern benötigt er ein Drahtgeflecht oder Rankgitter. Er wächst in den meisten Böden, sofern diese nicht zu trocken sind, und verträgt volle Sonne ebenso gut wie Halbschatten. Der Sternjasmin scheint sich besser zu entwickeln, wenn er erst als größeres, etwa 2 m hohes Exemplar gepflanzt wird.

Wisteria floribunda

Glyzine

Größe nach 5 Jahren: 5,5 x 5,5 m
Ausgewachsen (nach 50 oder mehr Jahren): 15 x 15 m+

Mit ihrem hellgrünen, farnähnlichen Laub und den langen, duftenden, malvenblauen Blütendolden, die im Frühling erscheinen, ist die Glyzine eine der spektakulärsten Kletterpflanzen. Obwohl sie eigentlich recht schnell wächst, wird sie hier zu den „langsamen" Pflanzen gezählt, weil sie oft fünf Jahre braucht, bis sie zum ersten Mal Blüten ansetzt. Kaufen Sie, falls möglich,

ein Exemplar mit mindestens einer Blüte daran; so können Sie sicher sein, dass die Pflanze überhaupt blühfähig ist. Manche Glyzinen blühen nämlich nie. Die Pflanze wächst in den meisten Böden, braucht aber genügend Platz für ihre Wurzeln. Am besten entwickelt sie sich an einem geschützten Standort – etwa an einer Süd- oder Westmauer – in voller Sonne oder leichtem Schatten. Um eine reiche Blüte zu gewährleisten, muss zweimal im Jahr geschnitten werden: Im Hochsommer schneidet man die peitschenartigen jungen Triebe zunächst bis auf etwa 30 cm zurück und dann noch einmal im Winter bis auf zwei Augen.

STRÄUCHER

Buxus sempervirens 'Suffruticosa'

Buchsbaum

Größe nach 5 Jahren: 60 x 75 cm
Ausgewachsen: 1 x 1,5 m

Die Sorte 'Suffruticosa' ist das klassische Gehölz für niedrige Beeteinfassungen und Hecken in kleinen formalen Gärten. Sie wächst in der Sonne wie im Schatten und das in allen Böden. Die Art, *B. sempervirens,* ist eine ideale Formschnittpflanze – ob als Kugel, Würfel oder was auch immer. Wer sehr ungeduldig ist, kauft „fertige", bereits formgeschnittene Exemplare (siehe Seite 146).

Cordyline australis

Keulenlilie

Größe nach 5 Jahren: 1 x 1m
Ausgewachsen: 4 x 3 m

Diese stachlige Immergrüne mit wahrhaft architektonischem Bau entwickelt lange, schwertförmige Blätter, anfangs auf Bodenhöhe, später jedoch schopfartig an der Spitze eines schlanken, kahlen Stamms. Über fünf Jahre alte Pflanzen bringen außerdem kleine, weiße, duftende Blüten hervor. Die Keulenlilie eignet sich am besten als Kübelpflanze, da sie während des Winters vor Frost geschützt werden muss. Sie bevorzugt einen sehr durchlässigen Boden in voller Sonne oder allenfalls lichtem Schatten.

Cotoneaster dammeri

Teppich-Zwergmispel

Größe nach 5 Jahren: 20 cm x 1 m
Ausgewachsen: 20 cm x 2 m
Vor allem als Bodendecker sowie zur Begrünung von Böschungen ist diese niedrige, kriechende immergrüne Pflanze hervorragend geeignet. Sie trägt im Frühsommer schöne weiße Blüten und im Herbst leuchtend rote, runde Beeren. Weder an Licht- noch an Bodenverhältnisse stellt die Zwergmispel besondere Ansprüche. Ein Rückschnitt ist nur dann erforderlich, wenn sie sich zu sehr ausbreitet.

Daphne odora 'Aureomarginata'

Seidelbast

Größe nach 5 Jahren: 50 x 80 cm
Ausgewachsen: 1,5 x 1,5 m
Dieser langsam wachsende Strauch entfaltet im Spätwinter oder zu Beginn des Frühlings köstlich duftende, rosafarbene Blüten, innen oft blassrosa oder weiß. Er hat glänzende grüne Blätter mit schmalem, goldgelbem Rand. Am besten wächst der Seidelbast in nahrhaftem, tiefem, feuchtem Boden an einem sonnigen oder nur leicht schattigen Platz. Im Winter braucht er Schutz vor Frösten.

Euonymus fortunei 'Emerald Gaiety'

Kletternder Spindelstrauch

Größe nach 5 Jahren: 60 cm x 1 m
Ausgewachsen: 60 cm x 3 m
Dank seines langsamen Wachstums ist dieser robuste, attraktive, buntblättrige immergrüne Strauch ideal für Kübel, Blumenkästen oder sogar Ampeln in schattigen Ecken. Die Blätter dieser Sorte sind graugrün und weiß, die der ebenso populären 'Emerald 'n' Gold' leuchtend gelb und grün. Die Pflanze kommt auf allen Böden zurecht und wächst in der Sonne wie im Schatten, was sie selbst für den schwierigsten Standort empfiehlt: trockenen Schatten unter Bäumen.

Hamamelis x intermedia 'Pallida'

Zaubernuss

Größe nach 5 Jahren: 1 x 1 m
Ausgewachsen: 4 x 4 m

Einer der besten duftenden winterblühenden Sträucher: die Zaubernuss mit ihren großen, spinnenartigen, blassgelben Blüten, die am noch kahlen Holz erscheinen. Ihre ovalen Blätter färben sich im Herbst kräftig orangegelb. Die Zaubernuss besitzt eine attraktive, vasenförmige Silhouette. Sie benötigt einen neutralen bis sauren Boden – Kalk verursacht Chlorose – und volle Sonne.

Hibiscus syriacus 'Oiseau Bleu'

Straucheibisch

Größe nach 5 Jahren: 1 x 1 m
Ausgewachsen: 2,5 x 2 m
Vom Spätsommer bis in den Herbst schmückt sich dieser Strauch mit blauen, trompetenförmigen Blüten. Auch wegen seines attraktiven, becherförmigen Wuchses ist er beliebt. Er benötigt einen offenen, gut durchlässigen Boden und schätzt ein wenig Schatten, wächst aber auch in voller Sonne.

Hydrangea aspera subsp. sargentiana

Samthortensie

Größe nach 5 Jahren: 1,2 x 1,2 m
Ausgewachsen: 3 x 2,5 m
Neben flachen Blütenständen mit blauvioletten und weißen (auf Kalkböden auch pinkfarbenen) Einzelblüten, die sich vom Spätsommer bis in den Herbst zeigen, besitzt dieser Strauch schöne dunkelgrüne, samtige Blätter. Er braucht einen feuchten, nährstoffreichen Boden und leichten bis mittleren Schatten. Volle Sonne schätzt er nicht.

Ilex aquifolium 'Golden van Tol'

Stechpalme

Größe nach 5 Jahren: 2 x 2 m
Ausgewachsen: 4 x 3 m
Diese kleine Sorte zeichnet sich durch matt glänzende, grüne, fast stachellose Blätter mit goldgelbem Rand aus. Im Herbst und Winter erscheinen auch leuchtend rote Beeren, jedoch spärlicher als bei der einfarbig grünen, erheblich größeren Sorte 'J. C. van Tol'. Der Strauch gedeiht auf den meisten Böden zwischen voller Sonne und Halbschatten; buntblättrige Sorten leuchten in voller Sonne am schönsten.

Mahonia x media 'Charity'

Mahonie

Größe nach 5 Jahren: 1,5 x 1 m
Ausgewachsen: 5 x 2,5 m
Ein attraktiver immergrüner Strauch mit langen, gezackten, ledrigen Blättern und Trauben dottergelber, duftender Blüten, die im Spätherbst und Winter erscheinen. Um einen buschigen Wuchs zu fördern, entfernt man in den ersten fünf oder sechs Jahren die verwelkten Blütenstände nach der Blüte, ebenso die endständigen Blätter nicht blühender Triebe. Am besten entwickelt sich die Mahonie auf feuchtem, nahrhaftem, leicht saurem Untergrund, verträgt aber auch andere Böden, abgesehen von sehr kalkhaltigen, trockenen. Sie bevorzugt volle Sonne oder Halbschatten.

Pieris 'Forest Flame'

Lavendelheide

Größe nach 5 Jahren: 80 cm x 1 m
Ausgewachsen: 4 x 2 m
Ein auffälliger immergrüner Strauch, dessen Blätter im Austrieb hell scharlachrot sind und bis zum Frühsommer über Pink, Creme und Blassgrün zu Mittelgrün ausbleichen. Im späten Frühjahr erscheinen maiglöckchenähnliche Blüten. Als Waldpflanze liebt die Lavendelheide Halbschatten und nahrhaften, feuchten Boden, ph-neutral bis leicht sauer. Ist der Gartenboden kalkhaltig, zieht man sie besser in kalkfreier Erde im Kübel.

Pinus mugo 'Mops'

Bergkiefer

Größe nach 5 Jahren: 60 x 75 cm
Ausgewachsen: 2,2 x 2,2 m
Diese attraktive, fast kugelförmige Zwergkonifere, ideal für einen Garten im asiatischen Stil, wächst gerade einmal 7,5 cm pro Jahr. Sie trägt lange, frischgrüne Nadeln. Am wohlsten fühlt sie sich in gut durchlässigem Boden an einem sonnigen Standort.

Prunus tenella 'Fire Hill'

Zwergmandel

Größe nach 5 Jahren: 90 x 60 cm
Ausgewachsen: 1,5 x 1,2 m
Auch dieser kleine Strauch verdient einen Platz im Garten. Im Frühjahr erscheinen

zeitgleich mit den langen, schmalen Blättern Unmengen von Mandelblüten in dunklem Pink. Auch die Herbstfärbung kann sich sehen lassen. Die Zwergmandel wächst auf fast allen Böden in voller Sonne oder im Halbschatten.

Rhamnus alaterna 'Argenteovariegata'

Kreuzdorn

Größe nach 5 Jahren: 2 x 1 m
Ausgewachsen: 5 x 4 m
Ein attraktiver, buntblättriger, immergrüner Strauch mit kleinen, ovalen, graugrünen Blättern mit cremeweißem Rand. Aus kleinen gelbgrünen Blüten im April bis Mai entwickeln sich rote Beeren; in erster Linie wird der Kreuzdorn jedoch wegen seines Laubs gepflanzt. Er bevorzugt gut durchlässigen Boden und volle Sonne oder leichten Schatten und braucht im Winter Schutz. Triebe mit einfarbig grünen Blättern sollten sofort ausgeschnitten werden, weil sonst womöglich die ganze Pflanze in die Einfarbigkeit zurückschlägt.

Rhododendron yakushimanum

Rhododendron

Größe nach 5 Jahren: 60 x 60 cm
Ausgewachsen: 1,2 x 1,5 m
Es gibt zahlreiche Hybriden des immergrünen *R. yakushimanum*, doch ist die Art vorzuziehen. Die Pflanze wächst sehr langsam zu einer niedrigen Halbkugel aus langen, schlanken, ledrigen dunkelgrünen Blättern mit pelziger, goldbrauner Unterseite heran. Im späten Frühjahr erscheinen rosafarbene Knospen, die sich zu rötlich weißen Blüten öffnen und später zu schlichtem Weiß verblassen. Der Strauch liebt volle Sonne oder Halbschatten und braucht kalkfreien Boden. Er eignet sich auch sehr gut als Kübelpflanze.

Sarcococca hookeriana var. humilis

Fleischbeere

Größe nach 5 Jahren: 25 x 30 cm
Ausgewachsen: 60 x 90 cm
Dieser Strauch mit eleganten, schlanken, immergrünen Blättern ist vor allem wegen seinen kleinen, weißen, nach Vanille duften-

den winterlichen Blüten so beliebt. Er bevorzugt fruchtbaren, feuchten, aber gut durchlässigen Boden und entwickelt sich am besten im Schatten oder Halbschatten.

Syringa microphylla 'Superba'

Kleinblättriger Flieder

Größe nach 5 Jahren: 60 x 50 cm
Ausgewachsen: 1,2 m x 90 cm
Ein Zwergflieder, ideal für sehr kleine Gärten. Er trägt im späten Frühjahr und im Frühsommer, vereinzelt auch noch bis in den Herbst hinein, duftende rosafarbene Blüten. Um ältere Pflanzen zum Neuaustrieb anzuregen, schneidet man rund ein Drittel der Blüten tragenden Triebe bis auf Bodenhöhe zurück. Die Pflanze kommt in den meisten Böden zurecht; sie bevorzugt volle Sonne oder leichten Schatten.

Viburnum x burkwoodii 'Anne Russell'

Schneeball

Größe nach 5 Jahren: 90 x 90 cm
Ausgewachsen: 2 x 1,5 m
Dieser kompakte, halb immergrüne Schneeball bringt zu Beginn des Frühjahrs rundliche Köpfe wohlriechender blassrosafarbener Blüten hervor, auf die zunächst rote, später schwarze Beeren folgen. Er mag leichten Schatten, wächst aber auch in voller Sonne oder Halbschatten und gedeiht in den meisten Böden, mit Ausnahme sehr nasser oder trockener.

Viburnum davidii

Schneeball

Größe nach 5 Jahren: 80 x 80 cm
Ausgewachsen: 1,2 x 1,5 m
Dieser vorwiegend wegen seines immergrünen Laubs gepflanzte Strauch besitzt tief geaderte, ledrige, dunkelgrüne Blätter. Eine zusätzliche Zierde sind die kleinen weißen Blüten, aus denen im Herbst blaue Beeren hervorgehen. Er bevorzugt fruchtbares, feuchtes, aber gut durchlässiges Substrat und Halbschatten. Im Winter braucht er eine schützende Reisigdecke.

Viburnum plicatum 'Mariesii'

Schneeball

Größe nach 5 Jahren: 1,2 m x 90 cm
Ausgewachsen: 3 x 3 m
Mit ihrem etagenartigen Aufbau bieten ausgewachsene Exemplare einen reizvollen Anblick, vor allem wenn sie im späten Frühjahr und im Frühsommer flache weiße Blütenstände tragen. Schön sind auch die tief gerippten, frisch grünen Blätter. Am besten gedeiht dieser Schneeball bei etwas Schatten, doch wächst er auch in der Sonne oder im Halbschatten. Der Boden sollte weder extrem trocken noch sehr nass sein.

Yucca filamentosa

Palmlilie

Größe nach 3 Jahren: 60 x 90 cm
Ausgewachsen: 1,2 x 1,5 m
Diese Palmlilie, eine der kleineren der Gattung, ist eine attraktive Pflanze mit lockigen weißen Fäden an den Rändern ihrer schwertförmigen Blätter. Ältere Exemplare bilden bis zu 2 m hohe Blütenrispen mit rahmweißen, glockenförmigen Blüten aus. Die Pflanze benötigt einen sonnigen Standort und sehr gut durchlässigen Boden. Rückschnitt ist nicht erforderlich; alles Abgestorbene sollte aber nach Möglichkeit entfernt werden.

BODENDECKER

Epimedium x versicolor 'Sulphureum'

Elfenblume

Größe nach 5 Jahren: 30 x 60 cm
Ausgewachsen: 30 cm x 1 m
Im späten Frühjahr erscheinen Büschel schwefelgelber Blüten, doch wird diese Pflanze vor allem wegen ihres Laubs kultiviert. Die mittelgrünen herzförmigen Blätter auf drahtigen Stängeln weisen einen leichten Kupferton auf, wenn sie sich entfalten. Als Waldpflanze bevorzugt die Elfenblume feuchten, aber gut durchlässigen Boden und Halbschatten, wenngleich diese Sorte auch einen trockeneren Untergrund toleriert.

Bei diesen Pflanzen lohnt es sich, große Exemplare zu kaufen, weil sie rasch anwachsen und dem Garten Höhe und Dramatik verleihen. Sie bilden einen ebenso wirkungsvollen Blickfang wie eine Skulptur – für weit weniger Geld, obwohl sie naturgemäß erheblich teurer sind als Pflanzen in Durchschnittsgröße.

Formschnitt-Buchsbaum

Buchsbaum, in unterschiedlichste Formen geschnitten, passt in klassisch-strenge, aber auch in naturnahe Gärten.

Hosta sieboldiana var. elegans (siehe Seite 140)

Blaublattfunkie

Ein großes Einzelexemplar oder auch ein Pärchen ziehen sofort die Blicke auf sich.

Phormium tenax (siehe Seite 138)

Neuseeländer Flachs

Um sofort Eindruck zu machen, sollte die Pflanze etwa 1 m hoch und breit sein.

Phyllostachys nigra (siehe Seite 138)

Schwarzer Bambus

Ein größeres Exemplar eignet sich nicht nur als Blickfang, sondern zugleich auch als Sichtschutz.

Pyracantha (siehe Seite 136)

Feuerdorn

Ein immergrüner Strauch für Mauern, auch bereits am Spalier gezogen erhältlich.

Trachelospermum jasminoides (siehe Seite 144)

Sternjasmin

Ein größeres Exemplar dieses immergrünen Kletterers wird schnell neu austreiben.

Trachycarpus fortunei

Hanfpalme

Für Gärten in milden Lagen eine wunderbar exotische Pflanze, mit Wolken gelber Blüten und riesigen, farnartigen Blättern.

Schwarzer Bambus (Phyllostachys nigra)

Blickfänge

Pflege

OBEN **Die Elfenblume (*Epimedium* x *versicolor* 'Sulphureum') und der zarte Frauenhaarfarn (*Adiantum venustum*) sind gute, Unkraut unterdrückende Bodendecker. Trotzdem sollte der Boden schon vor dem Bepflanzen weitgehend unkrautfrei sein.**

OBEN RECHTS **Kübelpflanzung stellt eine sichere Methode dar, die Entwicklung von Unkraut von vornherein stark einzudämmen.**

Verglichen mit Innenräumen, die, einmal eingerichtet und möbliert, ohne größeren Pflegeaufwand auskommen, sind Gärten etwas anspruchsvoller. Für einen ungeduldigen Gärtner ist Zeit jedoch ein kostbares Gut, und er möchte sie sicher nicht nur damit zubringen, in seinem Garten zu schuften. Es folgen daher ein paar einfache Ratschläge, die in erster Linie darauf abzielen, den Zeitaufwand für regelmäßig anfallende Routinearbeiten zu verringern.

Unkraut jäten

Wo Erde ist, breiten sich auch Unkräuter aus. Doch auch hier ist Vorbeugen besser als Heilen. Wird ein Garten neu angelegt, sollte der Boden gründlich umgegraben und jede noch so kleine Unkrautwurzel entfernt werden. Viele der übelsten Unkräuter entwickeln sich nämlich schon aus einem Millimeter Wurzel. Falls Sie das Jäten nicht selbst übernehmen möchten, sollten

Sie es einem erfahrenen Gärtner überlassen. Wird es von Anfang an richtig gemacht, ersparen Sie sich nämlich auf lange Sicht viele Stunden Arbeit.

Geht das Problem von einem Nachbargarten aus, müssen Sie eine massive Barriere errichten. Heben Sie zunächst unter dem Zaun – auf Ihrer Seite – eine Rinne von rund 30 cm Tiefe aus. Nageln Sie dann einen 30 cm breiten Streifen dicker schwarzer Polyäthylenfolie unten an den Zaun und schieben Sie ihn in die Rinne. Damit halten Sie die meisten winterharten Unkräuter davon ab, unter dem Zaun hindurchzukriechen.

Ist der Boden erst einmal weitgehend frei von winterharten Unkräutern, lassen sich diese – ebenso wie die einjährigen – kurzfristig am besten durch Mulchen im Zaum halten. Ideal ist eine 10 cm dicke Schicht organischen Materials wie Kompost, Rindenmulch oder Kakaoschalen oder eine anorganische Schicht aus Kies oder Schotter. Oder Sie legen eine Mulchfolie auf dem

Boden aus. Wenn Sie bei Null anfangen, schneiden Sie diese mehrfach x-förmig ein, graben jeweils zwischen den vier Lappen, die der Schnitt erzeugt hat, ein Pflanzloch und klappen schließlich, wenn die Pflanzen an Ort und Stelle sind, die Lappen der Folie wieder zu. Bei einem bereits bepflanzten Beet müssen Sie die Folie natürlich entsprechend den vorhandenen Pflanzen einschneiden; je mehr Schnitte, desto mehr Chancen haben auch die Unkräuter, sich durchzuzwängen. Ist die Folie verlegt, können Sie sie mit Kies oder Rindenmulch abdecken, was hier aber nur kosmetische Gründe hat.

Keimende einjährige Unkräuter können die Folie ebenso wenig durchdringen wie die jungen Triebe der meisten winterharten Unkräuter. Verwenden Sie nur eine Mulchschicht, so können sich Keimlinge einjähriger Unkräuter zwar durch diese hindurch bis ans Licht kämpfen, doch sind sie bis dahin so geschwächt und dünn, dass man sie spielend leicht herausziehen kann.

Auf lange Sicht stellen Bodendecker eine praktische und zudem attraktive Möglichkeit dar, Unkräuter unter Kontrolle zu halten. Haben sich unter der dichten Pflanzendecke aber doch einmal Unkräuter festgesetzt und müssen entfernt werden, kann das zu einem wahren Albtraum werden.

Gießen

Gießen ist eine weitere Routinetätigkeit, die regelmäßig erledigt werden will. Pflanzen, die ein gewisses Maß an Trockenheit vertragen, machen diese Arbeit leichter; doch selbst sie müssen nach dem Pflanzen so lange regelmäßig und gründlich gewässert werden, bis sie angewachsen sind.

Mulchen kann dazu beitragen, den Wasserbedarf zu verringern. Bringt man eine Mulchschicht auf einen bereits feuchten Boden aus, kann sich die Feuchtigkeit länger halten.

OBEN **In diesem attraktiven und zudem pflegeleichten Vorgarten wurde ein fester Belag aus verschiedenen Steinen und Platten mit einer niedrigen, bodendeckenden Bepflanzung kombiniert.**

RECHTS Die immergrüne Säckelblume (*Ceanothus* 'Puget Blue') benötigt keinen regelmäßigen Rückschnitt. Lediglich abgestorbenes Holz sollten Sie hin und wieder entfernen.

GANZ RECHTS Der Schmetterlingsstrauch (*Buddleja* 'Lochinch') blüht nach dem Hochsommer am diesjährigen Holz. Schneiden Sie die Pflanze im Spätherbst oder zu Frühjahrsbeginn bis auf etwa 30 cm über dem Boden zurück.

Haben Sie wirklich nicht genug Zeit zum Gießen, ist es wahrscheinlich ratsam, ein automatisches Bewässerungssystem zu installieren. Die einfachste Variante besteht aus einem porösen Schlauch, aus dem auf ganzer Länge Wasser sickert. Verlegen Sie ihn auf dem Boden unter Bäumen und Sträuchern und lassen Sie ihn auch zwischen den kleineren Pflanzen hindurchlaufen. Stört Sie der Anblick des Schlauchs, können Sie ihn ja mit Erde oder Mulch abdecken. Bei längerer Abwesenheit schließen Sie ihn am besten an einen Bewässerungscomputer an, der an einem Außenwasserhahn angebracht wird.

Für Pflanzgefäße benötigen Sie ein Mini-Bewässerungssystem, das sich auch in Beeten einsetzen lässt. Es besteht aus einem Hauptschlauch, in dem wesentlich dünnere Plastikschläuche stecken. An deren Ende befindet sich, befestigt an einem Erdhaken, entweder eine Tropfvorrichtung oder ein kleiner Sprühkopf. Die Erdhaken werden dann an den entsprechenden Stellen in die Erde gesteckt, damit das Wasser genau dort ankommt, wo es von den Pflanzen gebraucht wird. Auch dieses System kann über eine Zeitschaltuhr geregelt werden.

Düngen

Natürlich sollen Ihre Pflanzen einen Traumstart hinlegen, und um das zu erreichen, müssen Sie sie düngen. Bei einem neu angelegten Garten besteht die beste Düngung darin, in den Boden organisches Material wie gut durchgerotteten Mist oder Kompost einzuarbeiten, und zwar etwa eine Schaufel Mist oder zwei Schaufeln Kompost pro Quadratmeter. Doch tun Sie nicht des Guten zu viel in der Hoffnung, dass Ihre Pflanzen dann noch schneller wachsen! Sie erreichen damit nämlich lediglich, dass weiche, krankheitsanfällige Pflanzenmasse produziert wird, die später mühselig wieder herausgeschnitten werden muss.

In einem bestehenden Beet arbeiten Sie am besten am Boden des neuen Pflanzlochs etwas alten Dung oder Kompost ein, ebenso in die Erde, mit der Sie das Loch auffüllen. Oder verwenden Sie einen organischen Dünger wie Fisch-, Blut- und Knochenmehl. Natürlich können Sie auch einen anorganischen Dünger verwenden, sofern es nicht Ihren Prinzipien widerspricht. Am einfachsten anzuwenden sind Düngemittel, die ihre Nährstoffe über die ganze Wachstumsperiode hinweg gleichmäßig abgeben. Sie sind als Granulat oder als

OBEN **Kleine, spät
blühende Clematis wie die
Viticella- und Texensis-
Hybriden sind besonders
einfach zu schneiden. Entfernen Sie im Spätwinter
alle abgestorbenen Triebe
bis unmittelbar oberhalb
des ersten Paares von
Blattknospen an den
Haupttrieben.**

Stäbchen im Handel, wobei Letztere vor allem für Topfpflanzen ideal sind. Man steckt sie beim Einsetzen der
Pflanze einfach in die Erde und muss sich dann ein
ganzes Jahr lang über die Düngung keine Gedanken
mehr machen. Auch hier gilt: Halten Sie sich an die
Dosierungsempfehlungen des Herstellers, und gönnen
Sie Ihren Pflanzen nicht die kleinste Extra-Ration.

Schnitt

Der Gehölzschnitt gehört zu den Arbeiten, die so mancher Freizeit-Gärtner lieber vermeiden würde. Doch
obwohl darüber schon ganze Bücher geschrieben wurden, ist das Schneiden gar nicht so schwer. Im Grunde
genügt es, sich ein paar Faustregeln einzuprägen.

Warum müssen Pflanzen überhaupt zurückgeschnitten werden? In erster Linie verhindert man
damit, dass sie für den vorhandenen Platz zu groß
werden. Natürlich könnten Sie sich von vornherein
auf Pflanzen beschränken, die sehr klein bleiben,
aber dabei käme ein ausgesprochen langweiliger Garten heraus.

Das zweite Motiv für den Rückschnitt besteht darin,
die Pflanze jugendlich, gesund und kräftig zu halten,

indem man einen Teil des alten, verbrauchten Holzes
entfernt. Die meisten Sträucher blühen an jüngerem
Holz reicher, und auch die einzelnen Blüten fallen meist
größer aus. Und wenn der Strauch vor allem durch die
Farbe seiner Blätter und seiner Rinde besticht, kann ein
Rückschnitt auch hier zu einer besonders intensiven
Färbung beitragen.

Viele unerfahrene Gärtner befürchten, ihre Pflanzen durch falschen Schnitt so zu schädigen, dass sie
eingehen. In Wirklichkeit aber ist das fast unmöglich. In
den Neunzigerjahren wurde in den Gärten der briti-
schen Royal National Rose Society ein Versuch durch-
geführt, bei dem drei Beete derselben Rosensorte
unterschiedlichen Schnittmaßnahmen unterzogen wurden. Die Rosen des ersten Beets wurden lehr-
buchmäßig mit einer Rosenschere zurückgeschnitten,
die des zweiten zwar ebenfalls mit einer Rosenschere,
aber entgegen allen Regeln der Kunst, während das
dritte Beet ebenso brutal wie einfach mit einer Heckenschere niedergemetzelt wurde. Welche Rosen blühten
im Jahr darauf wohl am üppigsten? Es waren die mit
der Heckenschere gestutzten. Sie waren durch diese
„Behandlung" zwar nicht unbedingt schöner geworden,
doch das Experiment zeigt, dass man sich über Schnitt-
fehler nicht allzu sehr den Kopf zerbrechen muss.

Schlimmstenfalls schneiden Sie zur falschen Jahreszeit und müssen deshalb auf die Blüten der laufen-
den Saison verzichten; viel mehr dürfte in den meisten
Fällen nicht passieren.

Die Mehrzahl blühender Sträucher und Kletterpflanzen wie Klematis fällt in zwei Kategorien. Die erste um-
fasst Frühjahrs- und Frühsommerblüher wie Forsythie
oder Pfeifenstrauch. Da diese am vorjährigen Holz
blühen, müssen sie unmittelbar nach der Blüte geschnitten werden, damit sie den Rest des Sommers Zeit
haben, die Triebe zu produzieren, an denen sich die Blüten des Folgejahres bilden sollen. Schneiden Sie deshalb
alle Triebe, die Blüten getragen haben, bis zu dem Punkt
zurück, an dem sich ein gesunder neuer Seitentrieb zeigt.

Die zweite Gruppe von Pflanzen blüht in der zweiten
Sommerhälfte, wie etwa die Buddleie oder die *Clematis-
viticella*-Hybriden. Diese bringen nur am diesjährigen
Holz Blüten hervor. Das alte Holz muss daher im Spätherbst nach der Blüte kräftig zurückgeschnitten werden – oder, noch besser, im zeitigen Frühjahr, wenn die
Pflanze gerade auszutreiben beginnt. Schneiden Sie
nicht, werden nur an der Spitze der neuen Triebe Blüten
gebildet, die zudem noch klein und spärlich ausfallen.

Auch die meisten Rosen zählen zu dieser Kategorie.
Abraten würde ich von Sorten, die intensiven jährlichen
Rückschnitt erfordern, nämlich Teehybriden und Flori-
bundarosen – nicht nur, um Zeit zu sparen, sondern

auch, weil diese Rosen im Winter eher unansehnlich sind und es weit attraktivere und zugleich pflegeleichtere gibt, sei es unter den modernen Strauchrosen, den Englischen Rosen oder den Patio-Rosen. Hier muss lediglich das abgestorbene Holz sowie kranke oder schwache Triebe entfernt werden. Ansonsten genügt es, zusammen mit den verwelkten Blüten rund 15 bis 20 cm Holz wegzuschneiden, um die Rose zu weiterer Blütenbildung anzuregen. Alle paar Jahre kann es zudem ratsam sein, zu Frühjahrsbeginn einen oder zwei ältere Stämme bis auf Bodenhöhe zurückzuschneiden, um kräftige neue Triebe von unten heraus zu fördern und die Pflanze auf diese Weise zu „verjüngen".

Immergrüne Gehölze schneidet man im späten Frühjahr, aber nur, wenn es unbedingt erforderlich ist, um ihr Wachstum zu kontrollieren oder sie in Form zu halten. Lassen Sie es dabei langsam angehen; tasten Sie sich Stück für Stück vor und treten Sie öfter mal ein paar Schritte zurück, um Ihr Werk mit genügend Abstand zu betrachten. Mit Pflanzen ist es wie mit Haaren: Was Sie in einer Sekunde wegschneiden, braucht Monate, bis es wieder nachgewachsen ist.

Die meisten Hecken müssen mindestens zweimal jährlich zurückgeschnitten werden, wenn sie gepflegt aussehen sollen. Angesichts des damit verbundenen Zeitaufwands und der erforderlichen Geräte werden nicht wenige ungeduldige Gärtner diese Arbeit lieber gleich dem Fachmann überlassen.

Vermehrung durch Samen

Eine der einfachsten Möglichkeiten, den Pflanzenvorrat aufzustocken, besteht darin, von Einjährigen wie Jungfer im Grünen *(Nigella)* oder Klatschmohn *(Papaver rhoeas)* Samen zu sammeln. Bei Pflanzen, deren Samen fast nur als Farbmischungen angeboten werden, können Sie auf diese Weise zudem Ihre Lieblingsfarben aussortieren, um dann im nächsten Jahr nur diese auszusäen.

Prüfen Sie gegen Ende des Sommers, ob die Samenkapseln ganz ausgereift sind. Sie erkennen das sehr leicht an der Farbe, die in den meisten Fällen hellbis mittelbraun sein muss, sowie daran, dass die Kapsel kurz davor ist, sich zu öffnen. Schütteln Sie den Inhalt der Samenkapseln in eine Papiertüte (keine Plastiktüte!), einen Umschlag oder ein Filmdöschen. Kleben Sie dann ein Schildchen mit dem Namen der Pflanze und dem Datum darauf. Am besten lagern Sie die Samen in einem luftdichten Behälter im Gemüsefach Ihres Kühlschranks. Auf diese Weise simulieren Sie gewissermaßen den Winter, der für manche Pflanzen eine Voraussetzung ist, um im Frühjahr zur Keimung zu kommen. Einige dieser Einjährigen werden bereits im Herbst keimen, weil immer einige Samenkapseln ihren

Inhalt verstreuen werden, bevor Sie ihn einsammeln können; diese Sämlinge gedeihen jedoch weniger gut als diejenigen, die erst im Frühjahr keimen.

Im nächsten Frühjahr säen Sie dann Ihre selbst gesammelten Samen direkt an Ort und Stelle aus. Seien Sie aber nicht zu großzügig; wenn Sie die Samen zu dicht säen, müssen Sie später die meisten jungen Pflänzchen wieder ausreißen, damit die verbleibenden genügend Platz haben, um zu gesunden, kräftigen Exemplaren heranreifen zu können.

Stecklingsvermehrung

Das Abnehmen von Stecklingen ist nicht nur eine Art Lebensversicherung für Pflanzen wie Rosmarin, die nicht absolut winterhart sind, sondern bietet auch eine gute Möglichkeit, bei einem Umzug Pflanzen für den neuen Garten mitzunehmen.

Stecklinge von Rosmarin oder Lavendel nehmen Sie am besten im Sommer, indem Sie junge Triebe von etwa 10–15 cm Länge abschneiden, die noch nicht geblüht haben. Streifen Sie die unteren Blätter ab, so dass zwei Drittel des Stecklings blattfrei sind, und kappen Sie dann das untere Ende mit einem scharfen Messer knapp unterhalb einer Blattachsel. Schneiden Sie die Spitze des Sprosses ab. Schieben Sie die Stecklinge dann so tief in einen Topf mit feuchter, aber gut durchlässiger Erde, dass die Blätter gerade noch aus der Erde ragen. Stecken Sie dann am Topfrand drei kurze Stäbe in die Erde und stülpen Sie eine transparente Plastiktüte darüber, die Sie unten möglichst dicht verschließen. So entsteht ein feuchtes Mikroklima, das die Wurzelbildung fördert. Die Stöckchen verhindern, dass die Plastiktüte in direkten Kontakt mit den Stecklingen kommt, was zu Fäulnis führen könnte.

Stellen Sie den Topf auf ein helles Fensterbrett, aber nicht in die pralle Sonne. Kontrollieren Sie regelmäßig und klopfen Sie dabei leicht auf die Tüte, damit das Kondenswasser seitlich ablaufen kann, statt auf die Stecklinge zu tropfen. Sobald Sie erste Anzeichen für neue Triebe erkennen, was meist nach drei bis vier Wochen der Fall ist, sollten Sie die Plastikfolie entfernen. Haben die einzelnen Stecklinge genügend Platz, können sie bis zum Auspflanzen im Topf bleiben. Anderenfalls setzen Sie sie in einen größeren Topf um. Überwintern Sie die Stecklinge bis zum Frühjahr an einem hellen, kühlen, aber frostfreien Platz.

LINKS **Eine so dichte Bepflanzung verringert den Pflegeaufwand, weil sie das Aufkommen von Unkräutern unterdrückt. Ein stärkerer Rückschnitt pro Jahr sorgt dafür, dass die Pflanzen kräftig bleiben, ohne sich allzu sehr auszubreiten.**

PFLANZEN

Staudengärtnerei Alpine Raritäten Jürgen Peters
Auf dem Flidd 20,
25436 Uetersen
Tel. (0 41 22) 33 12,
Fax (0 41 22) 4 86 39
www.staudenshop-peters.de
(Stauden, Steingartenpflanzen, Zwiebeln und Knollen)

W. Kordes' Söhne Rosenschulen GmbH & Co KG
Rosenstr. 54, 25365 Klein Offenseth-Sparrieshoop
Tel. (0 41 21) 4 87 00,
Fax (0 41 21) 8 47 45
www.kordes-rosen.com
(Rosenschule der bekannten Züchter-Firma Kordes; Gartenrosen, Stammrosen, Schnittrosen)

Rosenhof Schultheis
Bad Nauheimer Str. 3–7,
61231 Bad Nauheim-Steinfurth
Tel. (0 60 32) 8 10 13,
Fax (0 60 32) 8 58 90
www.rosenhof-schultheis.de
(Älteste deutsche Rosenschule, Schwerpunkt Alte Rosen)

Rosenschule Martin Weingart
Hirtengasse 16, 99947 Bad Langensalza/Ufhoven
Tel. (0 36 03) 81 39 26,
Fax (0 36 03) 81 39 24
(Viele seltene Rosensorten.)

F. M. Westphal Clematiskulturen
Peiner Hof 7, 25497 Prisdorf
Tel. (0 41 01) 7 41 04,
Fax (0 41 01) 78 11 13
www.clematis-westphal.de
(Clematis-Gärtnerei mit äußerst umfangreichem Sortiment von ca. 500 Sorten)

Bambus-Centrum Deutschland Baumschule Wolfgang Eberts
Saarstr. 3–5,
76532 Baden-Baden
Tel. (0 72 21) 5 07 40,
Fax (0 72 21) 50 74 80
www.bambus.de
(Winterharte Gartenbambusse, Bambusrohre, Sichtschutzelemente aus Bambus u.a.)

Kustermann Staudengärtnerei
In den Gärten, 63584 Gründau-Niedergründau
Tel. (0 60 58) 66 00,
Fax (0 60 58) 62 95
(Neues und Außergewöhnliches aus dem Reich der Stauden, Versandliste gegen 1,50 EUR in Briefmarken.)

Kübel-Garten
Eichenweg 21,
48499 Salzbergen
Tel. (0 59 76) 5 22,
Fax (0 59 76) 10 65
www.der-kuebelgarten.de
(Spezialgärtnerei für subtropische Kübelpflanzen mit Schwerpunkt Kalthauspflanzen.)

GARTENMÖBEL UND ACCESSOIRES

Habitat Limited
Neumarkt 12, 50667 Köln
Tel. (02 21) 9 20 15 00,
Fax (02 21) 92 01 50 15
www.habitat.net
(Gartenmöbel und Accessoires; weitere Geschäfte in Düsseldorf, Hamburg und Stuttgart)

Teak & Garden – Brink's Teak Traditionals GmbH
Lübecker Str. 29, 46485 Wesel
Tel. (02 81) 9 62 66 11,
Fax (02 81) 9 62 66 66
www.teakversand.de
(Gartenmöbel, Pflanzgefäße und Accessoires im klassisch-englischen Stil; Lutyens-Bänke und -Sitzgruppen)

wetterholz
Dauerausstellungsfläche im Werk 45
Erdinger Str. 45,
85356 Freising-Lerchenfeld
Tel. (0 81 67) 9 50 17 30,
Fax (0 81 67) 9 50 17 31
www.wetterholz.de
(Gartenmöbel, Pflanzbehälter, wasserdichte Gefäße, Zäune und Einfassungen aus Holz. Überwiegend Verwendung heimischer Hölzer ohne chemische Holzschutzmittel.)

Krause-Brunnen
Obere Wende 13,
33739 Bielefeld
Tel. (05 21) 88 60 40,
Fax (05 21) 89 33 77
www.krause-brunnen.de
(Zierbrunnen (Tisch-, Stand-, Hänge-, Wandbrunnen) und Wasserspiele aus Kupfer.)

Obelisk-Gartendekoration
Hessenweg 18, 49809 Lingen
Tel. (05 91) 7 48 24,
Fax (05 91) 9 77 11 66
www.der-obelisk.de
(Rankhilfen, Rankstühle, Feuerkörbe, Rosenbögen, Staudenhalter u.a.)

DerBesondereGarten.de Hildebrandt GmbH
In der Grub 34, 88131 Lindau
Fax: (0 83 82) 27 52 89
derbesonderegarten.de
(Japanische und chinesische Steinlaternen, Steinbrunnen, Steinfiguren, Wasserspiele, Gartenbeleuchtung)

kolonialantik.de Bräuning GmbH & Co. KG
Töpferstr. 24, 36088 Hünfeld
Tel. (0 66 52) 22 81,
Fax (0 66 52) 7 26 19
www.kolonialantik.de
(Alte Teakbänke aus Indonesien, asiatische Steinskulpturen, Architekturelemente, alte Wasserträge aus Keramik)

BELEUCHTUNG

Wohnlicht.com – Wohnlicht Handelsgesellschaft mbH
Blomestr. 32–34,
25524 Heiligenstedten
Tel. (0 48 21) 7 22 00,
Fax (0 48 21) 7 85 96
www.wohnlicht.com
(Mehr als 500 verschiedene Außenleuchten von klassisch bis modern.)

Dieter Barz – Lichtobjekte
Hedwigstr. 14, 12159 Berlin
Tel./Fax (0 30) 8 51 10 98
www.barz-lichtobjekte.de
(Lichtobjekte und Lichtkunst)

Elke Epstein Garten- und Teichbeleuchtung
Westerwaldstr. 134, 53773 Hennef-Uckerath
Tel. (0 22 48) 91 29 46,
Fax (0 22 48) 91 29 48
www.Elke-Epstein.de
(Design und Produktion von Außenleuchten)

VERSCHIEDENES

House of Marbles
Postfach 31 54,
21209 Seevetal
Tel. (0 41 05) 68 69 00,
Fax (0 41 05) 68 69 09
www.houseofmarbles.com
(Hersteller und Händler von Murmeln, Glaskunst und Spielen. Erste Adresse für Murmeln jeder Art in Europa.)

Mr. Evergreen GmbH
Wilhemsthal 4, 34379 Calden
Tel. (08 00) 6 73 83 74,
Fax (0 56 74) 99 92 33
www.mr-evergreen.com
(Biologische Präparate zur Boden- und Pflanzenpflege: Kompost, Kakaoschalen-Mulch, organische Düngemittel, Gesteinsmehle u.a.)

Kursiv gesetzte Seitenzahlen beziehen sich auf Abbildungen.

A

Abschirmungen 20–21, *21*, *39–41*, *39*, *49*, *50–51*, 51

Acaena microphylla 'Kupferteppich' (Stachelnüsschen) 59

Acanthus (Akanthus)
mollis 120, 140
spinosus 124

Acer (Ahorn) 19, 94, *116*, 117
capillipes 142–143
palmatum var. *dissectum* 143

Achillea 'Terracotta' (Schafgarbe) 129

Adiantum venustum (Frauenhaarfarn) *148*

Agapanthus Headbourne-Hybriden 13

Agave 94, *98*, 101

Agrostemma githago 'Ocean Pearl' (Kornrade) 114

Ahorn 19, 94, *116*, 117, 142–143

Akanthus 120, 124, 140

Akebie *(Akebia quinata)* 133

Alchemilla (Frauenmantel) *62*

Allium (Lauch) *116*
christophii 132

Alpenveilchen *(Cyclamen)* 13, 31

Amelanchier x *grandiflora* 'Ballerina' (Felsenbirne) 143

Anemone x *hybrida*
'Honorine Jobert' 114
'Queen Charlotte' 114

Apfel, Vielblütiger *(Malus floribunda)* 143

Architektonische Pflanzen 15, 19, 86, 98, *109*, 123

Armeria maritima (Grasnelke) 59

Artemisia (Beifuß)
absinthium 'Lambrook Silver' 129
stelleriana 'Silver Brocade' *114*
vulgaris 'Oriental Limelight' 27
'Powis Castle' 114

Asplenium (Streifenfarn) 124
scolopendrium 121, *121*

Astelia 14, 101
chathamica 13

Aster x *frikartii* 'Mönch' 129

Ätna-Ginster *(Genista aetnensis)* 138

Atriplex halimus (Melde) 137

Azaleen 94

B

Bacopa 'Snowflake' 103

Balkone 20–21, *21*

Bambus *17*, *18*, 21
als Sichtschutz 48, *50–51*, 51
für Pergolen 75
–, Schwarzer *(Phyllostachys nigra)* 23, 103, 138–139, 147, *147*

Bänke *77*, *78*, 79, 80–81

Bartblume *(Caryopteris* x *clandonensis* 'Heavenly Blue') 128

Bartfaden *(Penstemon* 'Stapleford Gem') 130

Bäume 108, 142–144
für Lauben 76
im Kübel 94, *95*
Beleuchtung 86

Baumfarn *(Dicksonia antarctica)* 23, 124

Baumwacholder *(Juniperus scopulorum* 'Skyrocket') 43

Beetpflanzen 34, *34*, 121

Begonien 16, 97

Begrenzungen 28–29, 38–51

Beifuß 27, 114, *114*, 129

Beleuchtung 23, *23*, *72*, 73, 86–89, *86–89*

Bellis (Maßliebchen) 34

Bergenia (Bergenie) 114
'Bressingham White' 141

Bergenie 114, 141

Bergkiefer 21, 145

Berufkraut *58*, 62

Beton
-pflaster 54, *59*, 62
-wände 47, *47*

Betula jacquemontii (Weißrindige Himalajabirke) 143

Bidens ferulifolia (Zweizahn) 27

Binsenlilie *(Sisyrinchium striatum* 'Variegatum') *122*, 123

Birne *(Pyrus calleryana* 'Chanticleer') 143

Blattpflanzen 114, 120

Blauschwingel *(Festuca glauca)* 15, *15*, 19, 101

Blausternchen *(Scilla)* 31

Blumenampeln *26–27*, 27

Blumenrohr 13, 103

Blumenzwiebeln *29*, *30*, 31, 94, 95, 132

Blutjohannisbeere *(Ribes sanguineum* 'King Edward VII') 139

Boden 53–71

Bodendecker 131, 141, 146, 149

Bögen *75*

Brandkraut *(Phlomis russeliana)* 130

Bubiköpfchen *(Soleirolia soleirolii)* 71, 101

Buchsbaum 16, 19, 98, *116*, 144, 147

Buddleja (Schmetterlingsstrauch)
fallowiana var. *alba* 128
'Lochinch' 128, *150*

Bulaitis, Bonita *41*, 47

Buxus sempervirens 'Suffruticosa' (Buchsbaum) 144

C

Calamagrostis acutiflora (Reitgras) 114
'Karl Foerster' 131
'Overdam' *115*

Calendula 'Indian Prince' (Ringelblume) 132

Campanula (Glockenblume)
persicifolia 'Telham Beauty' 140
poscharskyana 'E. H. Frost' 131

Canna (Blumenrohr)
'Durban' 103
'Erebus' 13

Carex (Segge)
comans 'Frosted Curls' 19
flagellifera 15, 103

Caryopteris x *clandonensis* 'Heavenly Blue' (Bartblume) 128

CDs 105

Ceanothus 'Puget Blue' (Säckelblume) 128, *150*

Ceratostigma willmottianum (Hornnarbe) 128

Chinaschilf 13, 131, 133

Choisya (Orangenblume)
ternata 120
'Aztec Pearl' 120, 137

Cistus x *corbariensis* (Zistrose) 137

Clematis (Waldrebe) 29, 108, 110, 151, *151*
alpina 108
'Frances Rivis' 134
armandii 127
flammula 110
macropetala 'Markham's Pink' 135
montana 108
texensis 151
'Duchess of Albany' 110
'Gravetye Beauty' 110, *111*, 135
vitalba 110
viticella 108, 151, *151*
'Purpurea Plena Elegans' 110, 135
'Alba Luxurians' 110
'Betty Corning' 110
'Bill MacKenzie' 134–135
'Madame Julia Correvon' 110
'Prince Charles' 119
'Princess Diana' 110

Convolvulus cneorum (Silberwinde) 123, *123*

Cordyline australis (Keulenlilie) 14, 98, 101, *116*, 123, 145

Cornus alba 'Elegantissima' (Tatarischer Hartriegel) 128

Cosmee *(Cosmos atrosanguineus)* *106–107*

Cotinus 'Grace' (Perückenstrauch) *120*, 137

Cotoneaster dammeri (Zwergmispel) 145

Cottage-Garten 12, *19*

Crambe cordifolia (Riesenschleierkraut) 130

Crocosmia 'Lucifer' (Montbretie) 140

Crocus chrysanthus (Krokus) 'Blue Pearl' 31

'Snowbunting' 31
x *Cupressocyparis leylandii* (Leylandzypresse) 133
Cupressus arizonica var. *glabra* (Zypresse) 14
Cyclamen (Alpenveilchen) 13, 31
Cynara cardunculus (Kardone) 119, *126*, 130
Cytisus (Geißklee) 108
  battandieri 135
  x *kewensis* 137

D
Dachterrassen 20–21, *20*, 103
Daphne odora 'Aureomarginata' (Seidelbast) 145
Dicentra 'Pearl Drops' (Herzblume) 140
Dicksonia antarctica (Baumfarn) 23, 124
Dschungelgärten 124, *124–125*
Düngen 27, 150–151

E
Eberesche 144
Eccremocarpus scaber (Schönranke) 127
Echeveria elegans 61, *61*
Edeldistel (*Eryngium* x *oliverianum*) *114*, 140
Efeu 16, 43, 120, 135, 144
Einjährige 29, 34, *34*, 113, 114, 132–133
Essbare Pflanzen 133
Elaeagnus (Ölweide)
  x *ebbingei* 'Limelight' 137
  'Quicksilver' 123, 137
Elfenblume (*Epimedium* x *versicolor* 'Sulphureum') 146, *148*
Eryngium x *oliverianum* (Edeldistel) *114*, 140
Eschscholzia californica (Kalifornischer Mohn) 34, 123, 133
Euonymus (Spindelstrauch)
  fortunei
    'Emerald Gaiety' 114, 145
    'Emerald 'n' Gold' 31, *31*
  microphyllus 16
Euphorbia characias (Wolfsmilch) 19, 140
Exotische Pflanzen 124, *124–125*

F
Fallopia baldschuanica (Schlingknöterich) 133
Farbe
  Beleuchtung 89
  für den Frühling 33
  für den Sommer 34
  für den Winter 33
  Holzböden 68
  Kies 66–67
  Möbel 80–81
  Pflanzgefäße 97, 101
  Pflaster 59, 62
  Vorausschauend pflanzen 117
  Wände 42–43
  Zäune 44–45
Farne 16, 94, 114, 121
Fatsia japonica (Zimmeraralie) 23, 103, 120, 124, 137
Federgras 15, 101, 114, 131, 141
Federmohn (*Macleaya cordata*) 130
Felsenbirne 143
Fenchel (*Foeniculum vulgare* 'Purpureum') 105
Festuca glauca (Blauschwingel) 15, *15*, 19, 101
Fetthenne 19, 133, 141
Feuerbohne 133
Feuerdorn (*Pyracantha*) 136, 147
Filipendula rubra 'Venusta' (Mädesüß) 130
Fingerstrauch 21, 139
Fleischbeere (*Sarcococca hookeriana* var. *humilis*) 146
Fleißiges Lieschen 16, 79, 97, *121*, 124
Flieder, Kleinblättriger (*Syringa microphylla* 'Superba') 146
Foeniculum vulgare 'Purpureum' (Fenchel) 105
Formale Gärten 12, *12*, 14, *14*
  Pflanzgefäße 98, *98–99*
  Teiche 84
  Vorgärten 19
Formschnitt 14, 16, 19, 98, 147
Forsythia (Forsythie) 151
  x *intermedia* 'Lynwood' 137
Frauenhaarfarn (*Adiantum venustum*) 148
Frauenmantel (*Alchemilla*) 62
Fuchsia
magellanica 'Alba' (Fuchsie) 128

Funkie 16, 94, 96, 98, 109, *120*, 140–141, 147

G
Galium odoratum (Waldmeister) 121, 131
Gartenmöbel 21, 80–81, *80–81*
Gartenräume 39–41, 51
Geißblatt 16, 21, 127, 135, 138
Geißklee 108, 135, 137
Gemüse 95, 133
Genista aetnensis (Ätna-Ginster) 138
Geranien 94, 96
Geranium (Storchschnabel)
  macrorrhizum 121, 131
    'Bevan's Variety' *120*
  'Ann Folkard' *114*
Gerbera 83
Gießen 27, 149–150
Glas
  als Bodenbelag 67, *67*
  als Deckschicht 101, 105
  als Sichtschutz 20
  -gefäße 101
  -möbel *80–81*
  -murmeln 56, *56*, 59
  -splitter *55*
  Wasserelemente 82, 83, *83–85*
Glockenblume 131, 140
Glyzine (*Wisteria floribunda*) 144
Goldhopfen (*Humulus lupulus* 'Aureus') 120, 127
Goldnessel (*Lamium galeobdolon*) 133
Gräser 15, 19, 94, *97*, 114, 131–132
Grasnelke 59
Granitpflaster *64*, 65
Gruppenpflanzung 114

H
Hainblume (*Nemophila*) 34
Hanfpalme (*Trachycarpus fortunei*) 23, 124, 147
Hamamelis x *intermedia* 'Pallida' (Zaubernuss) *142*, 145
Hartriegel, Tatarischer (*Cornus alba* 'Elegantissima') 128
Hauswurz (*Sempervivum*) 19
Hebe (Strauchveronika)
  'Marjorie' 138

'Pewter Dome' 128
Hedera (Efeu)
  colchica
    'Dentata Variegata' 144
    'Variegata' 120
  helix
    'Glacier' 16
    'Goldheart' 16, 135
    'Oro di Bogliasco' 16
Hecken 38, 110, 152
Heiligenblume, Gefiederte (*Santolina pinnata* 'Edward Bowles') 129
Helianthemum 'Fire Dragon' (Sonnenröschen) 141
Helianthus annuus (Sonnenblume) 133
  'Claret' 34
  'Moonwalker' 34
Helichrysum petiolare (Strohblume) 114
Helictotrichon sempervirens (Wiesenhafer) 101
Helleborus argutifolius (Korsische Nieswurz) 120, 140
Hemerocallis 'Stella de Oro' (Taglilie) 140
Herzblume (*Dicentra* 'Pearl Drops') 140
Heuchera 97
Hibiscus syriacus 'Oiseau Bleu' (Straucheibisch) 145
Himalajabirke, Weißrindige (*Betula jacquemontii*) 143
Höfe in der Stadt 22–23, *22*
Holz
  als Bodenbelag 20, 22, 54–55, *54*, 68, *68*
  -gefäße 96, 98
  -lasuren 44, 68
  -lauben 76, *78*, 79
  -möbel 80–81, *80*
  -pergolen 74–75, *74*
Honigstrauch (*Melianthus major*) 86, *117*, 138
Hordeum jubatum (Mähnengerste) 113
Hornklee (*Lotus berthelotii*) 123
Hornnarbe (*Ceratostigma willmottianum*) 128
Hortensie 138, 144, 145
Hosta (Funkie)
  sieboldiana var. *elegans* 140–141, 147
  'Frances' *120*
Humulus lupulus 'Aureus' (Goldhopfen) 120, 127

Hydrangea (Hortensie)
  anomala subsp. *petiolaris*
  144
  arborescens 'Annabelle'
  138
  aspera subsp. *sargentiana*
  145
Hypericum 'Hidcote' (Johanniskraut) 138

I

Ilex aquifolium (Stechpalme)
  'Golden van Tol' 145
  'Silver Queen' 119
Immergrün, Kleines (*Vinca
  minor* 'Gertrude Jekyll') 141
Immergrüne 16, 98, 120,
  152
Impatiens 79
  Neuguinea-Hybriden 16, *121*,
  124
Imperata cylindrica 'Red Baron'
  100
Ipomoea (Prunkwinde)
  indica 119
  lobata 34
  tricolor 'Heavenly Blue' 34
Iris (Schwertlilie) 95
  reticulata 31
  sibirica 46

J

Jasmin, Echter (*Jasminum
  officinale*) 135
Jasmin-Nachtschatten
  (*Solanum jasminoides* 'Album')
  127
Jasminum officinale (Echter
  Jasmin) 135
Johanniskraut (*Hypericum*
  'Hidcote') 138
Jungfernrebe (*Parthenocissus
  henryana*) *134*, 136
Juniperus scopulorum
  'Skyrocket' (Baumwacholder)
  43
Japanische Gärten 12, *17*, *18*,
  38
Jungfer im Grünen 34, 114,
  114, 119, 133, 152

K

Kakteen *47*
Kamelien 94
Kapmargeriten 83, 94, *122*
Kapuzinerkresse 27, 110–111,
  111

Kardone (*Cynara cardunculus*)
  119, *126*, 130
Katzenminze (*Nepeta* x
  faassenii) 123
Keramikgefäße 96, *99*
Kerzen 23, *23*, *88–89*, 89
Keulenlilie (*Cordyline australis*)
  14, 98, 101, *116*, 123,
  145
Kies 19, 53, *59*, 66–67, *66*,
  68, 123
Kirsche 143
Klebsame 117, 119, 139
Klematis 29, 34, 108, 110,
  111, 119, 127, 134–135,
  151, *151*
Kletterpflanzen 110–111
  einjährige 34, 111
  für Lauben *78*, 79
  immergrüne 16
  langsamer Wuchs 144
  mittelschneller Wuchs
  134–136
  schneller Wuchs 126–127
  Schnitt 108, 151
Knautia macedonica (Witwen-
  blume) 130
Königskerze 123, 141
Königslilie (*Lilium regale*) 79,
  94
Kopfsteinpflaster 57
Körbe 96, *96*
Kornrade 114
Kräuter 95, *100*, *104–105*,
  105
Kreuzdorn (*Rhamnus alaterna*
  'Argenteovariegata') 146
Krokus 31, 95

L

Lamium galeobdolon
  (Goldnessel) 133
Langsamer Wuchs 109,
  142–146
  Vorausschauend pflanzen
  116–125
Lauben 73, 76, *76–79*, 79
Lauch *116*, 132
Lavandula (Lavendel) 94, *99*,
  108, 153
  angustifolia 'Hidcote'
  119–120, 128
  stoechas 14, *14*
Lavendel 14, *14*, 94, *99*, 108,
  119–120, 128, 153
Lavendelheide (*Pieris* 'Forest
  Flame') 145

Lavatera (Strauchmalve)
  'Barnsley' 129
  'Rosea' 129
Leylandzypresse (x *Cupressocy-
  paris leylandii*) 116, 133
Lilium regale (Königslilie)
  79
Limnanthes douglasii
  (Sumpfblume) 133
Liriope muscari 141
Lobelie 16, *34*, 95, 97
Lonicera (Geißblatt)
  japonica 'Halliana' 127
  nitida 16, 21
    'Baggesen's Gold' 138
  periclymenum 'Graham
    Thomas' 135
Lotus berthelotii (Hornklee) *123*
Löwenmaul, Windendes (*Mau-
  randya* 'Victoria Falls') 111
Lungenkraut (*Pulmonaria
  officinalis* 'Sissinghurst
  White') 141
Lupine (*Lupinus* subsp. *cruck-
  shankii* 'Sunrise') 133
Lysimachia (Pfennigkraut)
  congestiflora 'Outback Sunset'
  27
  nummularia 'Aurea' 27

M

Macleaya cordata (Federmohn)
  130
Mädesüß (*Filipendula rubra*
  'Venusta') 130
Magnolia stellata
  (Sternmagnolie) 143
Mähnengerste (*Hordeum
  jubatum*) 113
Mahonie (*Mahonia* x *media*
  'Charity') 145
Malus floribunda (Vielbütiger
  Apfel) 143
Maßliebchen (*Bellis*) 34
Matteuccia struthiopteris
  (Straußfarn) 141
Mauern 38–39, *40–43*,
  42–43
  Beleuchtung 86
  Innenstadthöfe 22
  Neubaugrundstücke 28–29
  neue 47, *47*
Mauersträucher 134–136
Maurandya 'Victoria Falls'
  (Windendes Löwenmaul) 111
Medizinalrhabarber (*Rheum pal-
  matum*) 124, 130

Melde (*Atriplex halimus*) 137
Melianthus major (Honigstrauch) 86, *117*, 138
Mentha requienii (Korsische
  Minze) 79
Metall
  als Bodenbelag 54, *67*
  -gefäße *95*, 98, *98*,
  100–101, 101, 105
  -lauben 76, 77
  -möbel *80–81*, 81
  -pergolen 75
  Wasserelemente 82, 84, *85*
Minze 79, 105
Miscanthus (Chinaschilf)
  sacchariflorus 133
  sinensis
    'Malepartus' 131
    'Silberfeder' 131
    'Yakushima Dwarf' 13
Mittelschneller Wuchs 109,
  134–141
  Vorausschauend pflanzen
  116–125
Moderne Gärten 12, *12*, 15,
  15
  Pflanzgefäße 15, *15*,
  100–101, 101
  Vorgärten *18*, 19
  Zäune 48–49
Mohn 34, *34*, 113, 132,
  152
Mohn, Kalifornischer (*Esch-
  scholzia californica*) 34, 62,
  123, 133
Molinia caerulea subsp. *arundi-
  nacea* 'Windspiel' (Rohrpfei-
  fengras) 132
Montbretie (*Crocosmia* 'Lucifer')
  140
Mosaik 55, 57–59
Mulch 148–149
Mulchfolie 148–149
Murmeln 56, *56*

N

Narcissus (Narzisse)
  'February Gold' 31
  'Hawera' 132
Narzisse 31, 95, 132
Nemophila (Hainblume) 34
Nepeta x *faassenii*
  (Katzenminze) 123
Neubaugrundstücke 28–29,
  28–29
Neuseeländer Flachs 23, 98,
  101, 124, 138, 147

Nicotiana (Tabak)
  alata 79
  sylvestris 34
Nieswurz, Korsische (Helleborus
  argutifolius) 120,
  140
Nigella damascena (Jungfer im
  Grünen) 114, *114*, 152
  'Miss Jekyll', 34, 119, 133
  'Miss Jekyll White', 34
Nymphaea 'Pygmaea Helvola'
  (Seerose) 83

O
Obelisken 31, *35*, *91*
Obstbäume 94
Ölweide 123, 137
Ophiopogon planiscapus
  'Nigrescens' (Schwarzer
  Schlangenbart) 101
Orangenblume 120, 137

P
Papaver (Mohn)
  commutatum 'Ladybird' 113
  rhoeas 152
    'Mother of Pearl' 34, 132
Paradiesvogelblume (Strelitzia
  reginae) 103
Parthenocissus henryana
  (Jungfernrebe) *134*, 136
Passagen, schattige 16,
  16–17
Passiflora caerulea
  (Passionsblume) 127
Passionsblume (Passiflora
  caerulea) 127
Pavillons 73
Pearson, Dan *39*, 48
Penstemon 'Stapleford Gem'
  (Bartfaden) 130
Pergolen 73, 74–75, *74*
Perovskia (Perowskie) 123,
  123
  'Blue Spire' 114, 130
Perückenstrauch (Cotinus
  'Grace') *120*, 137
Petunien *34*
Pfeifenstrauch 138, 151
Pfennigkraut 27
Pflanzen als Blickfänge 147
Pflanzkübel 9–11, *10*,
  94–105, *94–105*
  auf Dachterrasssen 21
  auf Neubaugrundstücken 29,
  29

Blumenampeln *26–27*, 27
  für Höfe in der Stadt 23
  Gießen 150
  in verwilderten Gärten 24,
  24
  klassische 14, *14*
  moderne 15, *15*, *100–101*,
  101
  Winter 31
  zwanglose 13, *13*
Pflaster 52, 54–65, *56–65*
Philadelphus (Pfeifenstrauch)
  151
  'Manteau d'Hermine' 138
Phlomis russeliana (Brandkraut)
  130
Phormium (Neuseeländer
  Flachs)
  tenax 23, 124, 147
  'Variegatum' 138
Phyllostachys nigra (Schwarzer
  Bambus) 23, 103,
  138–139, 147, *147*
Pieris 'Forest Flame' (Lavendel-
  heide) 145
Pinus mugo (Bergkiefer) 21
  'Mops' 145
Pittosporum (Klebsame) 117
  tenuifolium 'Silver Queen'
  119, 139
Plastik
  -gefäße 96, 101
  -möbel 81
Polycarbonat 21, *21*, 76
Polypodium (Tüpfelfarn) 124
Polystichum (Schildfarn)
  setiferum 79, 114
    Divisilobum-Grp. 121
Potentilla (Fingerstrauch) 21
  fruticosa 'Daydawn' 139
Prunkwinde 34, 119
Prunus (Kirsche, Mandel)
  'Taihaku' 143
  x subhirtella 'Autumnalis'
  143
  tenella 'Fire Hill' 145–146
Pulmonaria officinalis 'Sissing-
  hurst White' (Lungenkraut)
  141
Pyracantha (Feuerdorn) 136,
  147
Pyrus calleryana 'Chanticleer'
  (Birne) 143

R
Rabatte, gemischte 114

Rasen 18–19, 20, 24, 53,
  70–71, 71
Reitgras 114, *115*, 131
Rhamnus alaterna 'Argenteo-
  variegata' (Kreuzdorn)
  146
Rheum palmatum (Medizinalrha-
  barber) 124, 130
Rhododendron 94, 124
  yakushimanum 146
Ribes sanguineum 'King Edward
  VII' (Blutjohannisbeere) 139
Ricinus (Wunderbaum) *117*
Riesenschleierkraut (Crambe
  cordifolia) 130
Ringelblume 34, 83, 132
Rohrpfeifengras (Molinia
  caerulea subsp. arundinacea
  'Windspiel') 132
Rollrasen 53, 71
Romantische Gärten 12, *12*, 19
Romantischer Stil 12, *12*
  Pflanzgefäße 96, *96–97*
  Vorgärten *19*
Rosa (Rose)
  altissimo 136
  chinensis 'Mutabilis'
  139–140
  filipes 'Kiftsgate' 133
  'Compassion' 136
  'Golden Showers' 136
  'Madame Alfred Carrière' 136
  'Mary Rose' 119
  'New Dawn' 136
  'Zéphirine Drouhin' 136
Rosen 14, *77*, 94, 108, 109,
  115, 119, 133, 136,
  139–140, 151–152
Rosmarin (Rosmarinus 'Miss
  Jessopp's Upright') 94, 105,
  153
Rosmarinus 'Miss Jessopp's
  Upright' (Rosmarin) 105
Rudbeckia fulgida var. deamii
  (Sonnenhut) 130

S
Säckelblume (Ceanothus 'Puget
  Blue') 128, *150*
Sackville West, Vita 91
Salbei (Salvia officinalis Pur-
  purascens-Grp.) 105, 139
Salix exigua (Weide) 129
Salvia officinalis Purpurascens-
  Grp. (Salbei) 105, 139
Sambucus racemosa 'Suther-

land's Gold' (Traubenholunder)
  129
Samen 11, 29, 113, 152–153
Santolina pinnata 'Edward
  Bowles' (Gefiederte Heiligen-
  blume) 129
Sarcococca hookeriana var.
  humilis (Fleischbeere) 146
Schablonen 43, 59
Schafgarbe (Achillea) 129
Schatten 16, *16–17*,
  120–121
Schildfarn 79, 114, 121
Schlangenbart, Schwarzer
  (Ophiopogon planiscapus
  'Nigrescens') 101
Schleierkraut 97
Schlingknöterich (Fallopia bald-
  schuanica) 133
Schmetterlingsstrauch 128,
  150
Schneeball 146
Schneller Wuchs 109,
  126–133
  Vorausschauend pflanzen
  116–125
Schnitt 151–152
Schönranke (Eccremocarpus
  scaber) 127
Schuppen 73
Schwertlilie 31, *46*, *59*, 95
Scilla (Blausternchen) 31
Sedum (Fetthenne)
  acre 133
  'Herbstfreude' 141
Seerosen 83, 84
Segge 15, 19, 103
Seidelbast (Daphne odora
  'Aureomarginata') 145
Sempervivum (Hauswurz) 19
Silberwinde (Convolvulus
  cneorum) 123, *123*
Silberblättrige Pflanzen 114,
  123
Sissinghurst Castle, Kent 91
Sisyrinchium striatum
  'Variegatum' (Binsenlilie) 123
Skulpturen 86, 90–93, *90–93*
Solanum jasminoides 'Album'
  (Jasmin-Nachtschatten) 127
Soleirolia soleirolii (Bubi-
  köpfchen) *71*, 101
Sommerblumen 94
Sonnenblume 34, 133
Sonnenhut (Rudbeckia fulgida
  var. deamii) 130

Sonnenröschen (*Helianthemum* 'Fire Dragon') 141
Sonnige Standorte 119
Sorbus (Eberesche)
   cashmiriana 144
   vilmorinii 144
Spaliere 16, 20, *20*, 43, 47, 49, 76, 119
Spiegel *82*, *91*
Spierstrauch 79, 139
Spindelstrauch 16, 31, *31*, 114, 145
Spiraea (Spierstrauch)
   nipponica 'Snowmound' 79
   thunbergii 139
Springbrunnen 82, 88
Stachelnüsschen (*Acaena microphylla* 'Kupferteppich') 59
Stachys byzantina (Wollziest) 123
   'Silver Carpet' 141
Stauden 94, 109, 129–131, 140–141
Stechpalme 119, 145
Stecklinge 153
Stein
   -kies *52*, 66, *66*
   -mauern 47
   -pflaster 54, 55, 62, *62–63*
   -urnen 98
Steinbrech 19
Steingartenpflanzen 59
Steinkraut 62
Sternjasmin (*Trachelospermum jasminoides*) 79, 144, 147
Sternmagnolie (*Magnolia stellata*) 143
Stiefmütterchen 31, 33
Stipa (Federgras)
   arundinacea 15, 101, 132
   gigantea 141
   tenuissima 114
Storchschnabel 114, *114*, *120*, 121, 131
Straucheibisch (*Hibiscus syriacus* 'Oiseau Bleu') 145
Sträucher 108
   Bodendecker 141
   für Mauern 134–136
   im Kübel 94, 98
   langsamer Wuchs 144–146
   mittelschneller Wuchs 137–139
   Schatten 120
   schneller Wuchs 127–129
   Schnitt 151
   und Kletterpflanzen 110

Strauchmargeriten 94
Strauchmalve 129
Strauchveronika 128, 138
Straußfarn (*Matteuccia struthiopteris*) 141
Streifenfarn 121, *121*, 124
Strelitzia reginae (Paradiesvogelblume) 103
Strohblume (*Helichrysum petiolare*) 114
Stühle 80–81, *80–81*
Sumpfblume (*Limnanthes douglasii*) 133
Syringa microphylla 'Superba' (Kleinblättriger Flieder) 146

T
Tabak 34, 79
Taglilie (*Hemerocallis* 'Stella de Oro') 140
Teelichte 89, *89*
Teiche 82, 84, *84–85*, *86*, 88, 89
Teichfolie 84
Terrakotta
   -gefäße 13, 96, 98, *99*, 101
   -platten 55
Terrassen 28, 54–65, *56–65*
Thymian 59, 71, 105
Tische 80–81, *80–81*
Töpfe siehe Pflanzkübel
Trachelospermum jasminoides (Sternjasmin) 79, 144, 147
Trachycarpus fortunei (Hanfpalme) 23, 124, 147
Traubenholunder (*Sambucus racemosa* 'Sutherland's Gold') 129
Trittsteine *68*, 71, *86*
Trockenheitsverträgliche Pflanzen 21
Tropaeolum (Kapuzinerkresse)
   majus 111
   'Tip Top Apricot' 27
   peregrinum 111
   speciosum 110–111, *111*
Tulipa 'Marmasa' (Tulpe) 33
Tulpe (*Tulipa*) 13, 31, 33, 95
Tüpfelfarn (*Polypodium*) 124

U
Unkraut jäten 148–149

V
Verbascum (Königskerze)
   chaixii 'Album' 141

olympicum 123
Verbena bonariensis (Verbene) 114, 131
Verbene (*Verbena bonariensis*) 114, 131
Vermehrung 152–153
Versailler Kasten 14, *14*, 98
Verwilderte Gärten 24, *24–25*, 108
Viburnum (Schneeball)
   x *burkwoodii* 'Anne Russell' 146
   davidii 146
   plicatum 'Mariesii' 146
Vinca minor 'Gertrude Jekyll' (Kleines Immergrün) 141
Vorausschauend pflanzen 116–125
Vorgärten 18–19, *18–19*

W
Waldmeister (*Galium odoratum*) 121, 131
Waldrebe (*Clematis*) 29, 34, 108, 110, *111*, 119, 127, 134–135, 151, *151*
Wandbrunnen 82, 88
Wandmalerei 43
Wasserabzug in Gefäßen 95, 101
Wasserelemente 73, 82–84, *82–85*, 88
Wasserpflanzen 83, 84, 94
Wege 25, 86, 89
Weide (*Salix exigua*) 129
Weidenruten
   als Abschirmung 41, *49*
   für Lauben 76
Weigela 'Florida Variegata' (Weigelie) 139
Weigelie (*Weigela* 'Florida Variegata') 139
Wicken *35*, *75*, *110*, 111, 119
Wiesenhafer (*Helictotrichon sempervirens*) 101
Wind 20, 21, 47
Wisteria floribunda (Glyzine) 144
Witwenblume (*Knautia macedonica*) 130
Wolfsmilch (*Euphorbia characias*) 19, 140
Wollziest (*Stachys byzantina*) 123, 141
Wunderbaum (*Ricinus*) 117

Y
Yucca 123
Yucca filamentosa 146

Z
Zaubernuss (*Hamamelis* x *intermedia* 'Pallida') *142*, 145
Zäune 38–39, 44–45, *44–45*, 48–49, *48–49*
Ziegel
   -pflaster 55, 57, 58, 65
   -mauern 28–29, 38–39, 42, 47
Zierkohl 31, *31*
Zierobjekte 72–93, *90–93*
Zimmeraralie (*Fatsia japonica*) 23, 103, 120, 124, 137
Zinnia 'Profusion Orange' (Zinnie) 27
Zinnie (*Zinnia* 'Profusion Orange') 27
Zistrose (*Cistus* x *corbariensis*) 137
Zucchini 133
Zweizahn (*Bidens ferulifolia*) 27
Zwergmandel 146
Zwergmispel (*Cotoneaster dammeri*) 145
Zwiebelpflanzen *29*, *30*, 31, 94, 95, 132
Zypresse (*Cupressus arizonica* var. *glabra*) 14

Danksagung

Unser Dank gilt den Eigentümern der Gärten, in denen die Projekte realisiert wurden: Isobel und Sheila de Mendoza, Caroline Williams, Lavinia Warner, Robert Stocken, Jane und Patrick O'Shea sowie Graham und Isobel McCallum – sie haben sich um die Pflanzen gekümmert und für ihr Gedeihen gesorgt. Dank auch an The Uncommon Gardener, Jacob Papineau und seine Leute, für ihre Unterstützung bei den Projekten, die umfangreichere Arbeiten erforderten.

Danken möchten wir ebenso Joan und Stuart Mungall von der Firma Patio, 100 Tooting Bec Road, London S.W. für Pflanzen und Unterstützung, und Bob und Annette Collett von den Petersham Nurseries, Richmond Surrey, die den Großteil der Pflanzen für uns beschafften bzw. selbst anzogen und so hervorragend kultivierten, dass sie sich genau zum richtigen Zeitpunkt in Höchstform präsentierten.

Bildnachweis

Der Verlag dankt folgenden Fotografen und Organisationen für die Genehmigung zur Veröffentlichung ihrer Fotos in diesem Buch:

1 Marianne Majerus; 2-5 Marianne Majerus/Designer Gardens & Beyond; 6-7 Alexander Van Berge/Designer Marcel Wolterinck; 9 Narratives/Jan Baldwin; 10 Nicola Browne; 12 links Jerry Harpur/Designer Sheila Chapman; 12 Mitte John Glover/Designer Mark Anthony Walker; 12 rechts Marianne Majerus/Designer Fiona Naylor; 13-14 Helen Fickling; 15 Jonathan Buckley; 16 Jerry Harpur/Designer John Wheatman; 17 Lanny Provo/Designer Raymond Jungles; 18 oben Arcaid/Geoff Lung/Architekt Luigi Rosselli/Design Triology; 18 unten Marianne Majerus/Design Lucy Gent; 19 Marianne Majerus; 20 Béatrice Pichon-Clarisse/Designer Hugues Peuvergne; 21 links Marianne Majerus/Designer Mark Reeder; 21 rechts Jerry Harpur/Architekt Rick Mathers; 22 Marianne Majerus/Designer Gardens & Beyond; 23 Jonathan Buckley; 24-25 Jonathan Buckley/Designer Helen Yemm; 26-27 Helen Fickling; 28 IPC Syndication/© Living Etc./Steven Dalton; 29 Andrew Lawson; 30 Marianne Majerus/The Spring House, Northants; 31 oben Garden Picture Library/Jerry Pavia; 31 unten Garden Picture Library/Eric Crichton; 32-33 Helen Fickling; 34 links Marianne Majerus; 34 rechts Marijke Heuff/Loes Langendijk, Bergen, Holland; 35 Jerry Harpur/Designer Jenny Ferreira, South Africa; 36-37 Nicola Browne/Designer Dan Pearson; 39 Jerry Harpur/Designer Topher Delaney; 40-41 Nicola Browne/Designer Bonita Bulaitis; 42 oben Garden Picture Library/Ron Sutherland; 42 unten John Glover; 43 Jonathan Buckley/Designer Robin Green & Ralph Cade; 44 Nicola Browne/Designer Ulf Nordfjell; 45 Jonathan Buckley/Designer Robin Green & Ralph Cade; 46 Jerry Harpur/Designer Mark Rios; 46-47 Nicola Browne/Designer Steve Martino; 47 links Jerry Harpur/Designer Steve Chase; 47 rechts Marijke Heuff/Castle Baexem, Holland; 48 Ray Main/Mainstream; 49 links Nicola Browne/David & Judy Drew; 49 rechts Derek St Romaine/Designer James Alexander-Sinclair; 50-51 Helen Fickling; 52 The Interior Archive/Henry Wilson/Architekt Ian Chee; 54 Jonathan Buckley/Designer Marianne McKiggan; 55 Nicola Browne/Designer Andrew Cao; 56 Helen Fickling; 57 Jonathan Buckley/Designer Robin Green & Ralph Code; 58 oben Garden Picture Library/Lamontagne; 58 unten Jerry Harpur/Ryl Nowell; 59 Garden Picture Library/Linda Burgess; 60-61 Helen Fickling; 62 Marianne Majerus/Coworth Garden Design; 63 Lanny Provo/Designer Randy Kalember; 64-65 Nicola Browne/Designer Ulf Nordfjell; 65 Marianne Majerus/Designer Pedro Da Costa Felgueiras; 66 links Linda Burgess; 66 rechts The Interior Archive/Eduardo Munoz/Designer Meath-Baker Partnership; 67 Andrew Lawson/Designer Ruth Chivers; 68 links Jonathan Buckley/Church Lane, SW19/Designer Paul Kelly; 68 rechts The Interior Archive/Henry Wilson/Designer Roger Lockhart; 69 The Interior Archive/Fritz von der Schulenburg/Giardino Botanico; 70 Andrew Lawson; 71 John Glover/Designer Karen Maskell; 72 Clive Nichols/Designer Nina Thalinson; 74 Nicola Browne/Designer J & M King; 74-75 Jonathan Buckley/Perch Hill, Sussex/Designer Sarah Raven; 76 Marianne Majerus/Designer Brita von Schoenaich, RHS Chelsea 2000; 77 oben Jo Whitworth/Croylands, Romsey, Hampshire; 77 unten S & O Mathews/Private Garden, Isle of Wight/Designer Phillippa Lambert; 78-79 Helen Fickling; 80 Helen Fickling; 80-81 Andrew Lawson/Designer Patrick Wynniatt-Husey & Patrick Clarke/Hampton Court Flower Show 2000; 81 Deidra Walpole/Foxglove Design/Karen Dominguez-Brann garden, Malibu; 82 Juliet Greene/Designer David Stevens & Julian Dowle; 83 Helen Fickling; 84 Marianne Majerus/Designer Gaila Adair 'Time Lords' – RHS Chelsea 2000; 85 links Marianne Majerus/Designer Claire Mee – from a Candy Brothers concept; 85 rechts Béatrice Pichon-Clarisse/Designer Pierre-Alexandre Risser; 86 links Marianne Majerus; 86 rechts Gary Rogers/Designer Stephen Woodhams; 87 Gary Rogers/Designer Stephen Wooodhams; 88 links Marianne Majerus/Designer Judy Wiseman; 88 rechts Helen Fickling; 89 links Ray Main/Mainstream; 89 rechts Camera Press/Country Magazine; 90 oben Clive Nichols/Designer Robin Green & Ralph Cade; 90 unten links Derek St Romaine; 90 unten rechts Jonathan Buckley/Designer Jackie McLaren; 91 Red Cover/Ken Hayden/Sue Kent, Surrey; 92 links Jonathan Buckley/Designer Christina Oates; 92 rechts Jonathan Buckley/Designer Mike Crosby-Jones; 93 links Derek St Romaine/Designer Lloyd Christie; 93 Mitte Jonathan Buckley/Designer Bob Parker; 93 rechts Gary Rogers/Designer Ivan Ruperti; 95 Nicola Browne/Designer Dan Pearson; 96 Mark Bolton/Hedens Lustgard Garden Festival 2000; 97 oben Marianne Majerus/Designer Ruth Collier; 97 unten John Glover; 98 Juliet Greene/Designer Stephen Woodhams; 99 Alexander van Berge/Designer Marcel Wolterinck; 100 links Agence Top/Catherine Bibollet/Chaumont Garden Festival; 100 rechts Jonathan Buckley/Designer Josephine Pickett-Baker; 101 links Marcus Harpur/Designer The Very Interesting Landscape Company, RHS Chelsea 2001; 101 rechts Mark Bolton/Chaumont Garden Festival 1999; 102-105 Helen Fickling; 106-107 S & O Mathews; 109 Jerry Harpur/Designer Isobelle C Greene; 110 S & O Mathews; 111 Andrew Lawson; 112-113 Helen Fickling; 114 links John Glover; 114 rechts Nicola Browne/Hadspen, Sandra & Nori Pope; 115 Helen Fickling; 116-117 Jonathan Buckley/Designer Paul Kelly; 118-119 Helen Fickling; 120 links Marianne Majerus/Designer Malley Terry; 120 rechts John Glover; 121 links Mark Bolton; 121 rechts Andrew Lawson; 122-123 Jonathan Buckley/Catalyst Television/Gerrie & Neill Lebbel's garden, Bexley; 124-125 Juliette Wade/Designer Brian Wigley, London; 126 S & O Mathews; 133 Andrew Lawson; 141 Jerry Harpur; 146 Jonathan Buckley; 147 Andrew Lawson; 148 links S & O Mathews; 148 rechts Marianne Majerus/Designer Ward & Benard; 149 Jerry Harpur/Designer Jane Fearnley-Whittingstall; 150 links S & O Mathews; 150 rechts Andrew Lawson; 151 Andrew Lawson; 152-153 Jerry Harpur/Sun House, Long Melford.